CB018779

Nós, os Leitores...

Título original: *Nós, Leitores – A crítica pública do Jornalismo*

© José Carlos Abrantes e Edições 70, Lda.

Capa: FBA
Crédito imagem: Corbis/ VMI
©: Wilfried Krecichwost-zefa-Corbis

Ilustrações dos artigos de Francisco Lança e Joana Imaginário,
cedidas pelo *Diário de Notícias*

Depósito Legal n.º 265455/07

Biblioteca Nacional de Portugal – Catalogação na Publicação

ABRANTES, José Carlos

Nós, os leitores : crítica pública do jornalismo
. - (Extra colecção)

ISBN 978-972-44-1503-1

CDU 070
316

Paginação, impressão e acabamento:
GRÁFICA DE COIMBRA
para
EDIÇÕES 70, LDA.
Novembro de 2008

ISBN: 978-972-44-1503-1

EDIÇÕES 70, Lda.
Rua Luciano Cordeiro, 123 – 1.º Esq.º – 1069-157 Lisboa / Portugal
Telefs.: 213190240 – Fax: 213190249
e-mail: geral@edicoes70.pt

www.edicoes70.pt

José Carlos Abrantes
Nós, os Leitores...

A Crítica Pública
do Jornalismo

INTRODUÇÃO

No início de 2004, não imaginava vir a desempenhar a função de provedor dos leitores do *Diário de Notícias*. Quando se colocou a possibilidade de o meu nome poder ser avançado para uma conversa, avaliei-a com algumas reservas. Fernando Lima, então director do DN, desfez o meu cepticismo após um primeiro encontro: queria alguém com proximidade suficiente do jornalismo, mas não necessariamente um jornalista. Por outro lado, explicou-me que ia escolher um perfil fora dos grupos de pressão, partidários e outros, que viessem instrumentalizar a função. Senti-me à vontade nestes dois critérios essenciais e, por isso, aceitei o convite, depois de alguns dias de reflexão. Devo dizer que não conhecia pessoalmente Fernando Lima e que foi um amigo comum, Eduardo Cintra Torres, que sugeriu o meu nome. Devo a ambos a confiança que, em diferentes graus e responsabilidades, em mim depositaram.

Já tinha sido, e por longos, longos anos colaborador do DN. Entre 1976 e 1982, com Maria Emília Brederode Santos, organizei uma página quinzenal de educação, reassumida entre 1990 e 1992, com Ramiro Marques. Tinha também outras experiências relevantes. Durante sete anos fui coordenador editorial da *Noesis*, revista editada pelo Instituto de Inovação Educacional, tendo sido publicados, sob minha orientação, mais de 30 números (do 32 ao 62). Em 1994 fui convidado pela Universidade de Coimbra, através do coordenador do curso de Jornalismo da Faculdade de Letras, Mário Mesquita, para ser professor na licenciatura, então iniciada. Aí fui professor durante sete anos, sem esquecer uma passagem pela Escola Superior de Comunicação Social de Lisboa. Na minha actividade profissional consta também o interesse pela educação para os *media*, a «militância» nos primeiros anos de vida do Centro de Investigação Media e Jornalismo (CIMJ), de que fui vice-presidente por duas vezes, e sócio fundador da Sociedade Portuguesa de Ciências da Comunicação (SOPCOM), como do CIMJ. Nunca fiz militância partidária, nem nunca fui correia de transmissão de quaisquer interesses organizados.

Na altura do convite compreendi logo que a legitimidade primeira do cargo de provedor está focada sobretudo nos leitores e não nos jornalistas. Essa convicção cresceu à medida que o mandato se desenvolveu. O provedor dos leitores existe por causa de *nós*, leitores. O título deste livro procura revelar esta convicção desenvolvida progressivamente nestes três anos: a do papel decisivo dos leitores na discussão do jornalismo. O jornalismo escrutina tudo e todos, o que é um sinal de liberdade. Mas a discussão e o escrutínio sobre o jornalismo tem também de ser forte, afirmando-se em várias plataformas. «Nós, leitores: A crítica pública do jornalismo» é um contributo para esse escrutínio. Trazer para o espaço público a discussão do jornalismo é um dever dos cidadãos, neste caso através da mediação do provedor.

Este livro tem origem em crónicas que partem, muitas vezes, da intervenção de leitores para questionar um trabalho noticioso concreto. Sem a perspicácia dos leitores seria impossível não só identificar muitos dos erros, como também invocar argumentos e, por vezes, conhecimentos. O título deste livro procura ainda reconhecer o papel muito significativo da intervenção dos leitores com elementos activos na construção da informação, quer através de blogues gerais e de leitores (já integrados noutros jornais), quer através de outras formas de participação que se afirmarão, provavelmente, com cada vez maior intensidade. É certo que amiúde também tive de me insurgir contra o tom demasiado ideológico, por vezes acusatório, de algumas mensagens dos leitores.

A discussão pública é, portanto, um argumento fulcral na existência dos provedores. Há jornais que consideram que o papel de provedor não se justifica, pois o diálogo entre os jornalistas e os leitores pode hoje ser eficaz dados os utensílios técnicos de que dispomos, nomeadamente o e-mail, além de outras formas de diálogo *on-line* a par das tradicionais (carta, telefone, etc). Na minha perspectiva esse diálogo entre os jornalistas e os leitores é muito importante e deve manter-se. A discussão entre os jornalistas sobre o produto que fabricam é frequente entre pares e também é essencial. O que as provedorias acrescentam é a dimensão *pública* de crítica e análise do produto jornalístico. Tal dimensão é uma mais-valia importante para a prática e para a teoria do jornalismo e deve ser reconhecida na sua dimensão cívica que é inestimável. Como também é decisiva, em minha opinião, pela mesma razão, a argumentação que o provedor constrói para que os leitores adiram, rejeitem ou se afastem das razões que sustentam o seu olhar crítico.

Se o convite que recebi foi inesperado, também foram surpreendentes as condições e o desenrolar do meu mandato. Conheci a instabilidade e a mudança vertiginosa consubstanciada em quatro directores (Fernando Lima, Miguel Coutinho, António José Teixeira, João Marcelino) e três directores adjuntos (José Manuel Barroso, João Morgado Fernandes e Miguel Gaspar). Em toda a História do jornal só houve um período semelhante, entre 74 e 77. Nesse período, mesmo após o 25 de Abril, o DN conheceu o mesmo número de directores e directores interinos (7 no total). Esta condição foi um dado do mandato e não vale a pena especular sobre as diferentes condições que poderia o provedor ter tido com maior estabilidade. Será que esta tendência se irá manter no futuro ou encontrará o DN a estabilidade a que estava «secularmente» habituado? Resta esperar para ver.

A relação dos provedores com o jornal e os jornalistas não é uma relação simples nem inteiramente pacífica. Tive pouquíssimos casos de conflito mas considero-os próprios da natureza do cargo. A maior parte dos jornalistas mostrou grande capacidade para dialogar construtivamente com os leitores através da mediação pública do provedor.

No exercício do meu mandato procurei ter uma atitude positiva em relação ao jornal, defendendo-o sempre que pude, criticando-o, ou reflectindo criticamente sobre o trabalho dos jornalistas, enunciando as objecções que cada caso me sugeriu ou fazendo análises globais. A organização das crónicas revelará ao leitor a diversidade de problemas que foram analisados ao longo do mandato. Decidi também colocar o código deontológico dos jornalistas como apêndice, recordando-o aos leitores, e avivando a memória dos profissionais. De facto, parte importante dos problemas do jornalismo tem uma solução fácil, clara e já acordada: bastará cumprir, de forma mais rigorosa e sistemática, este código deontológico.

AGRADECIMENTOS

Escrevi a minha última crónica como provedor no dia 12 de Junho de 2007. Este livro aparece pela decisão pronta do Engenheiro Carlos Pinto, Administrador das Edições 70, que, sem qualquer hesitação ou reserva de eventuais subsídios, decidiu colocar no mercado este livro de crónicas. Devo-lhe por isso este reconhecimento público. Não poderia esquecer o apoio e dedicação do director editorial, Pedro Bernardo.

Exerci o meu mandato recorrendo, sempre que se revelou necessário, a especialistas e jornalistas que me ajudaram a equacionar os problemas levantados pelos leitores. Foi o caso pontual de Mário Mesquita e de outros especialistas do campo académico, como Cristina Ponte, professora da Universidade Nova, e Rogério Santos, professor na Universidade Católica. No caso dos dois últimos, os seus nomes constam das crónicas em que me deram preciosos contributos. Também José Medeiros Ferreira, António Costa Pinto, Maria Emília Brederode Santos e Jorge Leitão Ramos contribuíram de, modo menos formal, para algumas crónicas.

Os primeiros nomes que me ajudaram e que citei nas crónicas foram os de Renaud Gibert e de David Bazey, provedores da Rádio Canada (língua francesa e inglesa, respectivamente).

O primeiro já acabou o mandato, o segundo faleceu por doença cardíaca súbita. Noutras ocasiões questionei, por e-mail, os provedores membros da Organization of News Ombudsman (ONO). Recebi respostas de vários provedores, entre os quais colegas holandeses, canadianos e americanos. Um dos colegas que me deu opinião sobre uma questão controversa foi Daniel Okrent, primeiro provedor do *New York Times*, cujo livro de crónicas foi editado em português. Jeffrey Dvorkin, que foi presidente da ONO e provedor da National Public Radio, esteve à disposição sempre que necessário. Marcelo Beraba, da *Folha de S. Paulo* mostrou-se sempre disponível para os meus questionamentos. Na *Folha* também tive a colaboração pontual de dois jornalistas, Ana Estela, editora de formação e de Aguinaldo Marinheiro, editor da primeira página. Duas funções pouco frequentes, mesmo inexistentes entre nós, e que revelam um Brasil muito desperto, ao arrepio de certas imagens estereotipadas entre nós. Também uma ou outra vez confrontei informações com os anteriores provedores do DN, Mário Mesquita, Estrela Serrano e Diogo Pires Aurélio.

Alguns políticos também se deram ao trabalho de responder a questões que analisei. Foi o caso de Ana Gomes e de José Ribeiro e Castro, sobre questões relacionadas com a Europa, e de Manuel Maria Carrilho e de Diana Andringa, sobre as eleições autárquicas.

Fiz pequenas entrevistas a alguns especialistas, acrescentando informação a alguns assuntos. Devo a Lígia Amâncio, então professora do ISCTE, a Fernando Cascais, director do CENJOR, Ana Sousa Dias, jornalista e Grande Prémio Gazeta 2003, Carlos Fiolhais, físico e director da Biblioteca Geral da Universidade de Coimbra, José Mário Costa, co-fundador e responsável editorial do Ciberdúvidas, opiniões que expressaram na coluna do provedor embora não reproduzidas no livro.

Com pequenos mas decisivos depoimentos contribuíram, a meu pedido, Luís Queirós, director da Marktest, Claude-Jean Bertrand, professor jubilado da Universidade de Paris II,

Agustina Bessa Luís, escritora, Dias da Cunha, então presidente do Sporting, Carlos Romão, químico, professor universitário, Fernando Luís Machado, Luís F. Brás Teixeira, Pedro Lourtie, professores universitários, Rui Marques, alto comissário para a Imigração e as Minorias Étnicas, Maria Regina Rocha, consultora do Ciberdúvidas, Edite Estrela, especialista da língua portuguesa, Henriques Gaspar, juiz do Supremo Tribunal de Justiça, Pedro Magalhães, professor universitário especialista de sondagens, prospectos universitários além de alguns dos nomes já citados nas entrevistas e noutros agradecimentos.

Duas crónicas fizeram-se com a colaboração de alunos de escolas secundárias e superiores. No primeiro caso, fui acolhido pela professora Regina Garcia, na Escola Secundária José Gomes Ferreira e pelo Director da escola, Manuel Esperança. Os meus anfitriões na Escola Superior de Educação de Setúbal foram dois professores, Ricardo Nunes e José Lechner.

No *Diário de Notícias* tive a compreensão de Artur Sardinha a quem entregava habitualmente, por correio electrónico, o material das crónicas. Tive também a colaboração atenta e cuidada de Joaquim Camacho e de toda a equipa do Fecho liderada por João Galamba Pinto. No Centro de Documentação do jornal contei especialmente com a prontidão e eficiência de Cristina Cavaco na disponibilização do PDF de que necessitei, vezes sem conta, para a escrita de artigos de balanço sobre o jornal. Vários outros colaboradores do CDI me ajudaram noutros momentos.

Uma especial palavra de reconhecimento para António José Teixeira a quem devo compreensão na parte final do mandato, quando um problema de saúde me impediu a escrita, por um curto período. A seguir, João Marcelino, actual director, demonstrou a maior amabilidade ao prolongar-me o mandato por um período equivalente ao da suspensão forçada, o que me permitiu uma recuperação mais equilibrada.

Há ainda um agradecimento «histórico»: em 1976 Maria Emília Brederode Santos desafiou-me para fazer, com ela, a coordenação da página de Educação no DN. Na sequência deste convite, foi pela mão de Mário Mesquita, então director adjunto do Diário de Notícias, que iniciei colaboração com a imprensa. Nesse passado encontro raízes remotas da actividade que desempenhei e que deram origem a este livro de crónicas.

Devo um especial agradecimento à Marta, por toda a atenção que deu a um grande número das crónicas que escrevi. Além de ter sido uma leitora atenta, deu amiúde sugestões de modificações para seu desenvolvimento ou finalização. A Irene e a Lourdes também deram contributos valiosos, mais pontualmente.

Provavelmente, nem todos os nomes a quem me cumpriria agradecer aqui estão. Por um lado fiz muitos contactos telefónicos de que não guardei, obviamente, qualquer traço. Por outro lado, admito algum involuntário esquecimento. A todos, muito obrigado.

Lisboa, 13 de Setembro de 2007

I

COMPROMISSO(S)

Começo com a primeira crónica que escrevi como provedor e um texto que assinala os 10 anos de provedores na imprensa escrita generalista e, em particular, no DN. Finalizo esta parte com um texto de balanço sobre o meu mandato.

Um que representa outros
03/05/2004

Dez anos de provedores no DN
20/03/2006

O DN que vivi
12/06/2007

UM QUE REPRESENTA OUTROS
03/05/2004

SEU NOME: *ombudsman*. Sua origem: Suécia. Data de 1713 a indigitação por Carlos XII, rei sueco, do primeiro ombudsman, palavra que significa «um que representa outros». Esta palavra ainda hoje é usada, mesmo fora dos países escandinavos. A organização dos provedores da imprensa chama-se ONO, ou seja, Organization of News Ombudsmen. As designações para o provedor são diferenciadas, segundo os países, havendo alguns que mantêm o termo sueco, outros que adoptaram o termo mediador (França), defensor dos leitores (Espanha), ou provedor dos leitores, como Portugal. No nosso caso, a escolha do nome tem certamente a ver com o provedor de Justiça, consignado na Constituição da República, em 1976. No Estatuto do Provedor (ver abaixo) diz-se que este pode também ser designado por ombudsman ou defensor do leitor. Foi nesta perspectiva (a de um que representa outros, os leitores) que, depois de reflexão, após inesperado convite, considerei poder exercer a função de provedor. Sei que paira sobre mim pesada responsabilidade, pois os meus antecessores no Diário de Notícias (Mário Mesquita, Diogo Pires Aurélio e Estrela Serrano), como também os que exerceram nos outros jornais, deixaram a fasquia bem alta no exercício do seu mandato.

Se na vida civil e política, pelo menos na Suécia, a função já é centenária, nos *media* é mais recente, já que o ombudsman na imprensa apenas se instalou no século XX. Até há pouco a ONO considerava que o primeiro provedor dos leitores tinha sido criado simultaneamente nos jornais americanos *Courier Journal* e *Louisville Times*, do mesmo grupo, no ano de 1967. Um antigo editor foi designado como *ombudsman* de ambos os jornais e exerceu essa actividade durante 12 anos, sendo a sua principal função responder directamente às queixas dos leitores. Desde então, muitos jornais, algumas rádios e televisões instituíram essa mediação, existindo este cargo, por exemplo, na *Folha de São Paulo*, no *Le Monde*, no *Washington Post* ou no *El País*, na Radio Québec ou na France Télévision.

Não deixa de ser curioso que um texto recente (1999) tenha lançado alguma polémica sobre se, afinal, o ombudsman não teria já sido criado em 1922 nos jornais japoneses, onde já não um, mas equipas de *ombudsmen* trabalham com o propósito de melhorar a qualidade do jornal. Para simplificar: a americana Lynda Raymond, *ombudsman* do jornal americano fundador, escreveu um artigo, *Estávamos errados*, reconhecendo que o cargo tinha sido de criação nipónica. Mais tarde, um membro de um comité de ombudsmen do jornal japonês Yomuri Shimbun veio negar a legitimidade de se considerar a actividade no Japão como digna do qualificativo de *ombudsman*, pois não existiria, na tradição de funcionamento dos colegas orientais, a independência necessária para análise crítica das narrativas e dos conteúdos jornalísticos.

Esta polémica deixa o terreno aberto para interrogar a actividade do provedor dos leitores. Julgo que a função nos jornais europeus pode equilibrar o pendor crítico, independente, de análise da narrativa jornalística com a constatação simples, também evidente, de que o trabalho do provedor (como qualquer outro na empresa) existe, também, para melhorar a qualidade do jornal. Basta olhar para o Estatuto do Provedor, abaixo publicado, e olhar para o n.º 2, em cujo articulado se definem as competências deste. Se estas forem bem exercidas, haverá pelo menos uma qualidade mais «trabalhada» nos jornais: a de estes não viverem de costas viradas para os leitores que lhes dão vida, que pagam o jornal, tornando-o viável.

Terei que explicar melhor nas próximas crónicas: Roma e Pavia não se fizeram num dia.

Estatuto do Provedor dos Leitores do *Diário de Notícias*

O Estatuto do Provedor dos Leitores do *Diário de Notícias*, aprovado por unanimidade pelo Conselho de Redacção, tem o seguinte teor:

O Conselho de Administração e a Direcção do *Diário de Notícias* decidiram institucionalizar o cargo de provedor dos leitores por entenderem que, perante a complexidade dos problemas éticos e deontológicos do jornalismo, as empresas mediáticas têm o dever de promover formas de diálogo institucionalizado com os leitores.

O provedor dos leitores – também designado por ombudsman ou defensor dos leitores – constitui uma forma de auto-regulação e uma instância de crítica regular com provas dadas, na imprensa americana e europeia, ao longo de mais de 30 anos.

A principal missão do provedor dos leitores consiste em atender as reclamações, dúvidas e sugestões dos leitores e em proceder à análise regular do jornal, formulando críticas e recomendações.

O provedor exercerá, simultaneamente, de uma forma genérica, a crítica do funcionamento e do discurso dos media.

A intervenção do provedor dos leitores processa-se sempre a posteriori, pelo que este não integra qualquer órgão da empresa ou do jornal com funções executivas, nem participa em reuniões que se destinem a planificar edições ou iniciativas do jornal. O presente estatuto visa garantir a independência do provedor perante a Administração, a Direcção e a Redacção do jornal, indispensável ao bom exercício da sua missão.

À semelhança do que sucede em experiências análogas, a impossibilidade de renovação do contrato e a circunstância de não pertencer ao quadro de pessoal da empresa proprietária do *Diário de Notícias* destinam-se a garantir a autonomia do provedor dos leitores.

ESTATUTO

1. O provedor dos leitores do *Diário de Notícias* (adiante designado apenas por provedor) é uma entidade independente que tem por missão assegurar a defesa dos direitos dos leitores.

2. Compete ao provedor dos leitores:

2.1. Analisar as reclamações, dúvidas e sugestões formuladas por escrito pelos leitores.

2.2. Analisar e criticar aspectos do funcionamento e do discurso dos *media* que se possam repercutir nas reclamações com os respectivos destinatários.

3. O provedor dos leitores exerce a sua função crítica através da secção semanal que publica no *Diário de Notícias*, da inserção pontual de textos (sempre que a importância do assunto o justifique) e de recomendações internas dirigidas à Direcção e ao Conselho de Redacção.

4. No exercício das suas funções, o provedor dos leitores pode solicitar à Administração, à Direcção, aos editores, aos jornalistas e ao Conselho de Redacção esclarecimentos sobre questões com incidência ética e deontológica, os quais devem ser prestados, por escrito, no prazo de 72 horas.

4.1. As tomadas de posição do provedor dos leitores sobre textos assinados por jornalistas devem ser precedidas de esclarecimento prévio do respectivo autor ou, na ausência deste, do editor da secção.

5. O director do *Diário de Notícias* indigitará e nomeará provedor dos leitores uma personalidade de reconhecido prestígio, credibilidade e honestidade.

5.1. A nomeação depende de parecer favorável do Conselho de Redacção, que deve pronunciar-se sobre a personalidade indigitada, através de parecer fundamentado, no prazo máximo de dez dias, sob pena de aceitação.

6. A nomeação do provedor dos leitores vigora por um período de 3 (três) anos, não prorrogáveis.

6.1. As funções do provedor dos leitores cessam:

6.1.1. Por iniciativa do próprio provedor dos leitores.

6.1.2. Pelo não exercício do cargo durante um período superior a dois meses em cada ano.

7. Será celebrado um contrato entre o titular do cargo de provedor dos leitores e a empresa jornalística proprietária do *Diário de Notícias*, com vista a garantir o cumprimento deste estatuto e especificar as condições de exercício do cargo.

8. O Código Deontológico do Jornalista, o Estatuto Editorial e o Livro de Estilo do *Diário de Notícias*, do qual este estatuto constitui parte integrante, são referências obrigatórias do provedor dos leitores.

DEZ ANOS DE PROVEDORES NO DN
20/03/2006

A 27 Janeiro de 1997, o *Diário de Notícias* foi o primeiro jornal generalista a instituir a figura do provedor dos leitores. O DN era então dirigido por Mário Bettencourt Resendes. Este acto teve consequências duráveis no jornal e no campo dos *media*. O DN foi prontamente seguido nesta inovação pelo jornal *Público* e, um pouco mais tarde, pelo *Jornal de Notícias*. O serviço público também adoptou recentemente esta prática, instituindo uma figura de contornos semelhantes para a rádio e televisão. Um jornal digital, o *Setúbal na Rede*, criou um provedor, juntando-se a este movimento. A preocupação com a deontologia e a ética do jornalismo, manifestada pelos leitores, académicos e jornalistas, não foi seguramente um fruto dos provedores, mas foi, pelo menos, alimentada por eles.

A provedoria de imprensa marcou, a seu modo, a história do DN nos anos mais recentes. Seria pouco oportuno, insensato e até impossível querer classificar os méritos relativos dos provedores dos diferentes órgãos de comunicação social. Mas o DN teve uma vantagem institucional em relação ao resto da imprensa: desde 1997 que os provedores, no DN, se têm sucedido sem hiatos. Esse é um aspecto relevante na institucionalização de uma função, qualquer que seja. Outro aspecto em que o DN marcou uma originalidade em relação aos seus concorrentes foi o de ter tido sempre provedores com uma forte externalidade ao jornal. Não sendo uma vantagem segura, isto definiu uma identidade. Por último, a única mulher provedora foi o DN que a escolheu, entre mais de uma dúzia de homens nomeados em diferentes *media*.

Dez anos volvidos, qual é o balanço? Valeu a pena? A um mês e meio do fim do mandato, não me cabe uma auto-avaliação extemporânea, nem uma avaliação dos meus pares, tão corrente entre nós. Mas posso relembrar com proveito o que os meus antecessores consideraram ser aspectos vitais da sua actividade na função.

Os três provedores do DN cujos mandatos já terminaram publicaram livros com as suas crónicas. Percebe-se nesses livros quais foram, para eles, os elementos mais salientes de seus mandatos.

O primeiro, Mário Mesquita, defendeu «*uma visão modesta das virtualidades da actuação do provedor dos leitores. A principal força do* ombudsman *consiste, a meu ver, na possibilidade de criticar o jornal nas suas próprias páginas. Possui apenas um poder de influência e de palavra. A sua eficácia depende daquilo que dele fizerem as empresas, os jornalistas e os leitores*». Mário Mesquita concretiza também a ideia de que as deontologias devem ser esforços colectivos quotidianos de vários parceiros. E de que se deve manter uma instância de reflexão e crítica sobre os jornais. Esta última parece tão actual como há dez anos.

O segundo provedor, Diogo Pires Aurélio, defende na introdução ao seu livro a existência de dois paradigmas, o da virtude e o do interesse, à volta dos quais se trava o debate da deontologia. «*Não vejo, no entanto, necessidade de encarar o mercado unicamente à luz das ideias que o "diabolizam" e contra as quais investe, impotente, o ressentimento virtuoso. Acredito, pelo contrário, que existe também no sector da comunicação um mercado sensível à incorporação de instâncias de auto-regulação e de outros mecanismos que atendam a reflictam a opinião do público. Dito de outra forma, acredito que "a ética vende", para utilizar a conhecida fórmula de Victoria Camps, muito embora eu a entenda como a expressão de um facto que pode, em si mesmo, ser positivo e não como uma lamentação ou denúncia por haver intuitos económicos por detrás de qualquer concessão à deontologia da parte do mercado. A meu ver, é essa a única base positiva e consistente para pensar a instituição do provedor.*»

O balanço entre o paradigma da virtude e o paradigma do interesse continua hoje a balizar o terreno da deontologia e da actividade diária do jornalismo.

O terceiro provedor, Estrela Serrano, dá conta numa curta apreciação final no seu livro, nas *Últimas Notas*, da importância que assume a crítica pública que o provedor exerce. «*É certo que os jornalistas possuem órgãos internos, entre os quais os conselhos de redacção – a primeira instância de auto-regulação –, onde a análise e a crítica do jornal é, ou deve ser, feita. (...) Trata-se, porém, de instâncias diferentes, na sua natureza e no seu alcance, da função do provedor. De facto, enquanto as primeiras, presididas pelo director do jornal, só muito raramente dão a conhecer publicamente os resultados das suas análises, o provedor expõe (e expõe-se) semanalmente perante os leitores, tornando públicas as suas apreciações.*» Volta-se a insistir no carácter público da crítica da imprensa e na necessidade de sair do círculo vicioso de fontes e hierarquias, de evitar uma escrita mais virada para os pares do que para os problemas reais das pessoas e do País.

Este mandato ajudará a encerrar esta década de reflexão na imprensa com a participação dos provedores. Teremos ocasião para voltar ao tema, brevemente.

Mandatos dos provedores

- O DN consagrou o cargo como «provedor dos leitores» (no plural) e o *Público* como «provedor do leitor» (no singular).
- No DN, o primeiro mandato coube a Mário Mesquita (um ano), a quem se seguiram Diogo Pires Aurélio e Estrela Serrano (três anos cada um).
- No *Público*, sucederam-se Jorge Wemans (um ano), Joaquim Fidalgo (dois anos), Joaquim Furtado (um ano) e agora Rui Araújo, que vai no seu segundo ano.
- No *Jornal de Notícias* foi Fernando Martins que iniciou a função entre 2001 e 2003, sendo Manuel Pinto o provedor entre Janeiro de 2004 e Janeiro de 2006.
- João Palmeiro foi o primeiro provedor do leitor do *Setúbal na Rede*, primeiro jornal exclusivamente digital em Portugal (Outubro/Dezembro de 2004).

– Na rádio o primeiro provedor foi José Nuno Martins e na televisão José Manuel Paquete de Oliveira, ambos na estação pública (RTP, em 2006). Recentemente foram publicados os seus relatórios anuais, uma prática inovadora.

Os livros dos provedores

– *DN*
MESQUITA, Mário, *O Jornalismo em Análise*, Minerva Coimbra, 1998;
AURÉLIO, Diogo Pires, *Livro de Reclamações*, Lisboa, Editorial Notícias, 2001;
SERRANO, Estrela, *Para Compreender o Jornalismo*, Minerva Coimbra, 2006.

– *Público*
WEMANS, Jorge, *O "Público" em Público*, Minerva Coimbra, 1999.
FIDALGO, Joaquim, *Em Nome do Leitor*, Minerva Coimbra, 2004.

– *Jornal de Notícias*
MARTINS, Fernando, *A Geração da Ética*, Minerva Coimbra, 2006.

O DN QUE VIVI
12/06/2007

O QUE ESTÁ BEM, valorizo. Nas crónicas anteriores, fiz as apreciações positivas que entendi serem justas, sem deixar no tinteiro críticas a quem as mereceu. Não tenho grupos a que deva obedecer, nem peias ideológicas que me cerceiem os juízos de valor. Não sou alinhado nem sigo indicações de aparelhos partidários. Fiz sempre juízos livres, segundo a minha consciência pessoal.

Centro de Documentação e Informação (CDI)
É um dos sectores mais eficientes, onde obtive sempre respostas rápidas e produtivas. O CDI tem um espólio que não tem paralelo no jornalismo português, pois cobre mais de 140 anos da vida social e política portuguesa. O DN ganharia em criar mais condições para rentabilizar os documentos que possui e dar maior visibilidade social ao seu património documental. *

Fecho da Edição
É uma editoria de grande importância no jornal. O provedor contou com uma excelente colaboração deste sector, que regularmente telefonava, na véspera da publicação dos artigos, a esclarecer pequenas dúvidas.

Hibridismo
O DN é feito actualmente numa matriz híbrida: procura satisfazer leitores mais exigentes e tenta abrir as suas páginas a

---

* Agradeço a todos os trabalhadores do DN que, quase sem excepção, me trataram com cortesia e profissionalismo, em especial os jornalistas. No CDI, uma palavra especial para Cristina Cavaco. Para Artur Sardinha, que me recebeu os textos sem azedume e com benevolência, em pequenos e pontuais atrasos. Para a pessoa de João Galamba Pinto, editor do Fecho, envio os meus agradecimentos, extensivo a todos os seus colaboradores. A todos os trabalhadores do DN envio o meu reconhecimento.

novos leitores. Esta tendência não é nova, apenas se tornou mais nítida. Começou a desenhar-se nos anos 90, com Mário Bettencourt Resendes, e foi acentuada no início dos anos 2000, com o DN a resvalar para o sensacionalismo. Com recuos e avanços a procura de um modelo híbrido tem-se mantido activa.

No momento presente, a matéria informativa ganhou volume. Há esforços que já assinalei noutras crónicas e que são meritórios. O provedor não foi inundado de queixas por quebra de regras deontológicas. Quem faz o jornal sabe que o DN tem graus de exigência própria.

Mas outros elementos colidem com a procura dessa exigência. A titulação é mais agressiva e alguns assuntos mais populares são chamados mais amiúde. A barra cimeira que encabeça o DN é disso sintoma, tendo titulado este mês: *Carolina passa a filme* (sobre Carolina Salgado), *Ele será Pinto da Costa* (um filme), *A busca mais cara* (sobre Madeleine), *A testemunha-chave* (sobre o *serial killer* de Santa Comba), *Guerra nos Advogados* (sobre as eleições na Ordem dos Advogados), *O que ele disse ao telefone* (outra vez o *serial killer*), *Lopez em Lisboa* (sobre Jennifer Lopez), *Suspeito espanhol* (novamente Madeleine), *Ofensas a padre* (sobre a directora da DREN), *Joana volta a tribunal* (crime sobre uma criança de Portimão). É certo que há outras notícias e destaques. Mas será que não há leitores entediados desta excessiva superficialidade e insistência?

Imagens

Noutra crónica, já expliquei como foi tensa, por vezes, a relação do provedor com o jornal por causa das ilustrações das crónicas. A tal ponto que estive para interromper o meu mandato, em Abril de 2005, pelas provocações que apareceram a ilustrar os meus artigos. O provedor tem a última palavra a dizer no texto, o que sempre aconteceu, e deveria ter essa última palavra nas imagens que ilustram as suas crónicas. Valeu-me um advogado sabedor das coisas da comunicação social: Francisco Teixeira da Mota. Sem ele, o meu mandato teria sido mais curto. Aliás, o provedor trabalhou sem contrato escrito, mas com cumprimento integral das cláusulas acordadas para anteriores provedores. Ou seja, o DN cumpriu escrupulosamente o que estava consuetudinariamente estatuído.

Leitores

Não houve assuntos-tabu. Os leitores questionaram o jornal sobre mais assuntos do que os que cabiam nas competências do provedor. Não me acantonaram na exclusiva posição de último defensor da pureza linguística, embora também o tenham exigido, por vezes. Os leitores ajudaram a questionar o modo de dar notícias em todos os sectores, obrigando a reflectir sobre a grande variedade dos problemas do jornalismo.

Algum correio dos leitores ficou sem resposta pública, mesmo pessoal. Ainda tentarei escrever a alguns leitores. A todos que questionaram, que me apoiaram, que de mim divergiram, o meu obrigado.

Literacia dos *media*

Julgo ter dado suficiente atenção à componente pedagógica do cargo de provedor. Escrevi várias crónicas sobre as imagens e outras ainda sobre o papel dos *media* na vida dos cidadãos. Não esqueci a blogosfera, em que estou muito envolvido. No entanto, neste domínio tenho a sensação de ter ficado aquém do que gostaria de ter feito.

Ainda tentei fazer crónicas mais participadas. Pensei que os leitores gostariam de saber como se constrói a agenda noticiosa do DN, como se faz o fecho do jornal. Cheguei a fazer um contacto com a Lusa para explicar aos leitores como funciona o jornalismo de agência. Pensei que seria possível reflectir sobre o papel dos editores envolvendo-os na reflexão, como aliás se fez no *El País*.

Estes são domínios em que os textos baseados na observação pessoal e na participação dos jornalistas teriam mais pertinência para os leitores.

Livro de estilo

Chamei a atenção, mais do que uma vez, para a falta que faz um livro de estilo aos jornalistas e leitores do DN. No n.º 8 do Estatuto do Provedor diz-se que «o Código Deontológico do Jornalista, o Estatuto Editorial e o Livro de Estilo do Diário de Notícias, do qual este estatuto constitui parte integrante, são referências obrigatórias do provedor dos leitores».

Esperemos que venha a ser elaborado em breve.

Opinião

Está muito em voga em Portugal uma tendência contestável, em que o DN não é excepção. Ocupa-se excessivo espaço de opinião com a opinião de jornalistas. Ressalvo que há comentadores de qualidade entre estes. Mas também é mais barato, por vezes. Compreendo também que haja necessidade de renovar os colunistas.

Em tempos mais recuados, nos anos 90, eu próprio fui forçado ao silêncio que me foi imposto, uma vez no DN e outra no *Público*, embora em condições muito diferentes.

Outros cronistas surgem, por vezes, com proveito para os jornais. Sabemos por um estudo de Rita Figueiras que os cronistas tendem a eternizar-se com manifesto afunilamento do leque de opiniões. O problema é que opiniões da sociedade civil como as de, por exemplo, Vicente Jorge Silva ou José Medeiros Ferreira, de Ruben de Carvalho ou de Marta Crawford, desapareceram e estão a ser substituídas pelas opiniões de jornalistas no activo.

Os jornalistas que fazem as notícias estão a assumir um protagonismo excessivo e a afastar opiniões qualificadas, pois o espaço no papel é restrito. Importa sublinhar que esta é uma tendência generalizada, na rádio, como na televisão e na imprensa escrita. Os jornalistas substituem cada vez mais especialistas conceituados que queimaram as sobrancelhas a estudar os problemas. Não é o recurso à opinião dos jornalistas que é o problema. O problema é que a discussão pública, por vezes, fica empobrecida porque os jornalistas afastam os não jornalistas dessa discussão.

Foi para mim uma grande distinção poder servir os leitores como provedor durante estes três anos. Completei cerca de 12 anos de DN, contando com períodos anteriores em que fui colaborador do jornal. Restam ainda algumas tarefas que continuarão esta ligação ao DN, nomeadamente a preparação de um livro a partir das crónicas como provedor. Tenho outro livro, em projecto, sobre o longo período imediatamente anterior de estabilidade do DN. Por outro lado, em 2008, será apresentada a tradução do livro *Public Editor*, de Daniel Okrent, primeiro provedor do *The New York Times*. Envolvi-me nesta edição planeada com o objectivo de assinalar os dez anos de provedor no *Diário de Notícias*, completados no fim de Janeiro de 2007.

O meu mandato como provedor do DN termina hoje, com esta crónica. Foi um imenso prazer e um enorme desafio manter três anos de reflexão sobre o DN e os media, em relação com os jornalistas e os leitores. Termino o mandato com a sensação de que o mandato do provedor poderia ser mais longo, como é o caso noutros jornais, sobretudo americanos. Estou também convicto de que o jornalismo de hoje é mais sério, mais profissional e mais informativo do que noutros tempos, tantas vezes divinizados.

Estamos a anos-luz dos tempos heróicos do jornalismo e da sua deontologia, em que os conflitos de interesse eram facilmente aceites. Cândido de Oliveira, treinador do Sporting entre 1946 e 1949, saía dos jogos para ir fechar *A Bola* (ver livro de Fernando Correia e Carla Baptista). Hoje, como já nos anos 60, ninguém aceitaria essa situação, leitores como jornalistas.

Os conflitos de interesses ainda existem, mas há alguns que foram definitivamente bem resolvidos, mantendo-se hoje outros mais «escondidos».

Este reconhecimento obriga-me, simultaneamente, a identificar derrapagens, por vezes espectaculares, do jornalismo actual.

Hoje há mais publicações e, sobretudo, mais informação nas publicações. Arriscaria dizer: melhor informação nas publicações. Se a qualidade do jornalismo é melhor, há ainda um facto novo. Os jornalistas não estão sós na produção de informação. O mundo dos blogues e novos utensílios da Rede aumentam a escolha e permitem a expressão livre dos cidadãos. É certo que os blogues não são jornalismo. Mas os cidadãos gostam cada vez mais de territórios de expressão. Alguns destes podem ser mais ágeis do que o jornalismo. Mesmo que não retirem leitores, são concorrentes na criação de informação por vezes sobre temas ou perspectivas que dificilmente serão adoptadas pelo jornalismo.

O que fica destes três anos? Fica a inscrição, citando José Gil. Fica o debate público sobre este jornal e sobre os media. Podem alguns jornalistas e jornais ter argumentos contra a presença dos provedores. Mas, como o *The New York Times*, apressar-se-ão a nomear um provedor se crise forte os atingir. O escrutínio é sempre incómodo. E a crítica pública do jornalismo é um enorme aborrecimento para alguns jornalistas, mas é também um ganho cívico inestimável. O DN mantém esse debate há dez anos. Temos razões para crer que vai continuar.

Saio no fim do contrato. Deixo o DN com a tristeza de perder o contacto com os leitores. Trata-se de um contrato tácito e irrepetível. Saio com a convicção de que o meu mandato teria sido diferente, não forçosamente melhor, se tivesse havido maior estabilidade nos directores. Nos três anos, de Maio de 2004 a Junho de 2007, vi sete nomes no cabeçalho da direcção do DN.

O DN parecia conquistado pela futebolização: treinador que não ganha, sai. Melhor, em certos casos, treinador que está, sai. Ora, dar a um director um período de três a cinco anos parece o mínimo para que um trabalho sério se afirme, se desenvolva e solidifique. Não foi o caso para os directores do DN nos últimos anos.

Conselhos para o futuro provedor
- Ter um **secretariado** que apoie o provedor;
- Manter um **blogue** para aumentar as possibilidades de intervenção pública e de dar a conhecer mais questionamentos dos leitores;
- Manter a crónica semanal na edição papel completada por uma **intervenção mais diversificada na Rede**;
- Diversificar os contactos com os leitores além da crónica e do *e-mail*. Por exemplo, participar em **discussões na Net ao vivo**, o que cheguei a propor à direcção anterior.

Três anos para recordar
Só posso sentir um imenso privilégio por ter sido escolhido por Fernando Lima e continuado o meu mandato sob as direcções de Miguel Coutinho, António José Teixeira e João Marcelino. Também coabitei com os directores interinos José Manuel Barroso, João Morgado Fernandes e Miguel Gaspar.

A todos os que consultei e me deram as suas opiniões abalizadas o meu obrigado. Este foi um dos aspectos mais claramente gratificantes da minha actividade. De facto, os problemas levantados pelos leitores pertencem, aos mais variados domínios, ou com eles têm ligações. Sucederam-se questionamentos de notícias sobre a guerra do Iraque, sondagens, eleições, música, futebol, crime, ciência, História, política internacional e quantos mais assuntos. O provedor tem de se debruçar sobre assuntos muito diversos e especializados. Muitas vezes recorri a especialistas de mérito que deram novos dados e opiniões ou aconselhamento sobre os problemas.

II

PROVEDORES DE TODO O MUNDO

A Organisation of News Ombudsuman (ONO) é uma associação que reúne provedores de todo o mundo e realiza anualmente uma conferência internacional. Durante o meu mandato, os provedores reuniram-se em S. Petersbourgh, nos EUA (2004), Londres (2005), S. Paulo (2006) e Boston (2007). Tive o privilégio de participar nestas quatro conferências pois os diferentes directores consideraram útil esta participação, também prevista no contrato.

A abertura da primeira das conferências coincidiu com a primeira crónica de provedor, de minha autoria, escrita no DN o que motivou um caloroso acolhimento dos meus colegas ao então "beijamim" dos provedores, em data de publicação. Outro facto relevante foi o local da conferência, o mítico Poynter Institut, uma das mais prestigiadas escolas de jornalismo do mundo.

A segunda conferência, em Londres, teve o mérito de decidir que, em 2006, um país de língua portuguesa, o Brasil seria o país de acolhimento. Esta decisão consagrou que duas conferências consecutivas da ONO se fizessem fora dos EUA, o que aconteceu pela primeira vez na história da Organização. A organização londrina esteve a cargo de Ian Meyes e do *The Guardian*. Este jornalista era então presidente da ONO e provedor dos leitores desse jornal.

Em 2006 foi a vez do Brasil. Acolhidos por Octávio Frias Filho, o director da *Folha de S. Paulo*, fomos brindados com uma invulgar qualidade pelo entusiasmo e profissionalismo de Marcelo Beraba e da sua equipa, que fizeram desta conferência uma manifestação de qualidade e pujança.

Por último, em 2007, em Boston, fomos acolhidos pela Nieman Foundation. Em Cambridge tive o prazer de ser convidado para uma intervenção sobre a relação do jornalismo com o mundo dos blogues, intervenção partilhada com a moderadora Geneva Overholser, da Missouri School of Journalism e ex-provedora do *The Washington Post* e com Jeff Jarvis, autor do blogue Buzzmachine.

A transparência no jornalismo
10/05/2004

Rumo a São Paulo em 2006
06/06/2005

Provedores em S. Paulo
15/05/2006

O Provedor e a ONO
29/05/2007

francisco Lança · joana imaginário

No DIA em que saiu a primeira crónica, na semana passada, iniciou-se nos EUA a conferência anual dos ombudsmen, organizada pela ONO (Organization of News Ombudsmen), na qual pude participar. Os 55 inscritos vinham sobretudo da imprensa, embora onze fossem oriundos da rádio e da televisão (mais desta). Estiveram representados, entre outros *The Washington Post, New York Times, Chicago Tribune,* National

Public Radio, todos dos EUA (de onde eram originários a maior parte dos presentes), *The Observer* e *The Guardian*, de Inglaterra, France Télévision (de França), Canadian Broadcasting Corporation e Maison de Radio-Canada (ambas do Canadá), *Milliyet* (Turquia), a *Folha de S. Paulo* (Brasil). Estiveram também outros representantes da América central e do sul (Colômbia, México, por exemplo) e ainda da África do Sul e da Austrália. Segundo David Bazay, *ombudsman* canadiano já com cinco anos de mandato, esta maior participação internacional trouxe um grande enriquecimento aos debates (dada a maior diversidade de entendimentos do exercício da função) e mostra o reconhecimento cada vez mais alargado da pro-vedoria dos leitores. A conferência realizou-se no Poynter Institut, uma prestigiada escola de jornalismo.

Destaco quatro aspectos da conferência que me parecem mais significativos:

1. Vários oradores referiram um novo relacionamento entre as audiências e os *media* caracterizado pela crescente afirmação cívica dos leitores. Em linguagem corrente significa que as audiências (ou parte destas) não «comem gato por lebre». Os públicos desejam maior intervenção e mais transparência nos media, estimulados aliás pela própria actividade jornalística. Os profissionais da informação exigem dos diferentes serviços públicos, das empresas, dos indivíduos permanente disponibilidade e transparência. Pois bem: os cidadãos exigem o mesmo dos jornalistas: isto não só porque nos EUA houve erros e falsificações que originaram grandes desconfianças nos leitores (como as que ocorreram num jornal com o prestígio e a seriedade do *New York Times*), mas também porque os avanços da cidadania e do conhecimento «criaram» alguns leitores mais atentos, mais exigentes, batalhando por maior qualidade da imprensa. A ideia central desta procura de novos relacionamentos mais fiáveis, mais transparentes, mais abertos foi levantada sobretudo por Tom Rosenstiel, do Projecto para a Excelência no Jornalismo, sediado em Washington, mas foi retomada noutras intervenções.

2. Um outro aspecto muito analisado foi o das modificações que a Internet, sobretudo os bloggers, está a introduzir no mundo do jornalismo. Hoje alguns leitores não se limitam a ler o jornal, a ouvir rádio ou a ver televisão. O advento dos bloggers permitiu que alguns se tenham tornado autores, criadores de informação, pessoas que se exprimem nas mais diversas áreas e num novo espaço público. Também a função do jornalista se está a alterar, pois a procura de informação com os motores de busca tornou-se mais rápida e eficiente, permitindo, em segundos, uma pesquisa de eficiência elevada. Por outro lado, a edição de informação tornou-se mais complexa, pois, ao lado das edições em papel, existem edições online onde escrita e grafismo têm grandes especificidades. Outros salientaram o facto de as versões online dos *media* serem agora acessíveis em todo o mundo podendo originar interpelações (mesmo conflitos jurídicos) de cidadãos de países longínquos, agora próximos pela Web. Isso também se verifica no mundo dos ombudsmen, pois, por exemplo, Renaud Gibert, da Maison de Radio-Canada, recebe queixas de cidadãos canadianos residentes na Austrália.

3. Kelly Mcbride, do Poynter, especialista em ética, fez uma interessante intervenção sobre o mundo das celebridades, interrogando-se sobre se as notícias sobre celebridades, sobre os famosos, seriam verdadeiras notícias ou voyeurismo. O mundo das celebridades expandiu-se, disse, sendo esta uma das novas pressões sentidas na imprensa. A compreensão deste fenómeno estaria também ligada à expansão dos canais que emitem 24 horas por dia, à Internet, ao desejo de estar de acordo com os tempos, mas também provocada pela competição acrescida pelos leitores mais jovens, cuja cultura está muito ligada ao mundo do espectáculo. Um dos casos práticos analisados incidiu sobre a série *Friends*, que chegou ao fim nos EUA. Na imprensa portuguesa pude ler peças sobre este assunto.

Kelly afirmou que, quando uma série destas acaba, uma parte da nossa cultura desaparece. Recordo que *Friends* teve, nos EUA, 50 milhões de espectadores no último episódio.

4. Afinal, (in)felizmente, a imprensa, a rádio e a televisão não estão acima de qualquer suspeita. Jean-Claude Allanic, *ombudsman* da France 2, recordou o agitado caso Jupé, que apareceu na televisão francesa como simultaneamente retirado da política depois de uma condenação judicial (France 2) e activo na política (segundo TF1). Isto no mesmo dia, nos telejornais das oito. O *New York Times* viveu também recentemente o caso do repórter Blair, um jovem jornalista, que falsificava as reportagens.

Resultados? Na France 2, demissão do director de informação e afastamento do jornalista pivot. No *New York Times*, demissões do director e do jornalista e criação da figura do *ombudsman*.

Poynter Institut

A procura de padrões de qualidade é uma preocupação em todas as profissões, também no jornalismo. O caso do Poynter Institut está ligado a esta ideia de uma forma muito clara. De facto, Nelson Poynter, o fundador do Modern Media Institut (agora The Poynter Institut), criou esta instituição a partir dos capitais da Time Publishing Company, proprietária do *St Petersburg Times* e actualmente também de outros títulos. Ou seja, uma companhia mediática gera lucros que são empregues no ensino do jornalismo, na formação de jornalistas bem como na investigação. Tinha pois razão Nelson Poynter, falecido em 1978, ao considerar que há uma relação directa entre o êxito económico e a excelência no mundo do jornalismo.

Jornalistas de todo o mundo conhecem o Poynter. Durante todo o ano há seminários que são frequentados por candidatos de vários países. Jornais, rádios e televisões precisam de elevar competências dos seus profissionais e por isso enviam alguns para formação, que, em geral, dura uma semana. Apenas se aceita um candidato por redacção. De meados de Maio até ao fim do ano verifiquei que se realizarão 34 seminários: Imagem, Ética e Edição (Maio 23/28), Escrever sobre Justiça Social

(29 Agosto a 3 Setembro), Encontrar estórias originais (14/19 Novembro), Inovação visual e pensamento conceptual (15/19 Novembro) são alguns exemplos desses cursos. Há também seminários para directores ou cargos de chefia. Mas o melhor é mesmo ir ver a lista completa em www.poynter.org e propor aos seus superiores uma ida de trabalho ao Poynter.

Ou, se ocupar posições de chefia, não se esquecer de incluir no programa de formação uma oportunidade de valorizar algum dos colaboradores, caso a situação da empresa o permita ou possa encontrar patrocínios adequados. A qualidade do jornalismo também se (re)aprende na escola, sobretudo quando esta tem a qualidade do Poynter (sem desmerecer as que temos mais à mão).

New York Times

Em 2003, um jornalista jovem do *New York Times* (NYT), Jason Blair, foi despedido, pois as suas reportagens eram construídas sem se deslocar aos locais e citando fontes falsas ou inexistentes. Reunião de emergência no jornal, constituição de comissões internas e externas de avaliação, que funcionam, ou seja, produzem resultados em tempo curto. Um destes resultados é a criação do posto de *ombudsman*, não apenas um, mas dois, ambos presentes na conferência: Daniel Okrent e Artur Bovino. As medidas não se limitaram a este reconhecimento do *ombudsman* como garantia de maior qualidade jornalística: outra foi a adopção de novas regras sobre as fontes. Os jornalistas não podem agora ocultar às chefias as fontes em que baseiam as investigações. Maior transparência, a bem da verdade, do rigor, da objectividade, como método para a informação sobre o mundo que é notícia. Segundo o *Le Monde* de 6/5, o antigo director do NYT, Howell Raines, explicou-se agora sobre o incidente que levou à demissão em Junho/ 2003 num artigo aparecido no *Athlantic Monthly* (www.theatlantic. com).

RUMO A SÃO PAULO EM 2006
06/06/2005

1. A DECISÃO mais significativa tomada na conferência deste ano da Organisation of News Ombudsmen (ONO), realizada em Londres, foi a escolha de São Paulo para sede da próxima reunião, em 2006. Marcelo Beraba, *ombudsman* da *Folha de São Paulo*, já havia proposto, há um ano, que a próxima conferência fosse organizada pelo seu jornal. Na conferência deste ano esteve presente Osvaldo Martins, *ombudsman* da TV Cultura, estação de televisão de São Paulo, que apoiou a iniciativa. Não foi fácil a decisão de manter a conferência dois anos consecutivos fora dos Estados Unidos. Este país tem cerca de metade dos inscritos na ONO e tem sido tradição voltar aos EUA depois de uma saída: Barcelona, Paris e Istambul foram seguidas de conferências em território americano. Mas o provedor brasileiro mostrou que há possibilidades de expansão da organização na América Latina. Salientou ainda a importância que essa localização teria na auto-regulação dos media no continente. «*A imprensa, que teve um papel fundamental no derrubar das ditaduras, é agora responsável por fornecer aos cidadãos da América Latina informação verdadeira, serviços e entretenimento e espaços para análise, debates e reflexão. Estas obrigações só podem ser cumpridas por uma imprensa livre aberta a um questionamento crítico por parte da sociedade e que esteja disposta a corrigir-se a si própria.*»

Eu mesmo argumentei com a proximidade linguística dos países da CPLP. A vida democrática recente, em alguns deles, dificulta obviamente a expansão do cargo. E a existência de provedores implica a aceitação e o confronto de pontos de vista plurais na matéria jornalística e não a adopção de um pensamento único. Os provedores presentes em Londres foram muito sensíveis à possibilidade de expansão da ONO fora dos EUA. Para o ano o rumo é São Paulo, numa organização com parceria da *Folha* e da TV Cultura.

2. Outro momento alto, mas de diferente natureza, foi a palestra de Erwin James. Este cidadão inglês foi condenado a 20 anos de prisão por ter assassinado uma pessoa. Nos anos finais em que cumpriu pena recebeu um convite do *The Guardian* para ser colunista, escrevendo sobre as condições prisionais em que vivia, nesse momento. Tais crónicas deram origem a um livro (*A Life Inside*). Já em 2005 saiu um novo livro (*The Home Strech,*) em que Erwin discorre sobre a sua vida em liberdade. Para a maior parte dos presentes terá sido um momento muito especial. Erwin contou como partiu da sua anti-sociabilidade, de que um assassínio é expoente, para uma vida em que procurou tornar-se mais responsável seguindo cursos no interior da prisão, incluindo um na Universidade Aberta inglesa. E, na parte final do cumprimento da pena, recebe o surpreendente convite do *The Guardian*. No seu relato conta as dificuldades de escrita, os obstáculos ao envio das crónicas derivados da vida prisional. Descreve o sentimento que tinha de estar numa sociedade policiada e o novo sentimento de homem livre que quase não vê polícias na rua. Foi comovente ver como um jornal mudou a vida de um homem que saiu plenamente integrado na vida comum, outrora recusada. Importa assinalar o facto de a crónica de Erwin ter sido paga pelo jornal e isto ter originado queixas junto do órgão regulador da imprensa. No entanto, este órgão não viu razão para censurar o jornal, dado que as crónicas eram sobre as condições de vida na prisão e não, como noutros casos analisados, o relato de uma testemunha sobre as condições de um crime ou sobre o próprio crime. De facto, o Código da Comissão de Queixas britânico proíbe o pagamento a condenados ou criminosos confessos, ou aos seus cúmplices, em troco de estórias, imagens ou informação, excepto quando os materiais devem ser publicados no interesse do público e, para que tal seja feito, o pagamento seja necessário (*). Não será descabido voltar a salientar a importância da opinião que

---

* http://www.spr-consilio.com/artmedia3.htm

dê conta do pulsar social e não apenas da vida política, em sentido estrito.

3. Muitos outros assuntos estiveram em discussão, desde a interacção do jornalismo com os blogues, o jornalismo *online* e os arquivos, a cultura de responsabilidade que a imprensa deve adoptar, o plágio, as imagens do tsunami e os limites da sua aceitabilidade, os progressos da auto-regulação na Rússia ou mesmo a descrição dos primeiros passos de um *ombudsman* de rádio e televisão na Danish Radio. A versão *online* do *The Guardian,* versão muito consultada em todo mundo, foi apresentada por Emily Belt (*). No domínio editorial trabalham 70 pessoas, incluindo *designers.* Se o pessoal técnico e comercial for tido em conta, este número aumenta para 120. Noutras intervenções verificou-se que hoje se tende para um modelo de sociedade que abre os conteúdos dos *media* aos leitores, nomeadamente através de utensílios mais interactivos como os que se baseiam na Internet. Um outro conferencista, John Loyd, do *Financial Times,* autor do livro *O que os Media Estão a Fazer aos Nossos Políticos,* levantou a questão da responsabilidade dos jornalistas na esfera pública. Salientou a necessidade de os jornalistas se compreenderem a si mesmos como parte do problema do enfraquecimento das instituições e da degradação do espaço público. *«Forçamos os políticos a ser assim»*, disse. *«Nós jornalistas, agimos, somos actores, temos influência no que se passa.»*

Um aspecto importante para o nosso país foi o acolhimento caloroso que a assembleia deu ao facto de Portugal ter em curso a institucionalização de um provedor de rádio e um outro de televisão, no serviço público.

Palavras de Provedor (1)

Manuel Pinto, provedor do *Jornal de Notícias*, também esteve presente na conferência. A sua crónica de domingo, dia 29 de Maio, intitulava-se *O plágio no jornalismo.* Embora

---

* http://www.guardian.co.uk/guardian/

sejam conhecidos casos de plágio no trabalho redactorial, alguns casos analisados foram colhidos na opinião: *«Ian Meyes, provedor do leitor do jornal* The Guardian, *anfitrião desta conferência, relatou um caso interessante: um colunista de um jornal chinês traduzia textos de opinião publicados em* The Guardian *e publicava-os como se fossem dele próprio. Não contava era que, neste diário londrino, houvesse jornalistas que também dominam a língua chinesa e que não acharam graça ao desaforo. Infelizmente não se pode dizer: "Só na China."»*

Palavras de Provedor (2)

Já Robert Solé, provedor do *Le Monde*, não esteve presente. O provedor do *Le Monde* escreveu a sua última crónica sobre o tratamento dado pelo jornal à campanha do referendo e às reacções dos leitores. Como Mário Mesquita escreve na crónica *Quando a opinião se revolta contra os seus donos* (*Público* de ontem), aquele provedor havia dedicado duas outras crónicas ao mesmo assunto. Na crónica de sábado, Solé conta que à secção *Debates* chegavam, por semana, cerca de 200 textos (!), sendo publicados apenas dez no máximo. E o Correio dos Leitores era igualmente inundado de textos *«verdadeiros estudos, em vários capítulos»*. Desde a votação as reacções continuam, diz: *«O que domina é a amargura ou a cólera. Amargura daqueles que votaram "sim" e não compreendem que a França tenha dado um tiro no próprio pé; cólera daqueles que votaram "não" e criticam ao* Monde *tê-los subestimado, desprezado ou insultado.»* Segundo uma sondagem citada no seu texto, os leitores do *Le Monde* teriam votado 51% pelo «sim» e 49% pelo «não». Mas, segundo o provedor, o jornal terá apresentado aos seus leitores todas as informações e opiniões a propósito do tratado e da União Europeia, o que não é impeditivo, diz, de ter assumido uma posição editorial favorável ao «sim». Uma carta de um leitor que se insurgia contra a infantilização e a «pedagogia» utilizada para o educar, permite a Solé terminar: «Le Monde *não tem que "fazer pedagogia", mas sim informar, explicar, analisar: fazer jornalismo, simplesmente.»*

PROVEDORES EM SÃO PAULO
15/05/2006

O *Diário de Notícias* foi o único órgão de informação português representado em São Paulo, na 26.ª Conferência da ONO, instituição que agrupa provedores de todo o mundo. A localização no Brasil focalizou algumas intervenções dos conferencistas na contextualização e enquadramento do jornalismo sul-americano. É preciso referir que a maior parte dos membros da organização está sobretudo na Europa e nos EUA, não estando estes familiarizados com essas problemáticas, o que é também o caso de muitos dos nossos leitores.

German Rey, que foi provedor do jornal colombiano *El Tiempo*, de Bogotá, lembrou a situação de grande desigualdade social deste continente, das maiores do mundo, situação que desafia e interpela os jornalistas. A luta pela sobrevivência deixa pouca escolha às camadas populares, que podem dificilmente deixar de comer para comprar o jornal. Além disso, segundo Rey, o jornalismo que se faz é um jornalismo "valente", algumas vezes com riscos pessoais fortes para os jornalistas que investigam poderes ilegítimos, tráficos de influência e negócios ilícitos. Qual é então o papel dos provedores? Os problemas que se lhes põem são igualmente complicados.

German deu detalhes de um desses casos. O provedor colombiano recebeu uma carta assinada por 30 "grandes" criminosos colombianos detidos numa prisão, conhecidos como o cartel. E o que dizia a carta? A carta era um protesto contra uma notícia que descrevia as condições de detenção dos presos como sendo muito benévola. O provedor falou com os jornalistas que visitaram a prisão. Um deles deu o seguinte detalhe relativo à reportagem: «*Fui recebido numa cela com champanhe francês. Mas não era uma única garrafa que estava na cela: havia muitas outras.*» Algo nunca visto para nenhum dos provedores do Hemisfério Norte! Os problemas retóricos podem dar lugar a outros mais extremos e sensíveis, com implicações no mundo do narcotráfico, da corrupção, da informação militar.

Esta intervenção de abertura pintou um quadro muito vivo sobre as condições difíceis do jornalismo sul-americano e da sua problematização pelos provedores.

A conferência de encerramento foi feita por Andrés Oppenheimer, jornalista de origem sul-americana, radicado nos EUA e especialista da América Latina. A sua intervenção incidiu sobre a cobertura internacional, que, um pouco por todo o lado, vê o seu peso decrescer. Oppenheimer considerou que esta diminuição quantitativa é negativa. Mas outros factores parecem ter ainda mais influência nesta problematização. A falta de imaginação das agendas, repetitivas nos temas e nos focos de abordagem, estaria a levar os jornais para o cemitério, pois os leitores não gostam de ter mais do mesmo, dia após dia. Apoiado em números recentes que mostram a descida de vendas dos jornais norte-americanos, o especialista considerou que o caminho mais certeiro para travar essa tendência seria o de os jornais criarem a sua própria agenda, destacando assuntos significativos para os cidadãos. O exemplo mais frequente a que recorreu foi o da educação, assunto que interessa a grande parte da população. Andrés Oppenheimer considerou que falar de outros países pode ser um excelente ponto de partida. Um exemplo que utilizou foi o das escolas chinesas que introduziram a aprendizagem do inglês no 3.º ano de escolaridade, enquanto no México este ensino se inicia apenas no 7.º ano de escolaridade. Ora os mexicanos, como os cidadãos de outros países, interessam-se por estas comparações. Quem não perceberá que, num mundo globalizado, os cidadãos chineses estão a adquirir uma forte vantagem competitiva e cultural? O exemplo não daria o mesmo contraste em Portugal, onde a ministra da Educação tomou a iniciativa, neste domínio. Mas também pode ser interessante comparar boas práticas.

Incumbe aos jornais um esforço de imaginação na ciência, na tecnologia, na educação, na demografia, para criar agendas mais significativas para os cidadãos, mais do que cumprir repetitivamente a agenda tradicional dos conflitos internacionais. Outros mundos, lá fora, deveriam ser comparados com o país de origem. Ficou no ar uma necessidade de inovação e questionamento permanentes para que os jornais possam ocupar um lugar mais central na vida das pessoas.

Presenças e ausências

A presença isolada do DN foi um indicador para a ONO da atenção e importância que o jornal atribui a esta organização internacional e à função de provedor. No entanto, não expressou devidamente o peso do mundo lusófono neste domínio, num local do mundo de fala portuguesa. Isto porque a conferência, organizada pela *Folha de São Paulo*, um dos mais prestigiados jornais brasileiros, localizou-se no Brasil após uma disputa renhida, em Londres, há um ano. Aí se vincou a necessidade de internacionalização e se aceitou, após forte discussão, fazer a conferência anual pela segunda vez consecutiva fora dos EUA, permitindo que o mundo lusófono se abrisse mais ao exercício da provedoria dos leitores. Afinal só os provedores brasileiros estiveram representados em maior escala, apesar de em Portugal haver já um número significativo de provedores.

Outros temas

A renovação foi também encarada sob outras perspectivas, defendidas por outros oradores. A ética jornalística na era da Internet, as indesejadas fontes anónimas, as estratégias de credibilidade, as caricaturas de Maomé e o relato de protestos de grupos minoritários foram temas animadamente debatidos.

Na falta de dois conferencistas anunciados, coube a um sociólogo brasileiro, Demétrio Magnoli, a análise do relato dos distúrbios em França e dos confrontos entre a polícia brasileira e as favelas. Robert James Batten, do grupo Australian Broadcasting Corporation, relatou conflitos entre cidadãos australianos, alguns de origem libanesa, em dias de calor junto às praias. A descrição deste acontecimento deu oportunidade para trazer à discussão o caso do "arrastão" de Carcavelos.

O local para a nova conferência será Boston, nos EUA, em 2007.

O PROVEDOR E A ONO
29/05/2007

Os PROVEDORES americanos regressaram a casa na Conferência Anual dos Provedores, realizada este ano em Boston. Em 2005, tinham atravessado o Atlântico Norte para participarem na conferência organizada pelo *The Guardian*, em Inglaterra. Em 2006, tivemos a surpresa do Brasil, numa conferência organizada, com rigor e imaginação, pela *Folha de São Paulo* e por Marcelo Beraba. Em 2007, regressámos aos EUA, num lugar mítico do saber universitário: a Harvard University. O acolhimento foi da Nieman Foundation, dirigida por Bob Giles.

Sabemos que em, 2008, os provedores se reunirão na Suécia, berço da função de *ombudsman*. Sabemos também que, em 2010, a ONO (Organization of News Ombudsmen)* vai, pela primeira vez, reunir-se na África do Sul. Em 2009, atrevo-me a sugerir Portugal como lugar da conferência. Lugar de transição para interpor entre Estocolmo e a cidade do Cabo, capitalizando a acumulada experiência de Portugal em África. Portugal pode fazer valer a ideia de lugar da Europa, de ponta de ligação aos EUA e de ligações fortes a África.

Os provedores reunidos na Nieman Foundation analisaram as diferentes perspectivas que se cruzam no jornalismo. Uma carta assinada por Ian Meyes, do *The Guardian*, presidente da organização até agora, chamava a atenção para a discussão interna sobre as condições de aceitação de financiamentos exteriores à ONO, sobre as linhas de orientação éticas para os provedores e ainda para a política de aceitação de novos membros, nomeadamente fora dos EUA. *«Há uma procura em todo o mundo da experiência que a ONO acumulou. (...) Em minha opinião, ganhámos a obrigação de partilhar com os que nos pedem para o fazer»*, defendeu Meyes.

---

* Pode ver um relato da conferência e algumas ligações em http://www.newsombudsmen.org/.

Alguns, como Meyes, pensam que a internacionalização é um desafio urgente da organização dos provedores; outros consideram que a consolidação do seu núcleo duro americano é a sua esperança de futuro. Portugal pode ter um papel a desempenhar para equilibrar os dois campos. O alargamento a outros provedores, nomeadamente os colegas portugueses e os potenciais colegas de países de expressão portuguesa, seria uma contribuição de valor inestimável para a organização mundial dos provedores. O DN tem algum capital na ONO: convém saber mantê-lo e aumentá-lo.

A conferência deste ano foi subordinada ao tema «Provedores em tempo de transição». Começou da melhor forma, pois Alan Rusbridger, editor do *The Guardian*, interrogou-nos sobre o futuro dos provedores na era digital. A sua reflexão é muito interessante, pois mostra como a reflexão dos provedores passa por grandes mudanças na edição da imprensa. Na imprensa inglesa, diz, apenas o *The Guardian* e o *Observer* adoptaram o provedor (*reader's editor* ou *ombudsman*). E explica porquê, nomeadamente pela perda de controlo que os editores sentem. Os editores, diz, *«têm sido figuras omnipotentes, os únicos encarregues de decidir quem tem voz no jornal e quem a não tem»*. Segundo o editor inglês, a simples existência do provedor marca a diferença numa organização noticiosa: *«Penso que a existência de um provedor independente no seio de uma organização de notícias marca o reconhecimento de uma mudança profunda de como nós – e o público em geral – vemos o jornalismo.»*

Participei numa sessão com Jeff Jarvis, autor do blogue *Buzzmachine*, que foi moderada por Geneva Overholser, da Missouri School of Journalism. A interrogação colocava a questão da existência ou não de um papel de vigilância cívica partilhado pelos leitores, pelos blogues e pelos provedores. O facto de assumir vários blogues e de ultimamente ter escrito algumas crónicas apenas na Net foi alvo de grande interesse dos colegas presentes. Jeff Jarvis acentuou a importância do processo em relação ao produto jornalístico e opôs ao jornalismo cívico o jornalismo em rede. Na minha intervenção, como na de outros oradores, acentuou-se a convicção de que o papel dos provedores é insubstituível. A Rede aumentou e deu maior importância ao nosso trabalho. Pela minha parte, reforcei com convicção que os provedores, em Portugal, são um dos geradores e amplificadores do debate público sobre o jornalismo com os leitores. Este debate público está nas páginas do DN há dez anos, sem interrupção. E vai continuar.

III

FORÇA DAS PALAVRAS

Neste capítulo estão reunidas crónicas que reflectem sobre a escrita do DN ou sobre aspectos com ela relacionados como a importância da leitura para o mundo dos jornais.

As interrogações dos leitores permitiram a reflexão sobre assuntos tão diferentes como a utilização dos termos «terroristas» ou «rebeldes», no Iraque, ou sobre os anglicismos, que, invadiram, de forma abusiva, a escrita quotidiana da imprensa. Interrogámo-nos sobre se, por vezes, a escrita da imprensa perde a universalidade que os leitores ambicionam. Outras reflexões sublinharam a importância de contextos de leitura específicos e para a importância do Plano Nacional de Leitura, um plano que interessa a toda a imprensa.

Palavras rebeldes
31/05/2004

Escrever para todos
07/02/2005

Num texto datado de 1995, Maria João Beça Múrias, na qualidade de documentalista do *Jornal*, semanário que deixou de se publicar há alguns anos, descreve a vida efémera das palavras, mostrando como algumas aparecem e desaparecem. Antes do 25 de Abril, diz, era frequente o uso de termos como União Nacional, exame prévio ou patrão. Logo após, apareceram novos vocábulos, como retornados, poder popular ou gonçalvismo, e os patrões começaram a ser apelidados de gestores ou empresários. «E se eu trabalhar no *Diabo*, no *Combate* ou no *Avante!*, em termos de documentação tenho perspectivas diferentes. O 25 de Abril, por exemplo, para uns foi uma revolução, para outros um golpe de Estado.» Ainda recentemente a polémica gerada entre utilização das palavras revolução e evolução, para caracterizar a passagem de 30 anos sobre essa data, mostra bem como os conceitos não são neutros e como têm um conteúdo próprio para delimitar o sentido social dos acontecimentos. A autora citada diz ainda que «a neutralidade política do documentalista é indispensável (…) pois o terrorista de uns é o patriota de outros».

No caso do Iraque, a carta de um leitor (abaixo publicada) mostra exactamente essa indignação pelo uso dos termos terrorista e rebeldes pela redacção do DN, opondo-lhe o qualificativo de patriotas para os que atacam as forças aliadas e as forças americanas, em especial. Não é caso raro este tipo de queixa de um leitor ou ouvinte em situações deste tipo: um dos *ombudsmen* da Rádio Canadá, Renaud Gibert, numa crónica sobre o conflito israelo-palestiniano, transcreve uma carta de um ouvinte, que afirma: «Acuso a Rádio Canadá de deformação em favor da propaganda palestiniana contra Israel.»

As expressões do leitor do DN mostram um forte empenhamento ideológico, bem simbolizado na caracterização excessiva e injusta da sociedade americana como apenas conhecendo a lei da bala. Em minha opinião, rebeldes não será um termo tão desmesurado como terroristas, pois existe uma aura romântica, quiçá revolucionária, na sua utilização corrente. Vejamos portanto o uso do termo terrorista, seguramente o mais controverso.

O terrorismo não é novo, mas assumiu formas muito particulares nesta curta, mas turbulenta, entrada no século XXI. Os atentados do 11 de Setembro de 2002 nos EUA e os de 11 de Março em Madrid sacrificaram milhares de vidas inocentes. Poderão estes dois actos ser definidos pela mesma palavra (terrorismo) com a qual, por vezes, segundo o leitor, se qualifica o que se vai passando em território iraquiano? David Bazay, *ombudsman* da Rádio Canadá para a língua inglesa, afirma sobre a utilização da palavra terrorista pelos jornalistas da sua instituição: os jornalistas não são proibidos de chamar gato a um gato, nem ataque terrorista a um ataque terrorista. O texto foi também escrito a propósito do conflito entre Israel e os palestinianos: Israel qualifica de terroristas todos os ataques palestinianos, mesmo os que são contra as forças militares. O Hamas descreve os ataques, mesmo contra os civis, como actos de resistência ou de legítima defesa. Um verdadeiro diálogo de surdos.

Bazay socorre-se de um perito israelita, Boaz Ganor, director executivo do International Institut for Counter-Terrorism, que perfilha a distinção entre os conceitos de terrorismo e guerrilha: o terrorismo seria o uso deliberado da violência contra os civis, a guerrilha o uso deliberado da violência contra militares e pessoal de segurança. Dirigindo-se aos militantes palestinianos, aquele perito declarou haver «uma forma de violência que nunca devem empregar, sob pena de perderem a vossa legitimidade e o nosso apoio, é a violência dirigida contra os civis, a saber, o terrorismo».

Em síntese, e porque o leitor não refere peças concretas, poderei afirmar, segundo a definição acima enunciada, que a oposição violenta dos iraquianos, no seu território, não pode ser considerada como uma acção terrorista sempre que esta se dirige contra forças militares. Importa, pois, ver, caso a caso, o contexto em que tais conceitos são usados, pois as palavras vivem e significam nas circunstâncias em que são produzidas. O director do DN, Fernando Lima, em e-mail enviado ao provedor, declara ter registado a observação do leitor.

«Terroristas» ou «patriotas»?
Sr. provedor, é com um misto de tristeza e de indignação que vejo os jornalistas do DN apelidarem de «rebeldes» e «terroristas» os patriotas iraquianos que se revoltam contra as

tropas americanas e outras que sem qualquer justificação não só invadiram como se mantêm no Iraque a oprimir o seu povo. Não lhes assistirá o direito de, continuadores de uma civilização milenária, se oporem à ocupação e domínio por um Estado prepotente que, desde a sua fundação há pouco mais de apenas 200 anos, a única lei que conhece é a da «bala»? Porque serão os opressores «soldados da coligação» e os oprimidos «rebeldes» e «terroristas»? Gostaria, por isso, de pedir-lhe que sensibilizasse a redacção do DN para ponderar a terminologia que deve ser empregue em relação aos antagonistas face às suas efectivas posições e legitimidade de actuação.

LUÍS VARELA

Um Jornal

O *New York Times* (NYT) publicou, no dia 26 de Maio, um texto assinado pelos editores em que estes analisam artigos publicados sobre o Iraque. Ora os editores encontraram peças de que se consideram legitimamente orgulhosos, mas também detectaram alguns textos que não foram tão rigorosos quanto deveriam ter sido.

Este mea culpa (já noticiado na secção Media do DN) mostra que o jornal confiou demasiado nas informações de exilados iraquianos, alguns dos quais, como Ahmad Chalabi, foram recentemente postos em causa.

Actualmente, alguns funcionários da Administração norte-americana reconhecem que, por vezes, foram ludibriados por essa informação das fontes exiladas. «O mesmo fizeram muitas instituições noticiosas – em particular esta» [o NYT], afirmam os editores.

Outro exemplo: em artigos de primeira página de Outubro e Novembro 2001, o NYT descreveu um campo onde seriam treinados terroristas islâmicos e produzidas armas biológicas. Fonte: um desertor iraquiano.

Mas esses relatos não foram confirmados através de uma verificação independente, diz a autocrítica.

O texto considera que as faltas, quando existiram, não foram individuais, foram mais complexas. Editores, a vários níveis, deveriam ter exigido mais cepticismo dos repórteres, os relatos dos opositores iraquianos deveriam ter sido mais relativizados, dado o desejo profundo de derrube do regime, os artigos de denúncia tiveram mais destaque que os de continuação ou estes não terão mesmo existido. Julgo que este caso vai ser ensinado nos cursos de jornalismo e discutido pelas redacções do mundo inteiro.

Um cientista pode aprender com os jornais. Isto defendeu Carlos Fiolhais, professor universitário e actual director da Biblioteca Geral da Universidade de Coimbra, na apresentação da Arca, uma nova associação do jornalismo de ciência e ambiente. O conferencista demonstrou ter aprendido muito sobre terramotos e tsunamis com a leitura de jornais e revistas. Sendo a sua especialidade a física e derivando da geologia algumas explicações destes fenómenos, o cientista encontrou nos *media* perguntas bem formuladas e boas respostas a muitas questões. Como se formam as ondas gigantes foi bem explicado na imprensa, assegurou, a partir de textos e imagens, muitas vezes em infografias. Os cidadãos sabem hoje que, se o mar descer súbita e profundamente, uma onda gigante se aproxima. E que é indispensável o afastamento para fugir à vaga. O jornalismo funciona também como um factor de literacia científica das populações. O presidente da União Europeia das Associações de Jornalistas de Ciência, Istvan Palygay, afirmou mesmo que a literacia científica actual das populações deve mais aos media do que à escola! O jornalismo pode também funcionar como um elemento de «conscientização» para usar a terminologia de Paulo Freire.

É que não basta haver ciência. É preciso haver meios para tornar o conhecimento operacional, passando-o aos cidadãos. O jornalismo pode ser conhecimento, em suma.

De acordo com esta análise está Eduardo Meditsch, que se doutorou em Portugal, na Universidade Nova. O investigador brasileiro apresentou, em 1977, num curso da Arrábida, uma comunicação intitulada O jornalismo como fonte de conhecimento (ver o texto em http://bocc.ubi.pt/).

Ao estabelecer algumas diferenças entre a ciência e o jornalismo, Eduardo Meditsch mostra que, embora a linguagem formal da ciência seja universal, «esta linguagem só circula por determinadas redes e cria uma incomunicação crescente entre os dialectos das diversas especialidades. Neste sentido, quanto mais as ciências produzem conhecimento, mais tornam opaco este conhecimento». Pelo contrário, «é na preservação deste auditório ideal que o jornalismo encontra uma de suas principais justificações sociais: a de manter a comunicabilidade entre o físico, o advogado, o operário e o filósofo.» Ou seja, a linguagem da ciência é para alguns, a do jornalismo é para todos, mesmo que isso envolva algumas perdas ou simplificações e nem sempre seja fácil a «conversão».

Uma carta do leitor Manuel Rodrigues liga-se a estas reflexões. Nela se assinalam frases de um analista da bolsa, Nuno Miguel Matias, aparecidas no caderno Negócios do DN, de 13 de Dezembro, frases de difícil entendimento para um público não especializado.

«Em termos de múltiplos de mercado, a EADS transacciona com um P/E 2004E de 19,11x, a desconto face à sua principal concorrente a Boeing, que apresenta um P/E 2004E de 21,16x. Em termos de EV/EBIDTA 2003 está igualmente o desconto, negociando com um múltiplo de 5,16x face à média do mercado de 12,25 x.» A editora, Ana Tomás Ribeiro, enviou-me uma explicação: *«Procuramos sempre editar os textos por forma a tornar a informação o mais clara e objectiva para o leitor. Mas por vezes acontece que há coisas que também nos escapam. Este foi um desses casos. Trata-se de textos escritos por analistas de mercado, com uma linguagem muito específica. No futuro, procuraremos dar ainda mais atenção a este aspecto.»* A editoria económica tem consciência da necessidade de estar atenta ao eventual hermetismo da linguagem técnica da bolsa, da economia. Num jornal é obrigatório tornar compreensíveis, a todos, os conhecimentos, por mais complicados que sejam.

Nem só os jornalistas são peritos na divulgação. O professor Carlos Fiolhais contou como Einstein explicou a uma criança o que é uma onda, nomeadamente de rádio: *«Imagina um gato com a cauda em Nova Iorque, a cabeça em S. Francisco. Imagina que alguém aperta a cauda ao gato em Nova Iorque. O gato miará em S. Francisco. Assim funciona uma onda: é o mesmo que a TSF. E a rádio é o mesmo... sem o gato.»* Nem todos os conceitos serão tão fáceis de transformar em metáfora. Mas é certo que a formação, o estudo e a preocupação de divulgar ao maior número fazem milagres. E, obviamente, tais estratégias são indispensáveis no campo jornalístico como no campo científico. Ambos os campos gostam de procurar a verdade, ambos gostam de a comunicar, diz o professor. E acrescenta: *«Se a ciência não é comunicada fica uma ciência oculta, e ciência oculta... não é ciência.»*

Nota: Na referida carta faz-se alusão a duas frases inseridas num editorial de Raul Vaz, director adjunto do DN, no dia 13 de Dezembro de 2004. No texto intitulado *O país de Sampaio* podia ler-se, como destacava o leitor: «O Presidente da República pôde falar por absorção imediata do pulsar anómalo dos últimos meses. É suficiente para um entendimento alcalino – e os estudos de opinião escondem a contradição.» Ambas as frases usam metáforas complexas («o pulsar anómalo dos últimos meses», o «entendimento alcalino»), exigindo atenção redobrada para compreender os seus significados, o que nem sempre é estado de espírito dos leitores.

As frases exigem também a leitura do texto na íntegra e a sua contextualização no ambiente político dos dias seguintes à demissão do Governo.

Quem escreve na imprensa, ou a lê atentamente, sabe que, na escrita, pode sempre passar um erro, uma gralha, um pensamento que se exprime de forma menos adequada. Cada um de nós fará o maior esforço de clareza, mas o estatuto humano que transportamos nunca deixará que atinjamos a perfeição. Embora a procuremos.

tem de aceitar

Francisco Lança · Joana Imaginário

O JORNALISMO estabelece relações com a realidade. Isto significa que tem uma dimensão social e uma dimensão narrativa.
Pretende também revelar a complexidade do mundo. Esta é
dita pela linguagem e, em particular, por uma língua, código
comum aos habitantes de um ou vários países. O jornalismo
terá por isso que dar constante atenção à língua portuguesa e a
novas iniciativas que possam mudar a sua relação com os
públicos. É o caso da criação do Museu da Língua Portuguesa,
inaugurado este ano em S. Paulo. A iniciativa pode parecer
irrelevante, vista de longe. Mas uma visita deste museu muda,
radicalmente, este entendimento: vitalizar a imagem da língua
portuguesa traria novos leitores, até para os jornais. Sabemos
como vai diminuindo, drasticamente, o número de leitores da
imprensa escrita. Em dois meses, o museu acolheu dois mil
visitantes por dia, quatro mil nos dias de fim-de-semana,
sendo a grande maioria jovens das escolas. Alguns deles tor-

nar-se-ão novos leitores depois de experimentarem os prazeres das palavras que aí manipulam.

Se temos dinheiro para casinos e estádios, porque haveria de faltar em sectores que aumentam a inteligência colectiva? A língua é terreno de afirmação profissional para os jornalistas e escritores, para os professores e artistas, para os homens de negócios. E veículo de expressão para todos os cidadãos. A sua apropriação colectiva origina mais e melhores leitores. Será que fica mal aos poderes públicos quererem estimular a leitura, seja por um plano específico com esta finalidade, seja pela criação de dispositivos como as bibliotecas públicas e escolares, por iniciativas como a criação de um museu da língua portuguesa? *

Parece estranho que se considere inapropriado dar um impulso à escrita e à leitura, que se ache utópico tentar democratizar e alargar este gosto. Para quem quiser ver, é claro que mais leitura significa melhor escrita na imprensa, nos media, na literatura – e maior exigência dos leitores.

Se quer expandir o número de leitores, o jornalismo não pode estar de costas voltadas para a inovação no domínio da língua ou defender um olhar indiferente. Tem de formar cada vez melhor os seus profissionais, inventar iniciativas que envolvam os leitores na leitura e na escrita, pugnar por maior dignidade e pertinência nos gastos dos dinheiros públicos, escrutinando a sua aplicação em bens úteis aos cidadãos. É bom sinal que o DN de ontem tivesse uma notícia sobre leitura em primeira página.

O Museu da Língua Portuguesa de S. Paulo corresponde a uma concepção moderna e nada elitista de relação com o público. *«O objectivo maior é fazer com que as pessoas se surpreendam e descubram aspectos da língua que falam, lêem e escrevem, bem como da cultura do país em que vivem, nos quais*

---

* Fui convidado para integrar a Comissão de Honra do Plano Nacional de Leitura, convite que aceitei na convicção de que se pode actuar positivamente neste domínio.

nunca haviam pensado antes. Que se espantem ao descobrir que sua língua tem todos aqueles aspectos ocultos. O alvo é a média da população brasileira, mulheres e homens provenientes de todas as regiões e faixas sociais do Brasil e cujo nível de instrução é, na maioria, médio ou baixo.»* Há portanto quem pense que a língua pode ser descoberta, com prazer, pela maioria da população, em vez de ficar confinada às elites.

Da visita do museu retira-se uma impressão forte: cada detalhe foi minuciosamente planeado. A sua localização na Estação da Luz, uma estação de caminhos-de-ferro em que transitam 300 mil pessoas por dia, é disso exemplo. Esta estação, *«considerada a porta de entrada da capital paulista, era o espaço onde se dava o primeiro contacto dos imigrantes com o idioma do país no fim do século XIX»**. Planear uma instituição implica pensar no seu sentido simbólico, prever conteúdos adequados e permitir o seu crescimento num universo apropriado. Olhar para as boas práticas ajuda-nos a perceber o que poderia ser feito, em Portugal, para benefício da leitura e, logo, da imprensa escrita.

Conteúdos apropriados

Os conteúdos do museu são tratados com o auxílio das tecnologias mais modernas e possibilitam uma constante interactividade ao utilizador. Terminais de computador ajudam a descobrir as raízes de palavras portuguesas com origem no inglês, no francês, no falar índio. Um jogo interactivo, o *Beco das Palavras*, permite que se juntem radicais, sufixos e prefixos a partir de movimentos das mãos, repercutidos num ecrã horizontal. Duas pessoas desconhecidas podem assim formar uma palavra, que depois mostra os seus significados através de curtos filmes e animações. Quem não pensa em formato telenovela vai pôr o museu no seu roteiro ao visitar S. Paulo. Sobretudo, estão a fazê-lo muitos jovens paulistas e brasileiros a quem ajudará a construir outra relação com a língua e, também, com os jornais.

---

* http://www.estacaodaluz.org.br/

Leitura não só em livros e jornais

Associa-se a queda da leitura em Portugal à televisão e à Internet. Vale a pena lembrar que a televisão em Portugal é legendada? Que as crianças e os jovens lêem legendas, desde muito novas, nos desenhos animados e nos filmes? A Internet, incluindo imagens e sons, não é o reino da escrita e da leitura? Já Umberto Eco, numa entrevista a *Le Nouvel Observateur* do início dos anos 90 contestava o entrevistador, dizendo que os computadores nos estavam a introduzir na civilização da escrita, não na civilização da imagem. Podemos sublinhar, como fez Rui Tavares, num debate recente na casa Fernando Pessoa, que os clássicos já se ensinam nas escolas? «*E, por isso, quando me levantei para falar só fui capaz de debitar a lista de clássicos que estudámos na minha escola secundária em finais da década de 80, numa escola pública que nunca entrou sequer nas 200 melhores do ranking e em plena terra queimada dos "filhos de Rousseau": o cancioneiro galaico-português, Fernão Lopes, Gil Vicente, a tragédia Castro, a lírica e a épica camoniana, a parenética vieiriana e por aí adiante até Herculano, Garrett, Camilo, Eça e – ai de nós – Fernando Pessoa. Pelo menos estes, quem quis aprender aprendeu.*» *In Público* de 27/06/2006. Poderão ser mais e mais bem ensinados, mas não se faça tábua rasa.

A Cor do Dinheiro é o título de uma coluna regular de Michelle Singletary, especialista em finanças pessoais, no *Washington Post*. Os leitores podem contactar a colunista por *e-mail*, numa conversa em directo na Internet ou mesmo num programa da rádio pública, a NPR.

Eis o que escreveu, em Julho, Michelle Singletary: «*Se estiver interessado em discutir os livros deste mês, junte-se a mim na quinta-feira em http://www.washingtonpost.com/. (...) para se tornar membro do Clube de livros da Cor do Dinheiro tudo o que tem a fazer é ler o livro recomendado. Depois conversamos em directo com o autor ou autores. Além disso, em cada mês, escolhemos alguns leitores ao acaso para receberem livros dados pelos editores. Para ter uma hipótese de ganhar um dos exemplares mande um e-mail para colorofmoney@washpost.com e inclua o nome e a direcção postal para o caso de ser contemplado.*»

Porque chamo este caso como apoio ao assunto principal do meu texto de hoje? É que Michelle Singletary faz um Clube da Leitura, mas na Internet. Ou seja, é sugerida aos leitores do jornal a leitura de um livro. Na conversa em directo e no programa de rádio, entabulam-se conversas e discussões sobre livros, com a presença de autores. Se um colunista de finanças se pode empenhar numa actividade deste tipo, muitas outras temáticas, do desporto às artes, da política ao internacional, dos assuntos da vida quotidiana aos *media*, poderiam patrocinar iniciativas semelhantes.

Nos últimos tempos, em Portugal, têm tido algum sucesso os Clubes de Leitura em livrarias. Na Internet começam também a surgir blogues à volta de livros, como o *Leituras Partilhadas* * e o *À Volta das Letras* **. A iniciativa do jornal americano é um exemplo de interacções novas que a Internet veio potenciar.

A crónica de hoje procura reflectir em duas direcções. Em primeiro lugar, tudo indica que o caminho da imprensa escrita não pode ser desligado da Internet e das novas potencialidades que esta fornece. Em segundo lugar, a existência de um Plano Nacional de Leitura faz com que a imprensa e os media, por razões de interesse próprio, não possam mostrar indiferença a essa iniciativa ***. Comecemos por esta última afirmação. É óbvio que aumentar as oportunidades de leitura interessa aos jornais. Um povo que lê pouco e tem níveis de literacia baixos não pode ler muitos jornais.

O Plano Nacional de Leitura parte dessa constatação: «*(...) a situação de Portugal é grave, revelando baixos níveis de literacia, tanto na população adulta como entre crianças e jovens em idade escolar*».

A partir desta constatação não foi difícil decidir que o Plano Nacional de Leitura «*deverá lançar medidas que abranjam os vários sectores da população, desde a primeira infância*

---

* http://leiturapartilhada.blogspot.com/
** http://avoltadasletras.blogspot.com/
*** Lembro aos leitores que sou membro da Comissão de Honra do Plano Nacional de Leitura.

até à idade adulta. No entanto, os estudos demonstram que as competências básicas ou se adquirem precocemente, nas primeiras etapas da vida, ou dão lugar a dificuldades que progressivamente se acumulam, se multiplicam e transformam em obstáculos quase intransponíveis». Ou seja, de pequenino se torce o pepino.

Por outro lado, o Plano tem referências precisas aos media, algumas pensadas como actividades do próprio plano. É o caso do lançamento de campanhas de sensibilização da opinião pública, de programas de informação e recreativos, centrados no livro e na leitura, através dos órgãos de comunicação social. O Plano pretende capacitar mais portugueses para interpretar a informação disponibilizada pela comunicação social. E guarda devida prioridade ao desfrute das grandes obras da literatura e ao acesso à ciência. Assim, *«o Plano Nacional de Leitura propõe-se criar condições para que os portugueses alcancem níveis de leitura em que se sintam plenamente aptos a lidar com a palavra escrita, em qualquer circunstância da vida, possam interpretar a informação disponibilizada pela comunicação social, aceder aos conhecimentos da Ciência, desfrutar as grandes obras da Literatura».* Ou seja, a escola não pode estar alheada da actualidade e deve ajudar os seus alunos, e os adultos em que se tornarão, a enfrentar o presente, sem disfarces. Mas como pode ocupar-se a escola da actualidade sem a ajuda e cooperação dos *media*?

A abertura a iniciativas autónomas da sociedade civil também está assinalada no Plano Nacional de Leitura como bem-vinda e desejável. Seria insólito e um erro estratégico que a comunicação social cooperasse pouco em actividades que lhe dizem tão directamente respeito, no actual horizonte de sobrevivência. Lembro que o Plano foi pensado para um horizonte temporal de dez anos, em duas fases de cinco anos. Ou seja, tarefa para, pelo menos, três governos.

A outra razão de ter chamado esta temática prende-se com o desenvolvimento da imprensa escrita de qualidade. A sobrevivência das edições de jornais de qualidade, em papel, está ligada à qualidade do jornalismo. E esta articula-se, desde há alguns anos, com o aproveitamento das sinergias entre as edições em papel e as potencialidades da Internet. Uma ocasião como esta é um momento de ouro para a imprensa e os outros media se organizarem, mobilizando os seus colunistas e jornalistas para falarem de livros com os leitores. Algumas iniciativas poderiam ser focadas em públicos jovens aproveitando as edições impressas dos jornais, mas também as rádios e as televisões. Talvez escritores consagrados e premiados com os mais altos galardões se disponibilizassem para, uma vez ou outra, responderem aos jovens leitores, em directo, numa conversa em linha. Talvez alguns historiadores pudessem fazer o mesmo com o seu vasto conhecimento do passado.

Seria bom alguns cronistas do DN abrirem essa torrente das informações e interacções em linha, estimulando os cidadãos com leituras orientadas num modelo semelhante ao descrito no início desta crónica. Os próprios jornalistas poderiam informar sobre o que lêem e como lêem os jovens e os adultos de hoje, ajudando a criar um ambiente social favorável à leitura ao relatarem os sucessos como os insucessos, suas razões e contextos.

O impacto do Plano Nacional de Leitura será tanto maior quanto mais vier a ser encarado como um projecto colectivo, cujo sucesso depende da intervenção de todos e de cada um. Poderão os jornais ficar estáticos e indiferentes? Isso seria uma forma de acumular perdas em vez de amontoar ganhos.

SOCORRO! OU SERÁ 'HELP'?

Francisco Lança - Joana Imaginário

à deriva

O LEITOR Francisco Ricardo escreveu ao provedor: «*O DN de hoje noticia "Simão e Micoli* out, *Rui Costa em dúvida". Maravilhoso! Quando já nos tínhamos livrado dos* keepers, backs, forwards, goal, football, *etc., vem o nostálgico DN a repor* out. *Preparar-se-á o DN para repor o* off-side? *Um toque de modernismo ou de falta de respeito pela língua portuguesa que já dicionarizou guarda-redes, defesa, avançado, golo e futebol?*»

Outro leitor, Luís Elias Casanovas, entre outros reparos que fez chegar ao provedor, incluiu este: «*Também hoje um exemplo do snobismo anglo-saxónico: no título um determinado persona-gem é o* chairman *militar da NATO, no corpo da notícia, e logo na primeira linha, passa a ser presidente do Comité Militar da Nato (...).»*

O jornalista do Desporto respondeu: *«Quanto à palavra* out *utilizada no título citado pelo sr. Francisco Ricardo, reconhece-mos que com um pouco mais de clarividência e cuidado ter-se-ia encontrado uma solução que respeitasse o léxico português.»*

O jornalista autor da notícia sobre a NATO defendeu ter optado por *chairman* porque «*a palavra "presidente" não cabia no espaço do título. Foram tentadas outras soluções, como citar apenas Cavaco ou Sócrates, mas o problema mantinha-se e ainda deixava um "buraco" de texto na primeira das duas linhas. Daí a opção pelo* chairman, *editada com plicas no título, que natu-ralmente já não se usou no corpo da notícia».* O jornalista colo-cava também uma questão «*(...) sobre o uso da palavra "NATO". Sendo um acrónimo, deve ser considerado um angli-cismo e, nesse sentido, substituída pelo termo OTAN? Ou o seu uso já é tão corrente que essa questão não se coloca?».*

Algumas observações gerais tornam-se pertinentes. O facto de as queixas dos leitores visarem duas secções diferentes do jornal, o *Nacional* e o *Desporto*, sugere que os anglicismos são um problema editorial, não apenas desta ou daquela secção. Por outro lado, seria interessante aumentar a criatividade da titula-ção, pois muitas das respostas dos jornalistas argumentam com falta de alternativa, o que é surpreendente no jogo da língua. Em anterior artigo, defendi que é necessário um livro de estilo no DN, necessário sobre estas matérias como sobre outras. Tenho também defendido a necessidade de formação regular para todos os jornalistas, formações diferenciadas e especializadas, segundo problemas pontuais. A criação de títulos e a separação dos anglicismos toleráveis dos dispensáveis são exemplos destas urgências. O argumento que os jornalistas e dirigentes sempre esgrimem para a ausência de formação é o da falta de tempo. Vale a pena lembrar que, muitas vezes, se consegue obter bons resultados em poucas horas de formação bem organizada.

Essa formação poderia trazer mais ordem e coerência à escrita diária, nomeadamente para evitar anglicismos ou outros estrangeirismos. Os anglicismos referidos deveriam ter sido evitados. E evitar não significa recusar de forma sistemática. As línguas são entidades vivas que evoluem e se influenciam. É preciso manter o espírito aberto a tais influências. Aliás, a língua portuguesa usa bastantes anglicismos que se foram impondo e que ninguém contesta. Bar, bife, clube, lanche, líder são alguns exemplos, entre muitos. O francês legou-nos cachecol, guiché ou chapéu. Muitas outras palavras derivam do italiano (gelatina, piano, maestro...) ou do castelhano (sapatilha, samarra, gorro...). Há africanismos (banana, sanzala, missanga...), americanismos (tabaco, cacique, jibóia...), orientalismos da China (leque, junco...), do Japão (biombo, micado...), da Índia (mandarim, pagode, banzé...) ou do turco (sorvete, turbante...). Sabemos ainda que muitas palavras vêm do árabe, como açúcar, almofada ou alface. As nossas palavras também foram incorporadas noutras línguas, como obrigado, que se tornou *arigato* no Japão. Isso não quer dizer que a força das culturas dominantes, que entram na nossa economia como nas outras dimensões da vida social, irrompa também, a cada momento, na língua que falamos e escrevemos. Aliás, um dos leitores lembra como no futebol se foram encontrando palavras para substituir as inicialmente usadas em vernáculo inglês. Na década de 50, ouvia-se *corner* nos relatos dos jogos de futebol então só feitos pela rádio. Hoje diz-se canto ou pontapé de canto. Havia o *keeper*, hoje é guarda-redes.

A imprensa, como outros media, tem a obrigação social de estar particularmente vigilante à língua. Um escritor tem mais liberdade de inovar com termos de outras latitudes. A imprensa escrita é feita para todos os leitores, mesmo os que não conhecem a língua inglesa. Por isso vale mais usar presidente e deixar de lado *chairman*. José Mário Costa, do Ciberdúvidas, a quem interroguei, não tem dúvidas nesta questão e defende haver alternativa para o título: «*Se fosse por razões de espaço, e se o jornalista pensasse no comum dos seus leitores (que não têm necessariamente de saber inglês), e prezasse a Língua Portuguesa, encontraria por certo outros termos em português bem mais curtos, como chefe ou até líder, que já se encontra aportuguesado, por exemplo...»*

E não perderíamos nada em usar OTAN em vez de NATO. Seguir um bom exemplo é sempre uma boa opção. O mesmo José Mário Costa lembra que «*a questão da OTAN versus NATO é, de resto, sintomática daquilo a que leva a permissividade dos nossos jornalistas e dos media em geral face ao inglês. Em Portugal sempre se escreveu e disse OTAN (...). Por sinal, os brasileiros escrevem, e dizem, (bem) OTAN, sempre. É que, no Brasil, os jornalistas sabem muito bem para quem escrevem e para quem falam...»*

Vale a pena deixar no ar a interrogação: porque não fazem os jornalistas portugueses o mesmo, tirando alguns exageros em que por vezes os brasileiros caem?

Nota No *Tema* de ontem confirma-se esta tendência. Num oportuno e interessante trabalho sobre a Internet pode ler-se, num só artigo, *website, googler, youtuber, site, online, upload, copyright, streaming, download, uploaders, terabytes*. Alguns destes anglicismos estão repetidos duas e três vezes. Nenhum aparece explicado, em bom português. Este é um hábito que encontramos noutros jornais, como o britânico *The Economist* : palavras novas ou inabituais são definidas nos artigos que as utilizam, para os leitores menos conhecedores. No artigo de abertura, mais ligado à música, aparece *download, online, upgrade, site, pole position, peer to peer, home video, trailers*. Noutros artigos do mesmo Tema, ainda poderemos encontrar, além dos termos já referidos, *blockbuster, standard, A place for friends, single*.

SINGULAR OU PLURAL?
02/10/2006

«"*Um terço dos estudantes já foram vítimas de violência.*" *É este o título de primeira página do DN. É lamentável que os senhores jornalistas andem a ensinar incorrectamente o povo e em especial os estudantes, mas este é um tipo de erro recorrente. Na verdade, sendo "um terço" o sujeito da frase, o verbo terá que estar no singular, ou seja, "foi". Assim, em bom português, o título deveria ter sido "Um terço dos estudantes já foi vítima de violência". (...)»* Isto escreveu Edorindo dos Santos Ferreira, um leitor atento do DN. Outros leitores enviaram também mensagens semelhantes. «*É de lastimar o estado a que chegou a nossa imprensa e a Língua Portuguesa*» escreveu Carlos Teixeira. Outro leitor, Rui Fernando Guimarães de Castro, reforçou o mesmo «erro»: «*Sou leitor assíduo da edição* online *do DN, jornal que considero dos mais equilibrados e interventivos da media portuguesa. Considero lamentável que se tenha cometido o grave erro ortográfico na página principal da edição de hoje (...).*»

O provedor, como é hábito e estatutário, enviou ao director o pedido de esclarecimento. O director adjunto, João Morgado Fernandes, enviou-me, no mesmo dia, uma nota que seria dada a conhecer ao público na edição do dia seguinte. Publicava-se o *e-mail* do primeiro leitor e fazia-se o seguinte esclarecimento: «*NR – O DN recebeu ontem vários* mails *e alguns telefonemas alertando-nos para o "erro" que constava da nossa manchete "Um terço dos estudantes já foram vítimas de violência" [21 de Setembro de 2006]. Não é, de resto, a primeira vez que tal ocorre com frases em que surge esta conjugação.*

A verdade é que o DN segue as regras estabelecidas pelos maiores gramáticos da nossa língua. Por exemplo, Celso Cunha e Lindley Cintra, na sua Nova Gramática do Português Contemporâneo, *obra que se assume como a principal referência nos nossos dias, assinalam, na página 496: "Quando o sujeito é constituído por uma expressão partitiva (como parte de, uma porção de, o grosso de, o resto de, metade de e equivalentes) e um subs-*

tantivo ou pronome plural, o verbo pode ir para o singular ou para o plural". A mesma obra apresenta vários exemplos da autoria de grandes vultos da literatura portuguesa, em que surgem indiferenciadamente ambas as formulações, ou seja, a conjugação usada pelo DN e que alguns leitores criticam não resulta de qualquer degenerescência linguística.»

Parece inegável que o DN escreveu segundo regras legitimadas por grandes gramáticos como Celso Cunha e Lindley Cintra. Mas as línguas evoluem e o certo e o errado vão sendo construídos pelo uso e pelo estudo. Não terão os leitores razão? Antes de ter conhecimento da nota procurei saber a opinião de outros especialistas. A prof.ª Maria Regina Rocha, consultora do Ciberdúvidas*, argumenta que «*numa perspectiva normativa – e não apenas descritiva – deverá defender-se como regra o uso do singular nestas situações, pelos seguintes motivos:*

1.º – São poucos os exemplos de escritores apresentados em gramáticas abonando o uso do plural (...);

2.º – Por outro lado, trata-se de escrita literária, criativa, artística, que permite a utilização de processos enfáticos, o realce de determinados termos em relação a outros (...);

3.º – Normalmente, quando se utiliza uma expressão partitiva é porque importa esse conjunto particular (a metade, o terço), que, aliás, figura em primeiro lugar ("um terço dos estudantes"), sendo, pois, rara a situação em que se pretende "evidenciar os vários elementos que compõem o todo" ("os estudantes");

4.º – A utilização do singular é a que respeita a concordância com o núcleo principal da construção, com o seu núcleo sintáctico;

5.º – Se se transformar a frase em duas, subentendendo-se, na segunda, o núcleo encaixado, é visível a impossibilidade do emprego do verbo no plural, sentido como totalmente marginal. Exemplos:

---

* O texto completo pode ser consultado em http://sotextosmesmo. blogspot.com/ ou no *Ciberdúvidas*.

(1) *Um terço dos estudantes já foi vítima de violência = Há muitos estudantes no País. Um terço já foi vítima de violência (e nunca: Um terço já foram vítimas de violência).*

(...) Concluindo: ao contrário do que fez o Diário de Notícias *(e o* Público, *já agora…), neste tipo de frases, deve usar-se o singular, que respeita a norma sintáctica, evitando-se a concordância pelo sentido.»*

Tudo voltava ao início. Outra especialista da língua portuguesa, Edite Estrela, também respondeu à minha solicitação, dadas as dúvidas que surgiram. A deputada europeia deu uma opinião no mesmo sentido, embora mais conciliadora: *«É com muito gosto que participo neste debate, em que todos têm um pouco de razão. Parece contraditório, mas não é. De facto, as objecções dos leitores fazem sentido, a nota justificativa da direcção do jornal é aceitável e as dúvidas do provedor são pertinentes. Até parece a quadratura do círculo, mas tudo tem a sua explicação. Em primeiro lugar, importa recordar que as línguas são organismos vivos em permanente evolução. Por isso, a própria noção de "correcto" não é estática, porque o que ontem era "erro" pode amanhã ser "norma". Aliás, o conflito entre a norma e o uso é, quase sempre, resolvido a favor do uso. Dito isto sobre o contexto, passo ao caso.*

Segundo as regras de concordância do predicado com o sujeito, se o sujeito é constituído por expressões de quantidade do tipo de milhar, milhão, centena, dezena ou metade, terço, maioria, parte e por um substantivo ou pronome plural precedidos da preposição de, o predicado pode ir para o singular ou para o plural. Ex.: "Um terço dos estudantes já foi vítima de violência" ou "Um terço dos estudantes já foram vítimas de violência". No último exemplo, a concordância faz-se pelo sentido. Esta regra justifica o título da notícia e a nota da direcção. Mas, embora sejam aceitáveis os dois tipos de concordância, é preferível o uso do singular (o que explica as objecções dos leitores e as dúvidas do provedor).»

Em conclusão: a nota publicada tem a sua razão de ser mas não esgota o problema, pois há matizes que não foram ponde-

rados. Os argumentos usados por Maria Regina Rocha (Ciberdúvidas) e por Edite Estrela mostram que esta solução, sendo
até mais correcta, também é consentânea com a lógica de
escrita para todos, necessária na imprensa. Tal lógica, a par de
outras estratégias e iniciativas, é necessária para que os jornais
conservem e expandam os seus leitores, actuais e potenciais.

IV

AS FORÇAS DAS IMAGENS

Contrariando ideias pré-concebidas, a imagem ocupa um lugar central na imprensa escrita. No DN os leitores estiveram atentos, questionando-me sobre algumas imagens publicadas. Por iniciativa própria, partilhei também com os leitores, algumas inquietações e convicções à volta das imagens.

francisco lança - joana imaginário

NA CRÓNICA anterior, usando as palavras de Benjamin Bradley, chefe de redacção do *Washington Post* ao tempo do caso Watergate, tentei mostrar como o trabalho dos jornalistas, ao confrontar-se com os leitores, pode ser visto de uma forma muito crítica por pessoas que têm conhecimentos muito avançados em determinados domínios. As fotografias publicadas no *Daily Mirror* sobre as sevícias praticadas pelos soldados britânicos são disso um excelente exemplo.

Os serviços do exército britânico passaram a pente fino as imagens e descobriram que, afinal, estas teriam sido tiradas numa garagem perto de Manchester e não no Iraque. No sábado passado, 15 de Maio, a secção dos *media* do DN, através de uma peça de João Cepeda, correspondente em Londres, citava o coronel David Black, que «demonstrou que as fardas e o equipamento exibido nas imagens nunca foram utilizados no Iraque».

No mesmo dia, o *Le Monde* assinalava alguns outros elementos que tinham sido postos em relevo pela análise das imagens.

Um deles era a marca do camião militar, um Bedford MK4. Ora, o regimento que fora posto em causa usa viaturas Leyland, no Iraque. Outro aspecto assinalado relaciona-se com a limpeza impecável das fardas dos soldados, contrastando como a sujidade natural em situação de guerra.

Ou seja, o autor das fotografias «enganou» o Daily Mirror, mas não foi capaz de enganar os leitores especializados, neste caso os militares atingidos.

Outro aspecto não menos relevante é o modo como as imagens de outras sevícias, agora praticadas por soldados americanos, também no Iraque, foram colhidas e difundidas.

Segundo Farhad Manjoo, autor de um artigo publicado no Salon Magazine, de São Francisco, reproduzido no *Courier International* n.º 707 (19 a 26 de Maio), as fotos teriam sido tiradas com máquinas digitais, por jovens soldados, e depois enviadas por correio electrónico às famílias ou aos amigos. Em seguida alguém as terá feito chegar à CBS, ao *New Yorker* e ao *Washington Post*.

Mais uma vez imagens que lançaram um debate mundial foram tiradas por amadores (tal como as imagens da repressão no cemitério de Timor ou as do espancamento de Rodney King, nos EUA) e, no caso actual, primeiro difundidas pela Internet. Se nos recordarmos da estratégia dos repórteres embutidos relatando a guerra do interior das operações militares, temos agora o relato das acções pelos próprios actores, graças às potencialidades associadas das máquinas digitais e da Net. Vivemos uma época em que os soldados levam, na sua bagagem, as armas clássicas mas também as câmaras digitais, fotográficas ou de vídeo, prolongando a sua função original (bélica) para o campo do registo e da difusão de informação.

Fontes novas, atenção dos *media*, difusão rápida, efeitos demolidores, eis uma síntese possível desta nova situação que os grupos activistas estão também a accionar. Basta recordar que, no dia 11 de Maio, um site próximo da Al-Qaeda difundiu a decapitação de um americano raptado no Iraque, obtendo depois uma difusão mundial desse acto.

As imagens não representam apenas o mundo, também o transformam, exigindo dos leitores, do campo jornalístico e da actividade política e militar formas de acção novas e reflexão permanente. Já não basta ver para crer, como mostra o exemplo do *Daily Mirror*.

francisco lança · joana imaginário

O Ocidente viveu intensamente uma polémica sobre as imagens na Idade Média. Vale a pena recordá-la agora, quando os *cartoons* dinamarqueses voltaram a avivar o poder das imagens. Nessa época havia sobretudo imagens religiosas. Ora, os ícones religiosos, ao representarem Deus e santos, colocavam um problema peculiar. As imagens representavam, tornando o ausente presente. Mas conteriam elas a energia da santidade? Na época a questão foi fracturante, diríamos hoje. Diferentes decisões foram criando doutrinas contraditórias. O último dos concílios de Niceia, no século VIII, proibiu que a imagem tivesse a capacidade de conter os poderes da santidade. Foi estatuído que a imagem seria apenas uma representação. A imagem não poderia conter poderes de quem é representado.

Esta concepção sobre a imagem continua a ser a mais partilhada. O que quer dizer a imagem? O que representa? Esta característica leva a uma interrogação essencial no domínio do jornalismo. A imagem de informação deve representar os acontecimentos, logo deles deve ter elementos que mostrem a situação descrita ou evocada. Porém, como toda a imagem material é fabricada com recurso a mediações técnicas, a representação reflecte as potencialidades e os limites das técnicas que as criam, das linguagens e da personalidade de quem regista. Por outro lado, evocar um objecto ou uma situação através de uma imagem pode ser mais bem conseguido através de traços que os evoquem e não apenas a partir de traços «realistas». A caricatura é um bom exemplo destas imagens, pois os traços desse tipo de desenho são sempre exagerados face às proporções ou situações reais. Já noutros domínios, como a arte, a imagem nem sempre representa. Algumas imagens são expressão do artista ou manifestam uma preocupação de relação com quem vê, situando-se fora da representação. Os questionamentos de tipo representativo são por isso, nestes casos, pouco adequados.

Mas as imagens têm características para além da sua dimensão representativa. Uma delas é a de poderem originar movimentos nos que com elas se relacionam.

Por isso paramos face a um *stop* na estrada. Se virmos uma sinalização de uma mina, como acontece em certos locais de Angola, afastar-nos-emos, receosos, desse local. Estas imagens implicam um movimento do nosso corpo, têm uma capacidade de transformar um estado, exigindo uma mudança de direcção, por exemplo. Assim se revela a capacidade de transformação das imagens. Há casos muito conhecidos, no domínio social e dos *media*, de movimentação social por causa de imagens. Um jornalista, Jacob Riis, usou a fotografia mostrando as condições insalubres em que viviam os imigrantes que chegavam a Nova Iorque no fim do século XIX, tendo, com isso influído na criação de melhores condições para os recém-chegados. Já nos anos 90, um videoamador mostrou um cidadão americano, Rodney King, a ser brutalmente espancado por polícias. O espancamento e uma primeira decisão judicial favorável a um dos polícias agitaram a comunidade negra e incendiaram Los Angeles. O mundo discutiu os direitos humanos e a arbitrariedade que tais imagens revelaram. Mais recentemente, atrocidades numa cadeia do Iraque foram descobertas pela fotografia. E Timor instalou-se na consciência global a partir das imagens do massacre no cemitério de Santa Cruz. Por maiores diferenças que existam nestes casos, há um traço comum: as imagens podem fazer agir, provocar mudanças no que pensamos, mas também no que fazemos.

Por último, as imagens teriam a virtualidade de nos envolver e de nos mergulhar em estados comuns. Numa ida ao cinema essa partilha é física, mas esta pode também ser mais imaterial. Este envolvimento na imagem é por um lado colectivo, mas por outro é também interior, pessoal.

Este quadro tem algum valor explicativo para a situação gerada pelos *cartoons* dinamarqueses. E exige mesmo que discutamos as imagens fora da matriz do citado concílio, no século VIII. Sugerirá também que pensemos que o "pretexto" das imagens foi o mais adequado e que outros "pretextos" poderiam não ter sido tão mobilizadores para o mundo do Islão.

Escolhas

Um dos debates que constantemente atravessam o jornalismo é o da objectividade *versus* subjectividade. Do jornalismo como espelho passou-se ao jornalismo como prisma. Dos jornalistas que mostram a realidade passou-se para os jornalistas que agem sobre a realidade. Na era das fronteiras ténues tudo é difícil de definir com precisão. Mas algumas distinções haverá entre as histórias que o público lê como "mentirosas" (ou fictícias) e as outras que o mesmo público lê como se devessem relatar o que se passou, o que ocorreu. Na imagem essa distinção também é cada vez mais contestada. O documentário opõe-se à ficção, mas usa dos mesmos meios narrativos. Para outros as imagens documentais são sempre imagens, logo construções narrativas, logo exteriores aos factos ocorridos e relatados. O que é verdade. Na fotografia há escolhas que o fotógrafo pode fazer dando representações variadas do que é visto. Preto e branco ou cores? Um fotógrafo como Sebastião Salgado privilegiou o preto e branco sendo o mundo a cores. Mas certas negruras do mundo de hoje não serão mais fielmente representadas a preto e branco do que a cores? Num documentário sobre o fotógrafo este declara não apreciar muito a teleobjectiva que permite fazer fotografia a distâncias consideráveis. Dizia, e cito de cor, que a proximidade com os fotografados é algo que está mais de acordo com o seu modo de contar o mundo aos outros. Teremos que concordar que um mineiro da Serra Pelada, na procura de ouro, é o mesmo se fotografado a um metro e meio ou a 20 metros. Mas parece diferente conforme seja retratado muito perto ou muito longe. Outras escolhas do fotógrafo podem ter grande influência na imagem obtida, como enquadrar de certa forma, ou escolher a sensibilidade da película. A mesma realidade pode gerar imagens muito diferenciadas, mas, todas elas, com marcas do mundo fotografado. Para já não falarmos do digital, que permite ainda mais escolhas, no antes e no após o momento de a fotografia ter sido feita.

Nota Para as funções da imagem aqui descritas ver Serge Tisseron, *Psychanalyse de l'image*, Paris, Dunod, 1995, páginas 157-176.

DESCONFIAR DAS IMAGENS

O DN PUBLICOU na edição de 31 de Julho, na 1.ª página, uma fotografia sobre a guerra no Líbano. Uma criança morta era retirada dos escombros. Pelo menos dois leitores não gostaram do que viram. O leitor José de Abreu Barbosa escreveu: «*A fotografia de 1.ª página hoje é, no mais rigoroso sentido do termo, obscena.*» Outro leitor pronunciou-se contra a publicação da referida fotografia: «*A foto de 1.ª página de hoje deixa qualquer um maldisposto. Por favor, não havia necessidade nenhuma.*

O DN não é assim. Nem o 24 Horas *foi tão bárbaro.*» Os qualificativos utilizados sublinham o desagrado que a imagem provocou nestes dois leitores.

A directora adjunta, Helena Garrido, considerou haver razão para publicar a fotografia (ver texto abaixo). A sua resposta mostra que, no DN, existe uma discussão editorial detalhada das imagens antes da publicação. As imagens são escolhidas, até haver uma que afasta outras. Em regra, há várias escolhas possíveis, o que, entre outras coisas, quer dizer que as imagens publicadas, embora referindo-se a algum facto que ocorreu, não são o próprio facto.

Um facto acontece e, por ter acontecido, é contado aos leitores, pelo texto e por imagens. Estas têm assim uma função representativa, ou seja, são mostradas em vez do que aconteceu; têm uma função indicial, ou seja, são uma marca de que o que vemos se passou na realidade e, eventualmente, têm também uma função simbólica, pois representam mais do que aquele caso concreto, sendo, por vezes, o resultado da construção de um imaginário colectivo.

A imagem de 31 de Julho tem, simultaneamente, estas funções: procura representar a atrocidade de um acto de guerra, é seu indício – como o fumo é sinal de fogo – e simboliza a crueldade da guerra, em particular a de um acto de guerra que dizimou crianças.

No entanto, esta imagem sugere também algumas reflexões sobre a representação do real. Toda a imagem é "mentirosa" – pois é sempre fabricada. Obter uma imagem a partir da realidade não é, por si, garantia de que esta é transmitida de forma adequada. Dito de outro modo: uma imagem pode evocar, com mais ou menos propriedade, o real que a inspirou.

De facto, há imagens encenadas que parecem momentos de espontaneidade. As imagens provenientes de Caná, incluindo a do DN de 31 de Julho, e divulgadas por agências internacionais como a Associated Press, a Reuters e a Agence France-Presse, foram contestadas, pelo modo como foram fabricadas. O pessoal de socorro teria, durante horas, exibido os cadáveres para que os fotojornalistas pudessem multiplicar os ângulos e tomadas de vista. Assim sendo, os fotojornalistas teriam participado num acto de propaganda. Apesar de os mortos serem reais, as condições em que as imagens foram obtidas podem não ter sido as da espontaneidade requerida pelo fotojornalismo.

As agências desmentiram esta versão dos factos, dada por Richard North, autor do blogue *EU Referendum*. Mas o facto de a contestação ter sido formulada mostra, mais uma vez, a prudência que devemos ter. Pode-se apelidar como prolongamento transparente da realidade uma imagem, seja esta qual for *?

Na argumentação de Helena Garrido reside outra razão para esta prudência. As imagens de imprensa devem atrair o olhar e não fazer desviar o olhar. Pelo menos, é esse o entendimento geral da teoria do fotojornalismo e a prática continuada das escolhas editoriais. Dadas as considerações anteriores e os exemplos de fotografias publicadas na imprensa ao longo dos tempos, julgo que tal preocupação não significa, como alternativa, que se proporcionem imagens assépticas aos leitores.

Razões para publicar

A directora adjunta, Helena Garrido, teceu as seguintes considerações: «*A foto publicada na 1.ª página do DN na edição de 31 de Julho, o dia seguinte do ataque de Israel à aldeia de Caná onde morreram essencialmente crianças, reflecte o drama que se viveu. É verdade que, como diz o nosso leitor, é chocante e exactamente por isso a decisão da sua escolha mereceu durante a edição da 1.ª página uma reflexão prévia.*

Deveríamos escolher uma fotografia que nos fazia desejar desviar o olhar? Ou deveríamos oferecer aos nossos leitores uma imagem confortável de um acontecimento dramático? Estaría-

---

* Ver sobre este assunto, por exemplo, o artigo do *The Guardian* «*Photos under Fire in the Propaganda War*» http://www.guardian.co.uk/syria/story/0,1840053,00.html.

mos a ultrapassar a fronteira da notícia entrando na exploração fácil das emoções? Ou a fotografia expõe a violência do acontecimento que é nossa obrigação mostrar ao leitor? Quererá o nosso leitor, em férias, olhar para esta fotografia?

Tínhamos na altura a possibilidade de escolher uma outra fotografia em que se viam apenas flores sobre uma mancha branca debaixo da qual se adivinhavam corpos.

A escolha acabou por se apoiar na convicção de que os nossos leitores querem ser informados sobre a realidade da forma mais rigorosa que nos é possível transmitir, mesmo que ela seja chocante e que nos faça desejar desviar o olhar. É nossa obrigação não trair a confiança do nosso leitor. Tem de ter a certeza de que é informado sobre o que se passa em Portugal e no mundo, por muito dolorosas que as notícias sejam. Sem as dar ao leitor de forma asséptica e limpa mas também sem a exploração das emoções que caracteriza o sensacionalismo.

A consciência de que a decisão de publicar aquela fotografia merecia uma reflexão partilhada com os nossos leitores justificou a sua referência no editorial. Aí se pode ler: "(...) As imagens que vemos criam o desejo de desviar o olhar. Como a que hoje é publicada na primeira página do Diário de Notícias. *Mas podemos e devemos olhar para um conflito entre israelitas e árabes que dura praticamente desde a Segunda Guerra Mundial e no qual [os europeus] temos responsabilidades."*

Outras ocasiões houve em que colocados perante a escolha de algumas fotografias decidimos não as publicar. Acontece quando não se respeita a dignidade humana ou quando a exposição da violência é gratuita e não dá ao leitor qualquer informação adicional.

A fotografia publicada, como se chegou a debater internamente, merecia só por si uma reflexão. Uma criança, que quase parecia uma estátua, com uma chupeta azul incólume, exposta às objectivas das câmaras resume o drama que se vive naquela área do mundo há décadas. (...)»

AS IMAGENS SÃO DECISIVAS
10/04/2007

Uma fotografia de Spencer Platt foi notícia várias vezes nos últimos tempos: num carro descapotável, um grupo de jovens passeia num bairro de Beirute. Um dos jovens parece estar a fazer fotos num cenário de devastação, pois o local havia sido bombardeado minutos antes pela aviação israelita. Trata-se de uma imagem que arrebatou o prémio da World Press Photo, uma prestigiada distinção para os fotojornalistas. Mas a razão que levou os jornais a utilizarem-na novamente foi outra: a imagem, afinal, tinha um sentido muito diferente do que lhe fora atribuído.

«O descapotável desliza na paisagem surreal e fumegante, as mulheres têm aspecto de top model *e o motorista parece sair de um anúncio de Hugo Boss. Turistas ricos a verem a desgraça alheia, metáfora do mundo contemporâneo?*

Mas, segundo conta o Financial Times, *a revista libanesa* L'Agenda Culturel *decidiu investigar quem eram as personagens desta fotografia e descobriu-as. E a narrativa que lemos na imagem cai por terra.*

Era domingo. O condutor e duas das mulheres são irmãos, chamam-se Maroun e vivem numa rua próxima. Outra mulher é vizinha. Segundo explicaram à revista cultural, não estavam a fazer "turismo de guerra", como sugere a imagem, mas apenas a ver os estragos, para avisarem os parentes. As personagens dizem que a viatura foi fotografada de forma a parecer mais luxuosa. Trata-se de um mini-Cooper, que o condutor pediu emprestado à namorada para, acompanhado pelas irmãs, constatar se havia estragos na sua casa. As testemunhas afirmam ser de classe média.»

Este texto do jornalista do DN Luís Naves explica como a atribuição de um sentido definitivo a uma imagem é uma tarefa muito delicada e, quase sempre, vazia de sentido. Por natureza, as imagens são, segundo quem as lê, coisas diferentes. A peça de Luís Naves tem também um detalhe muito importante na versão da Rede: tem autoria repartida entre o jornalista e o autor da imagem, Spencer Platt, prática que deveria ser obrigatória e, infelizmente, não é. Esta foi uma das fotografias de relevo nestas últimas semanas.

Na imprensa escrita, o papel da imagem é decisivo. Não só as imagens são numerosas como também são escolhidas a dedo, (quase...) sempre, de formas profissional e muito cuidadosa. Mesmo que não tenha legenda, o que é raro, uma imagem de imprensa nunca vem «pura». Ela tem um enquadramento, ocupa uma determinada posição face ao texto, é mais ou menos destacada dentro da página em que a colocam. Hoje, as edições em linha permitem publicar fotografias e vídeos outrora impossíveis de utilizar pelos jornais.

A edição das imagens tem uma longa tradição que passa pela montagem de cinema, pela fotografia como disciplina artística e jornalística, pela aplicação das técnicas digitais. Dificilmente nos lembramos que o cinema, nos inícios do século XX, alterou as relações entre as imagens, e entre as imagens e o texto escrito. Mais tarde, nos anos 20, começou a ver-se como os sons (palavras, ruídos e música) alteram o sentido de uma imagem. Mais tarde os investigadores e pessoas do terreno começaram a perceber que o sentido não está apenas nas imagens. De facto, as leituras que o público faz são decisivas. Não podemos por isso dizer em absoluto: esta imagem significa isto.

Na imprensa, esta dimensão é particularmente importante. Podemos ilustrá-lo com exemplos recentes do *Diário de Notícias*. Uma fotografia de praia ilustra, assim, uma notícia sobre o Plano Estratégico de Turismo (DN, 5 de Abril). Uma imagem de um glóbulo de sangue acompanha o artigo *A globalização ajuda a propagar doenças* (4 de Abril). São dois exemplos em que a imagem e o texto escrito funcionam em conjunto, como é regra na imprensa. As imagens, de sentidos múltiplos, tornam-se mais precisas pelo texto da notícia ou pela simples legenda. Quando David Luiz, Shakira, o cardeal Saraiva Martins, Sócrates aparecem, é a imagem que adquire a primazia na leitura (todos na primeira página do DN de 5 de Abril). Estas quatro personalidades «cabem» nas dimensões do jornal (30 cm x 39 cm), que acolhe ainda uma imagem do TGV, batendo o recorde de velocidade sobre carris. Como pretender que as imagens são como a realidade, quando a realidade não cabe nessas dimensões? Conta-se que Picasso, interrogado por quem lhe contestava «deformações», terá pedido, ao contestatário, a fotografia da mulher. *«Não sabia que a sua mulher é tão pequena!»*, terá dito face à fotografia, tipo passe. Isto apesar da aura «realista» que as fotografias de identificação possuem.

As imagens sugerem-nos as coisas que representam. Porém, o seu significado resulta de uma negociação: uma parte das imagens é feita pela pessoa que olha as imagens, pelas suas representações, pela sua cultura, pelos seus preconceitos. Por isso devemos ser prudentes quando pensamos que uma imagem tem um significado universal. Aliás, muitas vezes, na leitura das imagens a norma... são os desvios.

V

O MUNDO EM NOTÍCIAS

Estas crónicas mostram a pertinência e variedade dos problemas abordados com a ajuda dos leitores do DN. Justiça, ciência, Europa são alguns dos sectores que foram questionados pelos leitores, permitindo ao provedor não ficar apenas na lógica do mestre escola, condenado a corrigir erros de português. Os leitores não esqueceram estes momentos, e questionaram provedor e jornalistas sobre muitos aspectos dos modos de fazer notícias.

Ciência oculta não é ciência
17/10/2005

Portugal imigrante
23/01/2006

Vale tudo?
05/06/2007

ADVOGADOS E DEONTOLOGIA: A PALAVRA CERTA
07/06/2004

Senhor provedor,

Não posso deixar de considerar lamentável o título do artigo dado à estampa dia 18 de Maio, «Advogados não cumprem normas deontológicas». Que haja advogados que não as cumpram, que esses advogados sejam uma boa parte da classe, isso não autoriza, todavia, a generalização que foi feita. Para quem, como eu, exerce a advocacia sozinho, a tempo inteiro, há mais de uma quinzena de anos, que respeita escrupulosamente o Estatuto e ainda que haja quem diga – como o sr. bastonário – que ele está desactualizado, a inserção de tal título é abusiva e ofensiva da dignidade de todos aqueles que diariamente, pelos corredores e salas de audiências dos tribunais deste País, fazem por honrar a advocacia, servem os cidadãos e se recusam a embarcar na mediatização e mercantilização generalizada da profissão. Títulos como o que saiu apenas contribuem para agravar o actual estado de coisas e diminuir a imagem de cada um dos advogados que vai regularmente a tribunal, calcorreia as repartições, assegura o patrocínio oficioso e cumpre o Estatuto com dedicação, profissionalismo e sentido cívico.

SÉRGIO DE ALMEIDA CORREIA

As relações entre os *media* e a justiça são hoje centrais na vida social. Sendo a justiça um campo que assegura (deve assegurar) os direitos fundamentais dos cidadãos, como o respeito pela vida, a liberdade, o direito de livre expressão e sendo o jornalismo um campo que age também nesses domínios, não espanta que tais interacções se sucedam e se tornem mais delicadas, mais constantes, mais complexas.

Neste caso, um leitor, advogado de profissão, indigna-se, não pela notícia que divulga os resultados de um inquérito da Ordem dos Advogados, mas pelo título *Advogados não cumprem normas deontológicas*, de uma peça da jornalista Sofia de Jesus, assinada com Paula Carmo. Este artigo apareceu na edição de 18 de Maio e teve chamada de primeira página, a quatro colunas, podendo daí inferir-se a importância que o DN lhe quis atribuir. De facto ao inquérito terão respondido mais de nove mil profissionais, 50% dos inscritos, segundo a notícia (logo existirão actualmente mais de 18 mil advogados em Portugal). E, não sendo os advogados os únicos actores na justiça, são dela parte importante.

Confesso que inicialmente me senti perplexo com a reclamação, pois a primeira página titulava *Maioria dos advogados admite violação das regras*. Mas, de facto, na página 22, o título fora alterado e a palavra maioria, tinha desaparecido. Questionada a jornalista, esta justificou: «*A elaboração de um título de uma notícia tem como objectivo chamar a atenção do leitor para o conteúdo da mesma, da forma mais informativa possível. O que acontece com frequência é que o espaço destinado ao título não nos permite desenvolver essa informação ao pormenor, deixando-nos muitas vezes confinados à escolha de uma "ideia forte" que resuma o cenário descrito pela notícia.*» E depois de precisar que colocou um antetítulo, acaba por reconhecer que «*fora do contexto da peça, o título em causa (...) poderá ser demasiado generalista*».

Tenho sorte (diz-se muitas vezes que os jornalistas não reconhecem os erros), pois a autora da título reconhece que este, isolado, é demasiado generalista, ou seja, envolve a totalidade da classe e não uma parte da classe, como o título de primeira página correctamente fizera. Não posso porém concordar com o espaço reduzido como justificação condicionante da escolha do título: é que a peça interior é feita a quatro colunas, a da primeira página também e o tipo de letra é igual ou muito semelhante. Mesmo que fosse diferente haveria alternativas (Maioria dos advogados não cumpre deontologia, por exemplo).

Outro aspecto em que a lógica do jornalista pode colidir com a lógica do leitor é a de considerar que «a leitura do título de um artigo nunca se pode substituir à leitura desse mesmo artigo».

Os leitores ao lerem um jornal têm estratégias de economia e de apropriação, muitas vezes centradas na leitura de um título aqui, de um artigo inteiro mais à frente, de um destaque, de olhar apenas uma foto. E decisivo é que «maioria dos advogados» não é o mesmo que «advogados» (parte e todo). Foi isso que motivou a carta do leitor e Sofia Jesus concorda. «Ao leitor, agradeço desde já a chamada de atenção», e afirma que «nunca quis pôr em causa o trabalho dos advogados portugueses, nem tão-pouco "ofender a sua dignidade"».

Um Livro

A crónica anterior, *Palavras rebeldes*, bem como o problema hoje analisado, fez-me voltar a folhear um livro marcante que, julgo, não foi traduzido em português: Austin, J. L., *Como Fazer Coisas com as Palavras* (em inglês *How to do Things with Words*, Oxford University Press, 1962). Os franceses traduziram para *Quando dizer, é fazer* (*Quand dire, c'est faire*, Editions du Seuil, 1970).

Este é um livro que marca a abordagem performativa da linguagem, ou seja, uma abordagem em que a frase (enunciação) leva à execução de uma acção. A linguagem não é apenas uma estrutura linguística nem uma mera descrição. Dizer sim num casamento significa, por exemplo, acordo para uma transformação na vida pessoal e o «declaro-vos marido e mulher» pronunciado pelo sacerdote ou pelo notário produz o efeito de os nubentes mudarem o estado civil. No jornalismo, frequentemente, também as palavras não são apenas descritivas: também têm esse efeito performativo, o que as torna particularmente delicadas e exige aos jornalistas um fino bom senso e grande sensibilidade.

JORNALISTA-CANDIDATA QUESTIONA JORNALISTA
21/06/2004

Os LEITORES insatisfeitos e os jornalistas raramente dialogam ou, quando o fazem, é nas entrelinhas das citações dos provedores.

Espero que comecem a leitura desta crónica pelas duas caixas, primeiro a da direita, A Voz dos Leitores, carta de Diana Andringa, e, logo a seguir, a caixa publicada em baixo, A Palavra da Jornalista, resposta de Inês David Bastos. A queixa diz respeito à cobertura dos resultados das eleições europeias na sede do Bloco de Esquerda (BE), publicada em 14 de Junho.

A jornalista não percebe a crítica de que é alvo. Parece acreditar que existe uma forma «científica» de descrever o mundo, e que a discordância sobre os termos, ou sobre o tom, implica um limite à liberdade de expressão. Ora, um questionamento, mesmo dirigido a um jornalista, não é forçosamente o retorno duma política de exame prévio ou da censura.

Examinemos as expressões contestadas.

«Cantar vitória» e «trampolim» podem considerar-se imagens adequadas ao ambiente de festa vivido nessa noite. É certo que a luta política e o jornalismo não usam as figuras estilísticas com as mesmas regras. O BE deveria estar habituado às metáforas, pois os seus dirigentes utilizam-nas constantemente como arma de arremesso.

Já a expressão «sair da toca» traduz um julgamento pouco positivo para descrever o recolhimento habitual do cabeça-de-lista antes do conhecimento dos resultados. Além disso, é seguida de referência insólita a uma eventual ida do candidato à casa de banho. A imagem negativa torna-se evidente, se comparada com outras notícias da cobertura da campanha no DN. O exemplo mais significativo, pois contém também uma referência espacial e de movimento, é «Durão subiu ao terceiro andar da sede da coligação», assim retratando outra jornalista o aparecimento do chefe do partido derrotado.

Esta oposição mostra que a linguagem não é neutra.

É importante reconhecer que as palavras pesam. Como pesa também o balanço entre factos e comentários, ou entre os dados precisos e as afirmações vagas, mesmo as omissões.

Tomem-se os apoiantes como exemplo. São citados três vezes, diz-se que são poucos, mas o leitor fica sem informação sobre quantos são efectivamente. Enquanto a notícia equivalente publicada ao lado, sobre o PCP, só menciona os apoiantes uma vez, quantificando.

Ser preciso, passando informações concretas, é uma componente indispensável nas peças informativas.

A caixa intitulada «Violante Saramago foi a grande ausente» omite uma informação ainda mais importante. No texto afirma-se que esta «nem lá pôs os pés», deixando o leitor a imaginar que esta ausência é injustificável. Será que o leitor reagiria da mesma forma se soubesse que a candidata reside na Madeira? Os candidatos residentes numa outra parte do País não precisam necessariamente de se associar à festa centralizada em Lisboa. A jornalista sabia com certeza as razões da não-presença. Se não conhecia, poderia ter-se interrogado sobre a razão da ausência, aplicando o «espírito crítico» que tão bem reivindica.

Seguramente que o DN, jornal de referência, procura a equidistância entre as forças políticas, como refere Inês David Bastos. Mas o facto de haver críticas não dá automaticamente razão ao jornalista, provando que este foi imparcial nas informações que elaborou.

Algumas questões ficam no ar:
– Terá o desinteresse pela campanha derivado da pobreza dos discursos dos candidatos sobre a Europa, ou sido provocado pela sua cobertura jornalística, demasiado centrada na política interna?
– O que é o espírito crítico dos jornalistas?
– Com que critérios se podem distinguir os trabalhos jornalísticos de qualidade?

– Que peso e responsabilidade assumem os editores na construção da informação diária?

Assunto de crónicas de provedores mas, sobretudo, tarefas imperiosas para os jornalistas, já que são eles que, quotidianamente, relatam os acontecimentos do mundo.

A voz dos leitores

Caro Provedor do DN

Peço-lhe que analise a notícia do DN sobre os resultados obtidos pelo Bloco de Esquerda nas eleições europeias de 13 de Junho (…).

Gostaria, sobretudo, de saber a sua opinião sobre as frases que destaquei, nomeadamente a utilização dos termos «sair da toca» (numa referência ao facto de Miguel Portas – numa atitude que creio não ser única em cabeças-de-lista – se ter mantido afastado dos jornalistas até haver resultados claros), «cantar vitória» (o reconhecimento de que os resultados eleitorais correspondiam aos objectivos) e «trampolim» (quanto à derrota da Coligação no Governo e a subida do Bloco poderem, eventualmente, abrir espaço a uma coligação PS/Bloco de Esquerda nas próximas legislativas).

Pergunto-me – e pergunto-lhe – se não são expressões depreciativas, que podem confortar uma já visível tendência de desconfiança na política e nos políticos?

Quero pedir também a sua opinião sobre a notícia com esta relacionada (…). Violante Saramago vive na Madeira (onde conduziu a campanha eleitoral do Bloco, como explicou na sua única aparição no continente, no comício de dia 8, no Largo do Carmo), tendo ali acompanhado os resultados eleitorais (tal como o terceiro elemento da lista, o independente João Semedo, os acompanhou na sede do Bloco no Porto, lugar onde reside.) Pergunto-lhe se a frase «Violante Saramago, a número dois da lista, nem lá pôs os pés» não induz o mesmo tipo de reserva em relação aos políticos que atrás referi.

E se não teria sido mais curial informar que, na Madeira – onde se centrou, durante a campanha eleitoral, a acção de

Violante Saramago e onde esta acompanhou os resultados eleitorais – o Bloco subiu de 1% em 1999 para 3,16% em 2004.

Grata, melhores saudações,

Diana Andringa

(Jornalista, candidata independente na lista do Bloco de Esquerda às eleições para o Parlamento Europeu)

A palavra da jornalista

Caro Provedor do DN

Fiz questão de lhe responder o mais depressa possível, por duas razões: porque assim me foi por si solicitado e porque pouco tenho a dizer sobre a crítica que me é feita, que, aliás, não entendo. As expressões usadas por mim na peça e criticadas pela jornalista e, não podemos esquecer, candidata do BE às eleições europeias não são de todo depreciativas. Mas mesmo que o fossem, acho estranho que a jornalista Diana Andringa queira agora retirar aos jornalistas o direito de exercerem o seu espírito crítico e de análise, que é aliás um apanágio desta profissão. Não foi o caso, contudo, no uso de expressões como «cantar vitória» ou «sair da toca». O que poderá saltar à vista de qualquer um pela leitura integral da peça. Quanto a «trampolim», nada mais significa que «ganhar balanço...». Não vejo porque não usar... Está presente no dicionário e não encontrei qualquer referência nos livros de estilo que proibisse o seu uso.

De ressalvar que a cobertura eleitoral é uma ocasião sui generis *para os jornais de referência. Todos adoptam durante aquele período uma nova paginação e dão ênfase à reportagem como base de trabalho.*

Como tal, os próprios jornalistas mudam o seu registo e usam, no caso específico da campanha eleitoral, uma linguagem mais solta, mais próxima dos leitores, menos rígida. A própria dinâmica de uma campanha eleitoral o exige, desde que não se ultrapassem limites, e estou certa de que não os ultrapassei.

Durante o ano, na cobertura do trabalho parlamentar, o meu registo é outro.

A peça respeitante à candidata Violante Saramago pretende ser uma pequena reportagem, onde se permite uma linguagem mais solta e uma boa dose de análise e espírito crítico. Dos quais não abdico.

O DN tem como linha de conduta a equidistância em relação a qualquer força política. Por isso, e em suma, só posso entender as críticas da jornalista e candidata do BE às eleições europeias como elogiosas.

Votos de continuação de um bom trabalho.

INÊS DAVID BASTOS

Nota Esta crónica deu origem a uma crónica de Eduardo Prado Coelho, no Público. Embora lhe tenha agradecido pessoalmente a visibilidade que lhe deu, deixo aqui a evocação do seu nome, agora que não nos acompanha na escrita dos sentidos que nos habituou a partilhar.

QUE EUROPA NOS MEDIA?
28/06/2004

A RECENTE aprovação da Constituição europeia e o anúncio do referendo para a sua aprovação abriu um debate sobre o modo como os *media* retratam a construção europeia. O Presidente da República veio lembrar a necessidade de haver um debate sobre o referendo, declarando mesmo que, nas últimas eleições europeias, se deu mais relevo «aos dichotes e aos insultos» que às questões de fundo sobre a Europa. As cartas dos leitores do DN referem também este assunto.

Como avaliar se a cobertura das últimas eleições foi completa ou incompleta, se foram os políticos que falaram com profundidade sobre a Europa ou se foram os jornalistas que encontraram políticos com os bolsos «cheios de cartões amarelos»? Não tendo acompanhado os acontecimentos no terreno, inteirei-me pelos meios de comunicação social. Mas os agentes primários da campanha podem dar-nos outra perspectiva que talvez possa ser alargada, numa próxima ocasião, ao modo como os jornalistas entendem esta tensão. Contactei assim quatro políticos, de diferentes partidos. Responderam dois: José Ribeiro e Castro, eleito pela coligação Força Portugal (FP) e com o qual falei por telefone, e Ana Gomes, eleita pelo Partido Socialista (PS), que enviou um texto escrito.

Há grandes consensos nas posições dos dois políticos. Um primeiro: Ana Gomes considera que «grandes responsabilidades cabem à cobertura jornalística – embora não saiba se recaem mais sobre os próprios jornalistas ou sobre as lógicas editoriais/comerciais das empresas de comunicação social que os empregam e que os fazem procurar o *sound byte*, a picardia e menos o esclarecimento e a informação do leitor. Isso não exclui as responsabilidades de alguns partidos e de vários políticos, por escolha ou por ignorância das questões europeias». José Ribeiro e Castro concorda com a dupla responsabilidade, lembrando que os partidos «apoucam», algumas vezes, a importância da actividade parlamentar europeia nos gestos quotidianos e atribuindo também parte da responsabilidade à cobertura jornalística.

Um segundo: na difusão dos temas europeus os dois deputados acham que os respectivos partidos fizeram reflexões centradas nas questões de fundo. Será que os jornalistas não prestaram a devida atenção? O deputado FP lembrou que, numa intervenção em Coimbra, o cabeça-de-lista, João de Deus Pinheiro, fez um discurso sobre a Europa do conhecimento. Mas um telemóvel tocou e o candidato terá feito uma graça sobre esse incidente. Resultado: o anedótico derrotou o conhecimento nas coberturas mediáticas. A tónica da resposta de Ana Gomes é similar. Depois de referir várias iniciativas em que, assegura, o seu partido introduziu temáticas europeias, diz ter-se integrado alguns dias na caravana nacional: «Pasmei no dia seguinte, em regra, com os relatos dos media – jornais, rádio ou TV, que praticamente (com honrosas excepções) não tinham estado onde eu estivera: só apanhavam picardias, *fait-divers*, "insultos"». Ribeiro e Castro diz o mesmo: nos discursos tinha sempre que referir os «pobres» contributos dos adversários, pois o retorno que tinha era o da leitura dos *media*, repletos de tais quezílias. Mas, disse, isso não o impedia de reflectir também sobre as questões de fundo.

O que explica este foco posto mais nas picardias do que nas questões mais relevantes, segundo estes políticos?

Para Ribeiro e Castro, haverá actualmente um «jornalismo de espuma» que estaria neste momento enraizado em Portugal, fazendo passar mais o que tem graça do que o que é importante. Constata também que os jornalistas não querem, por vezes, fazer esforço, evitando o tratamento de iniciativas (ou palavras) que são «uma seca». Seria esquecer, afirma, que o trabalho do jornalista é mesmo esse, o de mediar entre os conteúdos, porventura densos, e os leitores, ouvintes ou espectadores.

Por último, diz, as campanhas acontecem de cinco em cinco anos. E a divulgação da Europa, das suas instituições, perspectivas e problemas não pode ser feita apenas neste ciclo eleitoral. Deverá ser contínua e não esporádica. Veremos, se possível, numa próxima ocasião, se os jornalistas estão de acordo com esta análise dos políticos completada pelo breve depoimento a seguir publicado.

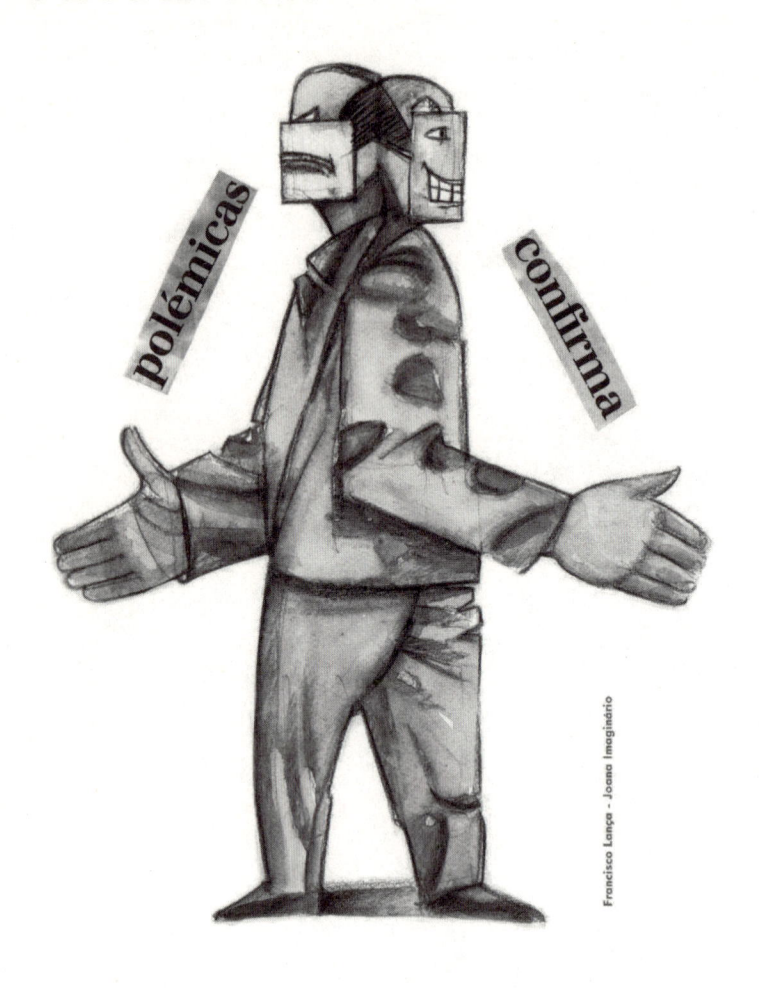

Francisco Lança - Joana Imaginário

«Já ouviu falar da ópera Don Giovanni de Lorenzo Da Ponte?
Ou da Tosca de Giuseppe Giacosa e Luigi Illica? É natural que
não, porque tradicionalmente a autoria de uma ópera é atribuída ao compositor e não ao(s) libretista(s). Esta tradição é
discutível e pode – e deve – ser questionada: qualquer pessoa
minimamente interessada e informada em ópera é sabedora da

importância basilar de um bom libreto. Será portanto justo fazer referência à autoria do libreto, sempre. O que me suscita esta carta é, não a referência ao autor do libreto, mas o relegar para um plano secundário – quase nota de rodapé – a autoria da música. Qualquer pessoa conhecedora do que é a composição musical, em especial de uma obra que envolva meios vocais e orquestrais, sabe da dificuldade, morosidade, persistência que são necessárias para escrever uma ópera (falo aqui da música). A meu ver, não é justo relegar para um plano secundário o compositor, e creio que o próprio Rui Zink julgará disparatada a atribuição da autoria da ópera à sua pessoa, deixando a autoria da música para segundo plano. Este fenómeno não é novo: há mais ou menos dois anos a ópera A Floresta foi apresentada no Teatro S. Luiz como sendo da autoria de Sophia de Melo Breyner. Era necessário procurar na ficha técnica do programa e do cartaz o nome do autor da música. Os menos avisados terão julgado que a autora do texto era igualmente responsável pela música. Esta situação só é explicável pela intenção de projectar comercial-mente os espectáculos em causa com base no maior destaque mediático que Rui Zink e Sophia têm junto da opinião pública, contra o quase anonimato de José Eduardo Rocha e Eurico Carra-patoso, autor de A Floresta. Parece-me porém que os media têm a obrigação de lutar contra a atávica ignorância e desprezo dos portugueses pela música e pelos músicos em vez de dela fazer câmara de eco e de amplificação. Em suma, parece-me que o mais correcto na apresentação de uma ópera será referir em primeiro lugar o nome do autor da música e depois o do libreto; na necessi-dade de optar por apenas um (como num título ou destaque) o mais correcto será mencionar o autor da música.

Em caso de dúvida, um jornalista não familiarizado com estas matérias pode consultar o crítico de música do seu próprio jornal; no caso do DN, estou convencido que o crítico não diria nada de muito diferente do que eu aqui digo».

Foi assim que Luís Cardoso, finalista do curso de compo-sição da Escola de Música de Lisboa, se referiu a uma notícia publicada no Guia DN, de 19 de Junho. A sua interpelação mostra como é importante o olhar atento de pessoas qualificadas sobre a informação do DN.

A jornalista, Madalena Esteves, da secção *Media/Net*, deu o seguinte esclarecimento: «*Relativamente à ópera* Os Fugitivos *o destaque dado a Rui Zink no título, na legenda e na foto deve-se ao facto de ele ser mais conhecido e, como muitas vezes não nos enviam fotografias dos programas que destacamos no Guia, era mais fácil arranjar uma imagem do autor do* libreto. *Temos de improvisar. Mas, na peça o nome do autor da música vem em primeiro lugar e todos os restantes intérpretes e responsáveis pelo projecto são referidos.*»

Rui Zink, autor do libreto, que também questionei, concorda sem reticências que a autoria pertence a José Eduardo Rocha: «*O que tenho para dizer sobre o assunto é apenas isto: concordo absolutamente com o leitor. Mas o cabotinismo do chamado "jornalista cultural" não é nada a que eu não esteja habituado. (...). Em suma: a peça referida tinha um título inexacto: uma ópera é sempre o trabalho de um compositor*», diz José Eduardo Rocha. Nada impedia que, a recorrer-se à fotografia de Rui Zink, este fosse indicado como autor do libreto, não como autor da ópera. Mas o DN teria provavelmente, em arquivo, uma foto de José Eduardo Rocha feita na estreia, em Março de 2004.

Não se pode deixar de lamentar o sucedido. No Estatuto Editorial do DN lê-se que «nunca se pode dar relevo a um facto controverso». Por maioria de razão uma informação incorrecta não pode ser título. Porém, o diálogo estabelecido com o autor deixa perceber que a questão é mais funda e que excede largamente este «incidente». Sem poder enveredar hoje pela análise das fraquezas e forças do jornalismo cultural, importa fazer outros questionamentos.

Desde logo pode ser feita uma reflexão sobre o estatuto dos autores, não muito bem compreendido em Portugal, sobretudo em domínios como a música erudita ou as imagens, por exemplo. Por outro lado, importa sublinhar esta posição geral dos media e, não apenas da imprensa, neste reforço implacável do mais conhecido em detrimento do menos conhecido. O compositor disse-me que, na estreia, uma estação de televisão privada não só colocou em rodapé «Ópera de Rui Zink estreia hoje» como também resistiu, durante algum tempo, à ideia de o entrevistar, enquanto autor. Todo este alheamento denota um trabalho jornalístico global que implica uma evidente injustiça.

O autor desta ópera trabalhou afincadamente, durante três anos, na criação da partitura musical. Pelos usos sociais actuais é considerado o autor da ópera. Como poderá um criador conviver com esta constante «desinformação»? Certamente mal como se depreende destas palavras de José Eduardo Rocha: «o Kharma-Sísifo que tive que carregar foi por vezes além do humanamente suportável». A imprensa e os media no seu papel informativo devem considerar os factos como sagrados.

E não há teoria da construção ou da subjectividade que tire estatuto aos factos: *Os Fugitivos*, ópera de José Eduardo Rocha. Ponto Final.

Palavras sobre a Autoria

O título da peça referida era «A 2: transmite esta noite a ópera *Os Fugitivos* de Rui Zink» sendo ilustrada por uma fotografia do escritor. A primeira linha da notícia referia uma autoria conjunta: «A 2: programou para esta noite a exibição da ópera *Os Fugitivos*, da autoria de José Eduardo Rocha e Rui Zink.» Porém, no último parágrafo, a notícia estava mais correcta na autoria: «A concepção e música é da autoria de José Eduardo Rocha, o libreto foi escrito por Rui Zink, a direcção musical é da responsabilidade de Cesário Borga, a encenação é de Paulo Matos, a cenografia de José Manuel Castanheira, os figurinos são de Rafaela Mapril e o desenho de luz de Vítor Correia. A produção é do Teatro da Trindade-Inatel.» A direcção musical estava atribuída a Cesário Borga (um conhecido jornalista) e não a Cesário Costa, o verdadeiro director musical.

Palavras do Compositor

José Eduardo Rocha, numa reacção à carta do leitor que lhe dei a conhecer, escreveu entre outras coisas: «Das publicações ditas de referência (Expresso, Público, DN, etc.) às mais populares (CM, JN, etc.), passando pelo rodapé das televisões, desde a promoção da temporada, à estreia em Março 04, incluindo as transmissões televisivas, a autoria de *Os Fugitivos*, foi atribuída em grandes machetes, a maior parte senão a totalidade das vezes, ao Rui Zink. Para não falar do total desprezo pelo compositor, demonstrado por parte de certas equipas de reportagem, tanto da imprensa como da televisão, apenas interessadas em capitalizar as figuras conhecidas ligadas ao espectáculo. É claro que este desprezo pelos compositores e pela arte da música em Portugal sistematicamente amplificado pelos media (como refere Luís Cardoso), deve-se possivelmente mais à ignorância e à falta de rigor, do que propriamente a uma má fé premeditada.» E mais à frente: «A verdade é que notícias destas provocam mesmo danos colaterais e mal entendidos graves. Muitas vezes ouvi espectadores perguntarem: «a música também é do Zink?». Na rua as pessoas perguntavam-me «Estás a colaborar na ópera do Zink?» (...) Possivelmente há quem fique a pensar que o célebre correspondente da RTP em Madrid, agora que foi substituído pela Rosa Veloso, se dedica a dirigir orquestras!»

CIÊNCIA OCULTA NÃO É CIÊNCIA

O LEITOR José Alberto Oliveira questionou uma notícia sobre a atribuição do Nobel da Física, publicada em 6 de Outubro. *«Relativamente ao artigo da jornalista Filomena Naves, intitulado* Troca de pares na dança dos átomos reconhecida este ano, *cumpre-me referir que o mesmo não esteve acessível à generalidade dos leitores. Se bem que o DN seja um periódico destinado*

a um certo segmento de leitores, que valoriza nomeadamente este tipo de abordagem mais científica em relação a este tipo de temas, convém, no entanto, realçar que não é compreensível, no artigo em causa, de que forma os átomos se ligam nem de que forma esta reacção química contribui para a síntese de determinadas drogas. O papel dos catalisadores (cujo funcionamento aqui se desconhece) é igualmente pouco esclarecedor.»

E o leitor sugere mesmo que o jornal «*tenha uma maior preocupação quando se refere a quaisquer factos de natureza científica, médica e ambiental. É muito importante que o leitor saia totalmente esclarecido.*»

A divulgação da ciência na imprensa e nos media é uma tarefa aliciante, mas complexa. O conhecimento científico, com uma especialização sempre maior, leva a alguma opacidade nos conceitos, tornando a divulgação nem sempre uma tarefa fácil.

A jornalista elaborou um esclarecimento em que assinala complexidade acrescida num caso como este, caso que incide sobre a atribuição de um Prémio Nobel. Filomena Naves escreve que «*é sempre um compromisso difícil entre a matéria de actualidade em causa e a informação de* background *necessária à sua total compreensão.*» E explica porquê:

«*Por um lado, é necessário dar atenção à faceta humana dos premiados e mostrar, contando as suas histórias e reacções, quem são estas pessoas e que rosto têm. Para mais, num galardão como este, que é, afinal, O Prémio entre os prémios. Mas é fundamental também que os leitores possam perceber o que no trabalho dos químicos galardoados foi merecedor da distinção recebida.*

Um artigo com estes pressupostos, que julgo serem os correctos, não pode, sob pena de não caber sequer em duas ou três páginas do jornal, contemplar detalhes de uma certa complexidade científica, que seriam mais próprios de uma aula de química e não de um artigo de jornal. Tive portanto que fazer escolhas na informação.

Não expliquei, de facto, como "os átomos se ligam nem de que forma esta reacção química contribui para a síntese de determinadas drogas", como refere o leitor José Alberto Oliveira, nem descrevi o papel dos catalisadores na reacção química que estava em causa, como nota ainda. Pareceu-me que, no conjunto da informação que era essencial incluir, esta podia ser omitida, porque não era indispensável à compreensão da notícia no seu conjunto.

O leitor José Alberto Oliveira diz que o artigo "não esteve acessível à generalidade dos leitores". Não sei se esta generalização será exacta, uma vez que, tanto quanto sei, mais nenhum leitor se manifestou nesse sentido. Mas aceito perfeitamente que haja leitores que gostem de ver as informações científicas mais aprofundadas e pormenorizadas. E, nesse sentido, agradeço a chamada de atenção do leitor, que contribui para que me mantenha alerta em relação ao que tem sido a minha meta enquanto jornalista e, nomeadamente, quando se trata de matérias científicas: a tentativa permanente de tornar inteligível e compreensível aos leitores a parte científica das notícias de ciência. Trata-se de uma questão muito relevante, pois os leitores precisam de entender o jornal que adquirem. E precisam de encontrar explicações.»

É inegável que o tom com que Filomena Naves aborda o problema revela ponderação, faz sobressair um questionamento sobre os limites da divulgação da ciência, assume escolhas. Revela ainda compreensão pela preocupação do leitor. Este, desejoso de conhecer mais e melhor, tem legitimidade para exigir do seu jornal uma explicação satisfatória, o que pode ser o caso em análise. Mas é verdade que um conhecimento mais profundo, mais sistemático, não será sempre possível de incluir numa breve notícia de jornal. Terá, por vezes, que ser procurado em revistas especializadas ou mesmo noutras publicações científicas.

Há várias soluções que podem abrir para uma informação mais detalhada. É o caso do recurso a especialistas que, por vezes, dão uma explicação simples de um assunto complexo. Porém, são raros os cientistas com capacidade para escrever claro, em poucas linhas, e em tempo curto, como é o caso do jornalismo. Subjacente a esta questão está a formação dos cientistas, bem como de outros especialistas de outros domínios, que deveriam ter hoje, nos seus currículos e em cursos de formação contínua, ensinamentos sobre a possibilidade de trocar a ciência por miúdos. Quantos cursos de Biologia ou Física, de Geografia ou Matemática, ensinam aos futuros cientistas a apresentar as ideias de forma clara ou a escrever um artigo curto sobre um assunto complexo? Porque, como diz Carlos Fiolhais, a ciência oculta... não é ciência. É certo que a formação dos jornalistas em ciência (e noutros assuntos) também não pode ser descurada. Interacções frequentes entre os cientistas, os jornalistas e os públicos são também factores de melhoria na divulgação da ciência aos grandes públicos.

Há ainda muitos caminhos a explorar nas versões *on-line* da imprensa. Por um lado, num sítio de um jornal cabem hoje documentos mais longos e especializados do que nas versões em papel. E cabe também a inserção de ligações que remetam o leitor para informação mais especializada do que aquela que pode ser impressa. Além, claro, dos blogues.

Divulgar a Ciência

Nos últimos anos surgiu ainda uma possibilidade muito flexível: os blogues, já adoptados por alguma imprensa estrangeira. Trata-se de uma solução muito leve, que permite divulgação especializada da informação, bem como comentários interactivos. É certo que a Internet tem um universo que não se identifica com a generalidade dos leitores, muito menos com o conjunto da população. Mas os leitores que exigem mais explicações terão maior facilidade em aceder à Internet, em participar nas discussões da blogosfera e da Web e em completar, de outros modos, os seus níveis de formação e conhecimento. Pese embora o tal esforço que, minuto a minuto, um profissional tenha que pôr na leveza e compreensão dos textos que escreve para os seus leitores.

Os temas do DN

«*Gostaria de elogiar o DN pela maior parte dos seus* Temas do dia, *especialmente o que se referiu ao laicismo.*» Assim termina o *e-mail* do mesmo leitor, José Alberto Oliveira, com palavras de apreço para o trabalho diariamente realizado no DN, nas páginas iniciais do jornal.

francisco lança - joana imaginário

Morte de jovem *em Belém podia ter sido evitada*, foi o título da notícia publicada pelo DN, em 12 de Janeiro, na secção *Cidades*. Um jovem de 19 anos fora empurrado para a linha férrea, tendo morte imediata. Quem cometeu o crime? Um homem com 33 anos foi apontado como suspeito e preso pela polícia.

O editor João Pedro Fonseca defendeu os termos da narrativa, que mencionava a nacionalidade do suspeito: «*Era relevante para a notícia explicar que este sujeito estava em Portugal há pouco tempo, desde Dezembro, que vivera noutro país europeu, e que era de nacionalidade cabo-verdiana. Até para efeitos legais, um indivíduo de nacionalidade portuguesa condenado é preso em Portugal, um sujeito de nacionalidade cabo-verdiana pode, em determinadas situações, ser repatriado. (...) Omitir a nacionalidade em razão de quê? Se tivesse mais pormenores sobre o perfil do suspeito, mais elementos teria utilizado. O leitor quer saber quem é essa pessoa que faz essa coisa horrível que é empurrar pessoas para a linha! O leitor quer saber e o jornalista deve procurar todas essas informações.*» *

Esta opinião será consensual? Rui Marques, alto-comissário para a Imigração e Minorias Étnicas, defende o oposto: «*Quando não estamos perante um crime de motivação étnica, religiosa ou nacional, constitui, a meu ver, um erro jornalístico atribuir relevância no enquadramento da notícia à etnia, religião ou nacionalidade do autor (porque não a cor dos olhos, a altura, o signo, a rua onde mora, ou um conjunto de outras irrelevâncias?). Tanto mais que tal só é concretizado quando este pertence a uma minoria visível e nunca é referido quando se trata de um membro da maioria que é sempre "transparente" na notícia. (...) Na notícia referida, em nada transparece no texto a evidência de uma motivação étnica ou nacional para a autoria do crime. Avança-se com a possibilidade de se tratar de um acto cometido no quadro de uma doença mental. Pergunta-se então o porquê da identificação da nacionalidade.*» **

Esta notícia mostra como os crimes são objecto natural da atenção dos *media*. Alguns estudos apontam para o facto de os cidadãos, que frequentemente não tiveram qualquer experiência pessoal de risco, se sentirem inseguros e atemorizados por

---

* O texto do editor é citado num breve excerto.

** O texto integral de Rui Marques pode ser consultado em homomigratius.blogspot.com.

saberem pelos *media* de um crime que pode criar pânico social. Foi o que aconteceu no caso do assalto da CREL, em 2000, ou no falso arrastão de Carcavelos, em 2005. No caso em análise, o clima foi diferente, pois a excepcionalidade deste acto não foi apontada pelos *media*, nem lida pelos cidadãos, como um caso a temer repetições. Um dos elementos questionáveis na notícia é o de a nacionalidade do suspeito ser referida. Poder-se-á dizer, como o editor, que a nacionalidade contextualiza o acto. Mas o desenrolar da notícia aponta para um distúrbio mental como elemento explicativo mais pertinente. Se a nacionalidade é um elemento relevante para a notícia, então esta deveria ter explicado como esse elemento fortuito influiu no crime. Não foi o caso. Aliás, na peça há uma frase incomodativa, pelo tom coloquial que adopta: «*O cabo-verdiano falava alto e explicava até que o incidente poderia ter sido mais grave.*» Será que este estilo solto não mostra como está desadequada a utilização da nacionalidade? O alto-comissário para a Imigração observa: «*Seria escrito, caso se tratasse de um português: O português falava alto e explicava que o incidente poderia ter sido mais grave?*» Duvida-se que tal acontecesse. Parece-me que são adoptados dois pesos e duas medidas. Temos de pensar se isso não reforça preconceitos contra os estrangeiros, nomeadamente a comunidade cabo-verdiana, que no seu conjunto contribui com o seu trabalho para o desenvolvimento do País e constrói a sua vida sem ter problemas com a lei.

É certo que o DN deu pouca relevância à nacionalidade. Mas jornalistas e editores terão sempre que ponderar a necessidade e os efeitos dos elementos a revelar, mesmo que as fontes os veiculem e alguns leitores apreciem.Um jornal de referência, como o DN, faz-se de grandes mudanças como de pequenos detalhes.

VALE TUDO?
05/06/2007

O LEITOR Carlos Fonseca interrogou o provedor a propósito de uma notícia que, em parte, transcreve um acórdão do Supremo Tribunal de Justiça. *«A "pérola" que acima reproduzo pode ser lida na página 12 do DN, de 30 de Maio, (....) em peça com o título: Abusar de jovem de 13 anos é de "ilicitude mediana." A questão que me ponho, e que lhe ponho, é se era necessário citar o que julgo ser parte do acórdão do STJ para informar os leitores sobre a substância do mesmo. As frases mencionadas serão indispensáveis à elaboração da peça jurídica, tendo em atenção o que estava em causa no Supremo. Transcritas para uma folha de jornal, acessível a toda a gente, não passam de pornografia. E, que eu saiba, por muito que o jornalismo dito de referência vá resvalando (sabe-se lá até onde, numa época em que os valores comerciais parecem sobrepor-se aos jornalísticos), o DN ainda é um jornal respeitável. E, como diria o saudoso Diácono Remédios, não havia necessidade. O facto está aí, e fica à sua consideração.»*

O leitor tem razão. Um jornal não pode ser o repositório da licenciosidade verbal, mesmo se esta tiver origem na verdade jurídica que caracteriza uma sentença. Ao DN acede o grande público. Isto exige que o jornal seja escrito com ponderação.

Neste caso, não recebi resposta da jornalista – uma profissional que sempre respondeu noutras ocasiões em que a tenho interrogado. Também não recebi respostas dos editores e dos directores que têm responsabilidades na resposta ao provedor e na elaboração e fecho das notícias.

Uma leitora protesta por uma questão afim. *«Sou leitora do vosso diário e analiso vários temas, crónicas, publicidade a conferências e espectáculos... enfim procuro actualização. Também utilizo a secção "Anúncios Classificados", tanto como leitora como enquanto utilizadora. Quando solicito uma publicação verifico, no dia, a sua correcta inserção; abro apenas a página correspondente. Ontem, 14 de Maio de 2007, por acaso iniciei este suplemento pela última página e anteriores. Fiquei atónita!*

A penúltima página apresentava fotografias coloridas de corpos femininos em posições de carácter sexual de dimensões iguais às, por exemplo, dos automóveis para venda. Embora havendo liberdade de imprensa, considera adequada a sua inserção no jornal? Não seria mais lógico o tema "relax-massagens" ser encaminhado para revista ou jornal da especialidade? Como poderemos deixar as crianças ler calmamente o Diário de Notícias?»

É um caso diferente. Estou de acordo com a leitora. O tom escabroso dos anúncios poderá chocar crianças e outros leitores. O *Diário de Notícias* parece esquecer que é uma das mais antigas marcas de Portugal. A gestão da valia da marca deveria levar a critérios de exclusão rigorosos. O mau gosto não pode invadir uma pequeníssima parte das páginas de um dos mais prestigiados órgãos de imprensa portugueses. Será que a rentabilidade de um jornal não será maior se a sua publicidade for seleccionada, com exigência, com critérios equivalentes aos do seu jornalismo, na opinião como nas notícias?

Lembro que, numa crónica de 3 de Abril de 2007, já tinha dado razão ao leitor Luís Franco Nogueira, que se queixava da insistência com que o *Diário de Notícias* estava a tratar de tais questões. Parar com este *relax* seria um sinal de bom senso.

Deixo para a última crónica algumas reflexões sobre os editores e o papel que desempenham no jornalismo de hoje. A este propósito, quero prestar homenagem a António José Teixeira, o director que foi mais cooperante nas respostas ao provedor. Também foi o director, dos quatro com quem trabalhei, que reconheceu mais vezes os erros do jornal e aquele que mais assumiu, como sendo de sua responsabilidade, os erros de jornalistas, dos editores e do jornal. Reconheço que João Marcelino foi o director que menos tempo teve para poder acertar tempos e reacções com o provedor. Paradoxalmente, reconheço também que foi com o actual director que mais avancei nas questões de fundo relativas ao jornal. Deixo o desejo de que o diálogo entre o novo provedor, o director, os editores e os jornalistas sobre as interrogações dos leitores possa ser mais eficaz e ganhe mais vivacidade.

VI

SOBRE O DN

Algumas crónicas tiveram como objecto o próprio DN. Fiz algumas análises de conteúdo de primeiras páginas, a maior parte mensal, uma delas referente a todo um trimestre.

Os temas do DN
27/09/2004

Imagens de primeira, segunda vez
07/03/2005

Errar é humano
21/03/2005

Quem decide o que é notícia
07/11/2005

Títulos em destaque
01/05/2006

Em Abril, assuntos mil
08/05/2006

Mudanças...
15/05/2007

DESDE 20 de Março de 2003 que o DN destaca um assunto de actualidade para lhe dar um tratamento mais completo, o *Tema*. Nas primeiras páginas, um ou mais jornalistas analisam o assunto escolhido, sob diferentes perspectivas. Para conhecer melhor o jornal, fizemos uma análise aos *Temas* nos meses de Maio a Agosto, num total de 123 jornais. Quais são os assuntos que o DN tratou, neste período (ver tabela)?

O que ressalta:
1. O desporto é o *Tema* mais em foco, o que não deixa de ser surpreendente.

Embora o número de *Temas* seja igual entre a política e o desporto, este tem quase o dobro de páginas (média de

TEMAS DO DN
DE MAIO A AGOSTO

ASSUNTOS	N.º DE PÁGINAS	N.º DE TEMAS
Desporto	164,5	29
Política	84,5	29
Sociedade	66	33
Europa	47	14
Internacional	23	8
Artes e espect.	22	10
TOTAL	**407**	**123**

páginas é de 5,6 páginas no Desporto contra 2,9 para a Política). Se Junho foi mês do Euro 2004, Agosto foi mês dos Jogos Olímpicos e os *Temas* desportivos sucederam-se (nove sobre os Jogos). Um tema «normal» tem duas páginas: no Euro sucederam-se os *Temas* com oito, 10, mesmo 15 páginas.

2. Na política há um mês marcante, o de Julho, mês em que se desenrola a crise que leva à formação do actual Governo (14 dos 31 *Temas* são sobre a crise política e o novo Governo. Verifiquei que o jornal concorrente, o Público, também tem um número equivalente de destaques sobre assuntos semelhantes). Nos outros meses os temas políticos são mais variados: algumas vezes roçam o social, como um sobre a nova geração de diplomatas ou um outro sobre a transição geracional nas Forças Armadas. No período houve também entrevistas a dois políticos socialistas que originaram *Temas*, Manuel Alegre e José Sócrates, e uma a Alberto João Jardim, este de outro quadrante político.

3. Ressalta também o facto de a Europa ter dado origem a 14 *Temas*, mostrando uma grande atenção do jornal aos problemas da construção europeia (média de 3,3 páginas por *Tema*). E não se pode dizer que tenha sido a indigitação de Durão Barroso que desencadeou este interesse, pois Maio e Junho foram responsáveis por 11 dos 14 *Temas*, quase todos ligados às eleições europeias.

4. A necessidade de não fazer muitas categorias de análise levou-nos a incluir na sociedade assuntos díspares como o processo Casa Pia, o metro do Porto ou os incêndios florestais. Nela as questões da justiça são objecto de grande relevo. Não as autonomizámos apenas para não «pulverizar» demasiado as categorias. *Denúncia de juízes contra juízes, O segredo de justiça e a comunicação social*, ou *As férias judiciais* são exemplo de *Temas* ao lado de outros mais «sociais» como a *Falsificação de documentos* ou *Conduzir sem habilitação legal*. Já a educação, por exemplo, aparece uma única vez, num *Tema* dedicado aos exames do ensino secundário.

5. No Internacional há temas diversificados: a *Convenção Democrática nos EUA* ou a *Transferência de soberania em Bagdad*, os *Genocídios*, o *Mundo árabe em mudança*, *Os novos desafios da NATO* ou o *60.º aniversário do Dia D*.

6. Nas Artes e Espectáculos, são os Festivais de música de Verão que ocupam mais destaque (cinco *Temas* em dez). Um sobre Carlos Paredes, outro sobre o filme de Michael Moore, Fahrenheit 9/11, e três sobre a televisão deixam a ideia de que os media, as artes e o espectáculo poderiam ser mais desenvolvidos, no dia-a-dia.

Esta análise dá oportunidade de tecer algumas considerações para além dos aspectos quantitativos acima enunciados.

Escrever sobre os *Temas*, no período considerado, dá um panorama dos assuntos, mas não permite verificar se existem problemas concretos na sua abordagem. Basta lembrar que crónicas anteriores foram consagradas a questionamentos de leitores sobre notícias inseridas em *Temas*. Apesar disso, as visões de conjunto têm também as suas potencialidades. Esperamos que esta permita aos leitores tirar algumas ilações dos resultados apresentados. E talvez também os jornalistas, editores e directores possam ter uma percepção mais sistemática de algo que estará difuso, ou apenas intuído, no trabalho quotidiano.

Compreende-se que assuntos que se prolongam no tempo sejam repetidamente noticiados. Na crise política, no Euro, nos Jogos Olímpicos os dados informativos vão-se sucedendo no tempo e exigindo que novas informações sejam disponibilizadas. Compreende-se também que um tratamento mais desenvolvido possa ser feito mais que uma vez. Mas um tratamento mais exaustivo, inovador, terá dificuldade em se afirmar continuamente se houver repetição e se esta for *ad nauseam*. Julgamos que o DN ganharia em diversificar os temas para outros assuntos não tratados, mesmo que o jornal, no seu corpo, mantivesse espaços informativos mais alargados, nas secções, sobre assuntos de interesse permanente.

Também deixaria uma interrogação sobre o tamanho dos temas: o desporto foi um «açambarcador» de espaço no período do Euro 2004. Talvez tenham razão os que pensam que foi um acontecimento irrepetível e que isso dá legitimidade a todos os excessos. Em nossa opinião, a deriva é demasiado significativa (o dobro da política, duas vezes e meia mais que a sociedade) para não a cotejar com espaço e energias que faltaram inevitavelmente a outros assuntos.

Frequentemente, são vários jornalistas que se ocupam do mesmo tema, escrevendo cada um peças identificadas. Parece ser um bom princípio, embora haja *Temas* bem escritos por um só jornalista.

Mas, em geral, a complexidade aconselha a participações variadas.

Estranhamos por último que a vinda do «barco do aborto» não tenha dado origem a um *Tema*, pois a interrupção voluntária da gravidez é um assunto socialmente relevante. Este foi o caso mais relevante de omissão no cotejo com a concorrência.

IMAGENS DE PRIMEIRA, SEGUNDA VEZ...
07/03/2005

Três meses passaram desde que a actual direcção assumiu a orientação do jornal. Decidi por isso olhar para as primeiras páginas do DN, o que fizera em crónica anterior («Imagens de Primeira», publicada em 6-09-04, num universo de 92 primeiras páginas).

Para ter o mesmo número de páginas estendi a análise até 4 de Março, pois o jornal não se publicou a 25 de Dezembro e 1 de Janeiro e Fevereiro foi de 28 dias.

O que salta à vista?
1. As imagens de futebol descem drasticamente: passam de 26 para 7. O Euro foi determinante para o período anterior, não tendo as competições nacionais invadido, agora, as primeiras páginas. Só o futebol ocupou as primeiras imagens não cedendo lugar a nenhum outro desporto.

2. A política sobe em flecha. O número de imagens mais visíveis na primeira página é 35 contra 21 do período estudado anteriormente. A crise política, iniciada no último dia de Novembro, foi alimento regular das primeiras páginas e das imagens mais destacadas. Nos primeiros dias de Dezembro, Jorge Sampaio e Santana Lopes foram os mais mostrados, juntos ou separados. Depois é sobretudo Santana Lopes, menos Sócrates, algum Paulo Portas. Mais próximo das eleições, sobretudo através das sondagens, aparecem os rostos de Jerónimo de Sousa e de Francisco Louçã, embora mais raros. Santana Lopes surgiu dezanove vezes, nas primeiras imagens, José Sócrates nove e o Presidente da República cinco vezes, uma das quais através do texto da demissão do Governo. Paulo Portas apareceu quatro vezes. Com três presenças contam-se Francisco Louçã e Jerónimo de Sousa e Pinto da Costa ao lado de Santana e de Sócrates, mas esta em montagem (o presidente do FC Porto aparece ainda junto de Ramalho Eanes, mas no lançamento do seu livro e junto de guardas da PSP, no Apito

Dourado). E com duas Mário Soares, Cavaco Silva, Nobre Guedes. Com uma presença várias figuras entre as quais Mário Soares, Marques Mendes, Manuela Ferreira Leite, Pinto Balsemão, Ferro Rodrigues, Jaime Gama ou Bagão Félix, por exemplo. Em três montagens colectivas aparecem 20 imagens de personalidades masculinas que fazem propostas para o Governo, seguido depois de uma outra de 20 mulheres, havendo ainda uma terceira da campanha eleitoral. O Presidente da República aparece ora como iniciador das decisões políticas (demissão do governo, veto), ora como o agente político de cuja reflexão depende a vida política no momento (*O que vai na cabeça de Sampaio?*, dia 10-12..), ora mesmo como futuro responsável de uma eventual crise após as eleições (*Se não houver um governo estável de quem é culpa?*, dia) se uma maioria confortável não viesse a sair da votação.

3. A Europa desce quase para metade o número de menções. O período anterior coincidiu com as eleições europeias e apanhou a saída de Durão Barroso das funções de governo em Portugal e o inicio de actividade na União Europeia. As imagens deste período referem-se às eleições na Ucrânia e à votação sobre a Turquia. As duas restantes referem-se ao consumo de drogas e ao Airbus.

4. A arte e os espectáculos têm o dobro das menções. O cinema é a arte mais referida. Dois filmes com nomeações (*Mar Adentro* e *O Aviador*), o cenário dos Óscares, o filme *Team America* deixam ainda lugar para um ex-actor e cantor, Elvis Presley.

As artes portuguesas são lembradas no centenário da morte de Rafael Bordalo Pinheiro, mostrado a partir de uma obra sua. Já em Março é dado grande destaque à colecção de selos editada em Inglaterra com reproduções de obras de Paula Rego. O fotojornalismo aparece ainda numa imagem de Talmil Nadu, sobre o tsunami, prémio da World Press Photo.

A fotografia de *Mar Adentro* faz ponte para o *Tema* no interior do jornal, o problema da eutanásia. A construção da informação faz-se a partir da referência ao produto fílmico e ao problema ético que se levanta. Consegue-se no tratamento do Tema um resultado interessante, plural, diversificado e com peças pertinentes (salvo a caracterização da situação nalguns países que não é muito clara).

	Dezembro	Janeiro	Fevereiro	Março 2004/05	Total 2004	Total
Política interna	13	7	15	35	21	–
Internacional	5	6	2	13	16	–
Sociedade (não fora criada)	2	5	0	1	8	–
Arte e Espectáculos	1	3	4	1	9	4
Euro 2004, futebol, desporto	3	3	1	7	26	–
Europa	3	1	0	4	7	–
Estado de tempo e fogos	0	1	1	2	4	5
Religião (não fora criada)	0	0	4	0	4	–
Ciência (não fora criada)	1	3	0	0	4	–
Outros	2	1	1	0	4	13
Total	**30**	**30**	**28**	**4**	**92**	**9**

Mais palavras sobre imagens de primeira

Muitas vezes esta primeira imagem de primeira página é uma chamada para um assunto desenvolvido no *Tema*. A repetição de certos temas e o não tratamento de alguns outros levantam a interrogação sobre se existe menos elasticidade redactorial a tratar alguns dos temas de chamada visual forte na primeira página.

Algumas vezes, as imagens de maior relevo servem de suporte a mais do que uma mensagem. No dia 2 de Março uma fotografia de uma janela, parapeito e parede completamente cobertos de neve e gelo foram disso exemplo: além do título principal *Portugal 320 mil crianças na pobreza*, foi inserido um segundo título, *Mais frio até sábado*, e ainda um terceiro, *Consumo de electricidade dispara*. Um bom aproveitamento de uma imagem que aponta assim para o sentido metafórico do frio da pobreza, do seu reflexo mais "realista" ou até das suas dimensões económicas ao fazer disparar os consumos de electricidade.

Quatro imagens focaram assuntos religiosos: a morte de Lúcia (2) e a saúde do Papa (2). De assinalar que as duas imagens de Lúcia são ligadas ao campo político pelos títulos ou sub-títulos: numa das fotos refere-se a suspensão da campanha eleitoral, noutra os Bispos criticam os partidos que suspenderam a campanha. É frequente esta mistura do político e do religioso ou do futebol e da política (como no caso do apito dourado).

O tsunami, no fim de Dezembro e princípios de Janeiro, deu 7 das 11 imagens publicadas no internacional. Essas imagens ocuparam quase sempre mais de 2/3 da mancha noticiosa da primeira página assinalando, pela superfície ocupada, a dor profunda que a tragédia representou. As eleições no Iraque, a posse de Bush e a situação no Médio Oriente foram outros assuntos que deram imagem de primeira.

As imagens que aparecem em destaque na primeira página têm uma grande diversidade na sua origem e no modo de serem fabricadas. Aparecem textos que se tornam imagens. Imagens fotográficas e imagens desenhadas. Montagens. Imagens de arquivo ou imagens feitas no momento. Imagens feitas por fotógrafos portugueses ou provenientes de agências internacionais que disponibilizam para a imprensa mundial os mesmos acontecimentos. Nesses casos, olhar a primeira página do DN é olhar os mesmos símbolos que o resto do mundo.

Nota Esta análise de primeiras páginas foi referente a jornais saídos na direcção de Miguel Coutinho.

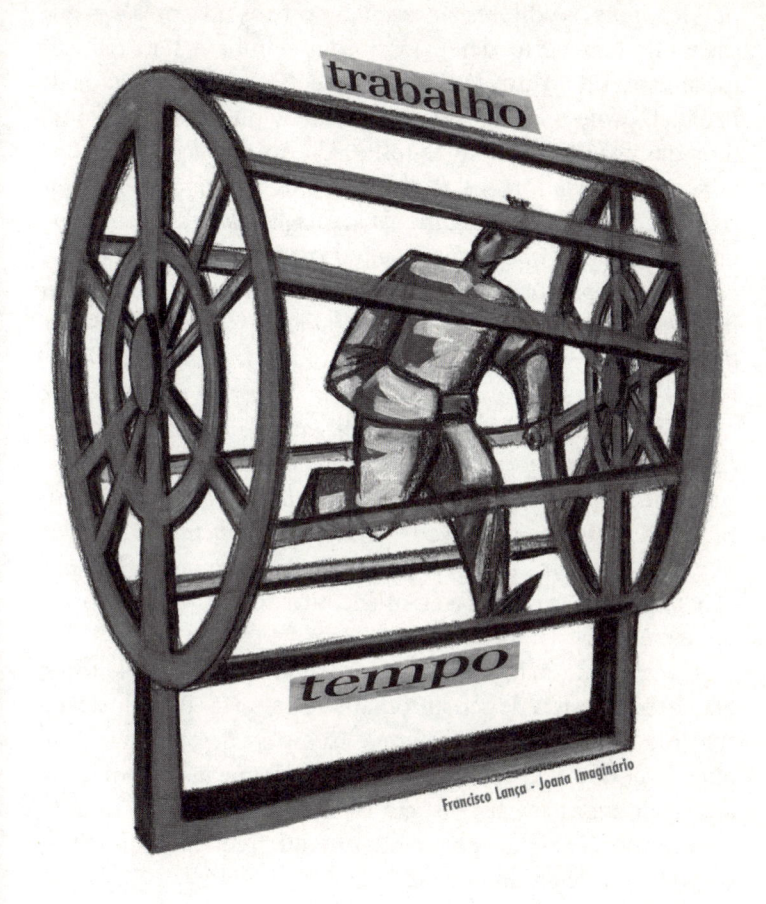

trabalho

tempo

Francisco Lança - Joana Imaginário

AGUSTINA BESSA-LUÍS referiu recentemente, num jantar literário, que os erros lhe acontecem e até se repetem algumas vezes. Revelou que o seu primeiro e atento revisor é o marido. «*É como se fosse um regresso à infância*», disse-me, depois, ao telefone. «*Como se tivesse o mestre-escola ao meu lado.*» E recordou as pautas dos grandes músicos, riscadas, ou os garatujados manuscritos dos escritores. Errar é humano.

Mas estes erros não aparecem (não deveriam aparecer...) ao público, pois os editores acrescentam outros revisores aos que cada um tem perto de si. Os jornais também têm os seus mecanismos de controlo das gralhas e dos erros. Um leitor de Penafiel, professor, Alfredo de Sousa, enviou uma carta sobre uma das crónicas anteriores intitulada *Ainda a legibilidade da escrita*. Diz o leitor: «*A legibilidade dos jornais não se pode colocar apenas no "arrevesado" da linguagem, pelo contrário, sou dos que advogam que se deve escrever correctamente o português de forma a aproximar o jornalismo da literatura, utilizando as mesmas figuras de estilo ao dispor de quem escreve e, sobretudo, de quem esmera a escrita. Não é por aí que o gato vai às filhós, mas já pode ir se num texto jornalístico, por exemplo, se derem erros ortográficos crassos que são, inegavelmente, mais prejudiciais que um texto jornalístico/literário.*» E mais à frente: «*Escrever bagatelas "legíveis" não é bom jornalismo nem é boa literatura. De resto, pode escrever-se bem e legivelmente, o que não significa transigir com o uso correcto da norma da língua.*» O leitor refere-se depois a erros encontrados num outro jornal de referência.

Os erros de ortografia não têm sido queixa dos leitores. Não deixa mesmo de ser sintomática esta carta. Para ilustrar a sua tese, o leitor não se refere a exemplos deste jornal. Não quer dizer que estes não existam no DN. E que não aconteçam, apesar de todas as cautelas, em cada nova edição. O seu controlo é, porém, vital, pois a sua menor frequência funciona como factor de credibilidade. O que faz o DN?

Sem resposta aos esclarecimentos que solicitei, posso, mesmo assim, traçar um breve retrato de alguns procedimentos adoptados. Há anos o DN tinha revisores qualificados. Esse corpo de especialistas que olhavam minuciosamente as palavras foi progressivamente esvaziado. Em determinada altura, considerou-se que os jornalistas teriam eles próprios essa responsabilidade, pois sendo hoje na maioria possuidores de formação universitária teriam a obrigação de saber escrever correctamente. A tarefa passou também para os editores que, em cada secção, assumem a responsabilidade dos textos, na sua legibilidade como na sua correcção.

O Fecho de Edição, nas horas que antecedem a conclusão do jornal, vê tudo o que pode ser visto sobretudo na capa, nos títulos, nas aberturas, nos *leads*, nos destaques e nas legendas, fazendo mesmo uma leitura mais atenta dos textos, quando há tempo para isso. As páginas também são vistas «em espelho», como se o jornal estivesse a ser folheado, para impedir, por exemplo, repetições vocabulares demasiado evidentes. É o Fecho de Edição que, para além dos directores e do editor executivo (chefe de redacção em terminologia mais antiga) tem uma visão global do jornal que sairá no dia seguinte, podendo assim, à última hora, corrigir alguns erros. Os meus próprios textos tiveram, aqui e além, uma intervenção do Fecho e algumas vezes dos editores, levando a correcções justificadas.

Os jornalistas do Fecho desempenham a função de *copy desks*, uma nova figura que surgiu entre nós na década de 90, pois nos EUA já existia há muito. Trata-se de uma intervenção que visa não só zelar pelo acabamento formal mas também pela correcção do texto, para que este seja claro, objectivo e sem erros. Essa função exige, por vezes, alguma reescrita nos textos originais por forma a adequá-los ao estilo de cada publicação.

Nos últimos anos, a correcção e melhoria dos textos reequacionou-se com a revolução introduzida pelos computadores nas redacções. Existem aplicações que incluem correctores ortográficos e gramaticais, dicionários de sinónimos e temáticos, hifenizadores, etc. Estão também acessíveis enciclopédias que permitem, a quem escreve, confirmar factos, esclarecer origens de etimologias. O Ciberdúvidas (http://ciberduvidas.sapo.pt/) é também um bom apoio. E os dicionários tradicionais podem ajudar os mais (ciber) cépticos ou aqueles que manipulam melhor as versões em papel. Acabar-se-ão por isso os erros? Evidentemente que não. Os correctores não são todos iguais e não resolvem tudo. Uma frase escrita do fim para o princípio fica ininteligível, mas não é considerada errada pelos correctores. A pontuação, que pode mudar o sentido ao escrito, não é reconhecível. Uma palavra certa no sítio errado também não. Só a intervenção qualificada do jornalista pode resolver essas insuficiências das máquinas e dos programas. E nem sempre a pressão de escrita na última hora deixa a cabeça fria para o rigor.

Errar é humano. Também é humano reconhecer o erro e corrigi-lo. Lutar por níveis de excelência, na escrita. Não esquecer a formação, a actualização, pois a língua evolui e as competências dos jornalistas precisam, como noutros domínios do saber, de acompanhar a evolução. E há ainda a formação nas escolas, apetrechando, melhor ou pior, os jornalistas. Ou a existência de equipas de jornalistas mais numerosas ou escassas, com mais ou menos possibilidades de disponibilizar tempo para ver o seu erro ou para ajudar a descobri-lo no texto do colega.

A carta refere ainda a aproximação da escrita jornalística à escrita literária. Uma outra reflexão.

QUEM DECIDE O QUE É NOTÍCIA
07/11/2005

NA SEMANA PASSADA, um coro de protestos levantou-se na comunicação social. Rui Rio, descontente com as manchetes do *Jornal de Notícias*, veio a terreiro defender que, a partir de agora, as regras de contacto com a imprensa seriam por ele definidas, os critérios de oportunidade passariam a ser os da câmara, e entrevistas só por escrito.

António José Teixeira escreveu um editorial sobre este assunto, no DN. No *Expresso* de sábado, Fernando Madrinha considerou que estas «*"novas regras" lembram outros tempos e outros regimes*». Daniel Oliveira, colunista no mesmo jornal, gracejou: «*Cinema mudo regressou ao Porto. Rui Rio só dá entrevistas por escrito.*» Um leitor do DN, Nuno Barradas, enviou um *e-mail* onde afirmava: «*Relativamente ao editorial de hoje, o DN critica fortemente o presidente da Câmara do Porto, Rui Rio, por apenas aceitar entrevistas por escrito e sobre temas limitados. Sou de Lisboa, não voto PSD e não leio o* Jornal de Notícias (JN), *mas há aqui um ponto fundamental: é verdade que a atitude do dr. Rui Rio é criticável, mas a do DN não o é menos, porque radica num corporativismo que não aceita críticas aos jornalistas, aliás atitude comum nos media – os jornalistas têm sempre razão e não são passíveis de crítica. A questão fundamental que deu origem a toda esta polémica é a de o dr. Rui Rio acusar o* JN *de ter desvirtuado o significado do que ele disse. Sobre isto, o DN nada diz: afinal, o* JN *desvirtuou as declarações de Rui Rio ou não? Porque se realmente o fez, então a atitude de Rui Rio começa a fazer sentido, e os* media, *antes de o criticarem, deveriam criticar-se a si mesmos.*»

O que importa, para esta análise, não é o conflito na sua dimensão *JN*/Rui Rio, pois esse sai naturalmente fora do campo de acção do provedor do DN. Aliás, tal conflito foi objecto de análise de uma crónica do provedor do leitor do *JN*, Manuel Pinto, no jornal de domingo. Nem sequer se trata de analisar ou colocar objecções ao editorial de António José

Teixeira, pois não é essa também a função do provedor. Trata--se, por um lado, de sublinhar que o jornalismo admite críticas. A existência de um provedor dos leitores no DN, de forma contínua, sem paragens ou hiatos, desde que Mário Mesquita publicou a primeira crónica, em 27 de Fevereiro de 1997, é um sinal claro, entre outros, dessa incorporação da crítica ao jornalismo no espaço público. Por outro lado, trata-se ainda de reflectir sobre algumas questões gerais que este caso despoletou.

1. É legítimo que políticos e empresários possam ter o direito de decidir qual a forma jornalística que irão tomar as suas declarações? Esta forma inclui o tempo em que estas serão prestadas e difundidas, se serão objecto de notícia, entrevista ou reportagem, se será publicado na primeira página ou na página interior. Se os políticos e homens de negócios, médicos e advogados, cidadãos comuns ou vedetas pudessem ter o poder de decidir o que é notícia, o jornalismo morreria. Seriam critérios externos a ditar o que é notícia e qual a sua forma e momento. Cada profissão tem as suas regras: a César o que é de César. Embora, obviamente, a negociação seja uma condição indispensável do jornalismo e da democracia.

2. É legítimo haver entrevistas escritas? Apenas excepcionalmente, por razões conjunturais, e sempre seriam impossíveis na rádio e na televisão. A entrevista é um face-a-face em que a interacção entre o entrevistador e o entrevistado faz parte da dinâmica e determina os conteúdos. No DN, dias antes, Alberto Costa, ministro da Justiça, tinha dado uma entrevista por *e-mail* ao jornal. Assinalei isso ao director, que, mais uma vez, me respondeu prontamente, dizendo não lhe ter escapado esse detalhe: «*Mas, se reparar no meu editorial, admiti entrevistas por escrito "quando o contacto directo não é viável".*» O exemplo de que fala é uma curta entrevista, solicitada em cima da hora, não tendo sido possível viabilizar nesse dia um encontro directo. Há, obviamente, excepções à regra. Mas, em qualquer caso, a entrevista é, por natureza, presencial, pessoal, olhos nos olhos. É por isso que se chama entrevista.»

3. Mas então estará tudo certo do lado do jornalismo? A reacção de Rui Rio é apenas uma bizarria, *«o poder que deu volta à cabeça»*, como Fernando Madrinha interroga? Não creio que seja apenas isto que importa sublinhar. *«Em democracia, os agentes políticos não podem, ou não devem, recusar-se ao questionamento directo dos jornalistas, muito menos têm o direito de controlar a interpretação das suas palavras»*, escreveu António José Teixeira em resposta ao meu *e-mail*. Isso é inquestionável, a partir dos (sagrados) factos. É inquestionável também que os políticos têm o direito, como todos os outros agentes ou fontes das notícias, como os leitores, de ter uma informação que corresponda à verdade. E se tal não acontece? Os políticos têm uma permanente espada sobre a cabeça: vão a votos e podem ser afastados dos seus cargos. Avelino Ferreira Torres ficou de fora, embora haja contra-exemplos. Mas os jornalistas? Não são plebiscitados, é verdade, mas há outros controlos. Desde logo, o mercado, que devora publicações. E há as cartas aos leitores, os provedores, os tribunais, as tribunas a que os políticos têm acesso e que lhes permitem denunciar o que bem entendem. Não há necessidade de subverter as regras da profissão dos jornalistas. Uma queixa ao provedor pode ser mais interessante para vincar uma posição cívica do que a linha telefónica para os corredores do poder ou para as direcções dos jornais. Um pequeno artigo que denuncie a situação tem hoje publicação certa, também. Ambos são mais eficazes que a lei da rolha. Vivemos em democracia.

A ponta do icebergue

É certo que existe algum mal-estar de que este caso é a ponta do icebergue. As medidas anunciadas *«decorrem de uma experiência com os media que Rui Rio considera negativa. Outros titulares de cargos de poder partilharão, quiçá, dessa visão, mas não têm coragem de assumir uma posição radical como aquela que foi assumida»*. Isto escreveu Manuel Pinto, no *JN*.

O problema existe e Rui Rio terá aliado a esse radicalismo alguma inabilidade no modo de gerir o conflito, embora, creio, uma e outro previstos. Tal como na aplicação da justiça não se pode aplaudir a justiça popular, também nas «injustiças» ou erros cometidos pela comunicação social se poderá compreender mal o exercício da justiça pelas próprias mãos.

Usem-se os mecanismos existentes, pois um verdadeiro arsenal de meios de intervenção está à disposição dos insatisfeitos ou lesados (ver crónica anterior).

Aperfeiçoem-se novos instrumentos de afinamento da verdade para serem activados nos media.

Mas o arsenal que existe dá para fazer uma guerra total e prolongada.

E haverá modos de prevenir? Para o caso das entrevistas, questionei Daniel Okrent, primeiro provedor (public editor) do *The New York Times*: «*O modo mais eficaz de obter a cooperação de alguém é que o entrevistador e o entrevistado façam, cada um de per si, sua gravação, para assim haver um registo que não possa ser questionado.*»

Sobre o mesmo assunto, Claude-Jean Bertrand considerou que o mais importante seria dar ao entrevistado, ou a quem se sente lesado pelas notícias, o direito de resposta e de reposição da verdade. Neste caso, a dificuldade residirá em dar igual destaque à correcção.

Prestígio a subir

Os provedores estariam em alta se tivessem cotação na bolsa. De facto, além de se aguardar com expectativa a nomeação de um provedor para a RTP, também figuras políticas de primeiro plano vieram dar relevo a esta função. Primeiro, foi José Sá Fernandes que declarou que os lisboetas iriam ter nele um provedor da cidade. Agora, Manuel Alegre concorre às próximas eleições e declara que será, se for eleito, um provedor da democracia. Para não falar de Mário Soares, que prefere o termo ouvidor, também relacionado com esta função e muito usado no Brasil.

TÍTULOS EM DESTAQUE

Francisco Lança - Joana Imaginário

Em 9 de Abril, recebi um *e-mail* do leitor Nuno Gracias, que vive em Miami, sobre uma notícia publicada nesse dia: «*Um pequeno comentário acerca da notícia de hoje* Portugal bebe 2,8 milhões de litros de álcool por dia. *Imagino que se refira a litros de bebidas alcoólicas e não a litros de álcool. Lendo o artigo, consegue-se perceber que, de facto, se refere a bebidas alcoólicas – maioritariamente cerveja e vinho que contêm aproximadamente 10% de álcool. Embora eu não ache que este facto tenha grandes repercussões no conteúdo da notícia e na gravidade da situação, é no entanto um erro de uma ordem de grandeza, no título da notícia! Isto não abona muito pelo rigor jornalístico. Por*

141

outro lado, esta notícia foi republicada pela Sic-online *e* Diário Digital, *onde não é fácil perceber o engano.*»

Será que o leitor tem razão? O editor, João Miguel Tavares, dá os seguintes esclarecimentos: «*Se eu me aproximar de si e lhe perguntar "o caro provedor bebe álcool?" – uma questão que há-de admitir ser normalíssima no decorrer de qualquer conversa –, o senhor certamente não supõe que me estou a referir a álcool etílico no estado puro, daquele que usamos para desinfectar as feridas. É evidente que cientificamente o leitor tem razão, mas um jornal não é um manual de Química. Há simplificações admissíveis e simplificações inadmissíveis. Francamente, só com muita má vontade se pode considerar a substituição, num título, de "bebidas alcoólicas" por "álcool" (uma diferença de 12 batidas inultrapassável nos actuais títulos de abertura de secção ou de manchete) como uma simplificação inadmissível ou, no entender do leitor, uma punhalada no "rigor jornalístico". Se o rigorosíssimo leitor tivesse ido buscar um dicionário, por exemplo o Houaiss, encontraria esta definição de "álcool": "Qualquer bebida alcoólica, esp. vinhos e bebidas brancas".Titular é sempre simplificar, mas na minha modesta opinião o leitor poderia ter escolhido melhor exemplo para se indignar.*»

Os títulos de primeira página são uma das contestações sistemáticas dos leitores junto dos provedores da imprensa escrita, em vários momentos e em diferentes jornais. Algumas vezes os títulos permitem obter efeitos dramáticos junto das audiências. Em casos extremos, os leitores costumam protestar e indignar-se. Desta vez a interrogação sobre o termo álcool não é muito radical. O leitor considera que quem ler a notícia percebe o seu espírito, embora manifeste alguma reserva sobre o rigor jornalístico. O editor leva mais a peito o questionamento, achando que o leitor poderia «*ter arranjado melhor razão para se indignar*».

É verdade que os jornais não são compêndios de Química, como diz João Miguel Tavares. Mas a lógica de um jornal é diferente da lógica de uma conversa privada. O jornal intervém num espaço público e tem leitores de muitas condições sociais, de conhecimentos e experiências muito diversificados. O *Houaiss* reconhece razão ao jornalista considerando que o álcool pode ser identificado com bebidas alcoólicas, embora por derivação de extensão. João Miguel Tavares reconhece que seria mais certo escrever bebidas alcoólicas em vez de álcool. Tem que se reconhecer que é uma tarefa difícil a de condensar, nas poucas palavras de um título, as ideias de uma reportagem ou de uma notícia. Já o álibi do número de batidas parece irrelevante: há sempre alternativa.

O essencial é saber se se pode atribuir alguma intenção manipulativa ao título ou efeitos alarmistas. Não é assim. É verdade que se consomem bebidas alcoólicas em excesso, em Portugal. Neste caso, não são os *media* que criam o facto, como acontece noutros relatos. Basta recordar o «arrastão» do 10 de Junho de 2005, noticiado por quase todos os media portugueses em termos que vieram a revelar-se exagerados e causadores de algum pânico social. O tratamento jornalístico dos efeitos das bebidas alcoólicas está longe de uma abordagem que se aproxime do seu peso real na vida dos portugueses. De facto, será que os exageros que o consumo excessivo de álcool têm nos comportamentos de condutores e peões tem representação equivalente à dos pequenos *fait divers*, por exemplo, os dos balneários dos principais clubes de futebol?

EM ABRIL, ASSUNTOS MIL

08/05/2006

O TREINADOR Luiz Felipe Scolari foi a figura mais vista na principal imagem de primeira página do DN, no mês de Abril. Esta conclusão resulta da verificação de quais foram as notícias de primeira página mais destacadas, no passado mês. Em geral, um dos destaques diários é uma notícia composta por um título, acompanhado de subtítulo e de uma imagem. A outra notícia maior é mais visível pelo tamanho das letras dos títulos e subtítulos, não sendo acompanhada de imagem.

Como vimos, um desígnio nacional, o comportamento da selecção no Campeonato do Mundo de Futebol, marcou a agenda visual do DN no mês que findou. O treinador aparece a olhar a Taça do Mundo e surge, mais duas vezes, já no final do mês, dada a sua hipotética contratação pela federação inglesa. Apenas outra figura pública nacional, o Presidente da República, aparece duas vezes nas imagens : uma na visita ao Hospital de D. Estefânia e outra na saída à Bósnia. Sócrates é retratado na visita a Angola. As eleições italianas mereceram também a atenção com Prodi, duas vezes, e Berlusconi, uma.

Quem são as outras figuras com honras de imagem destacada de primeira página? O Papa, a propósito de tomadas de posição sobre o nuclear e do Estado palestiniano, Jaime Gama, no caso das faltas dos deputados, Stanley Ho, como anfitrião do novo casino. Dois gestores bancários, Fernando Ulrich e Teixeira Pinto, ilustram uma troca verbal sobre uma OPA. O futebol atrai a atenção em dois outros dias: Nuno Gomes, Simão Sabrosa e Koeman aparecem antes da eliminatória com o Barcelona e Adriano, o jogador do Porto, festeja a conquista do título, após o jogo em Penafiel. Nos restantes 13 dias, a diversidade ressalta: mulheres que pugnam por uma associação, vigilância na estrada com câmaras de vídeo, proibição de tabaco a menores de 18 anos, figuras de videojogos, polícia de costas na «Operação Páscoa», o planeta Vénus, uma campanha de solidariedade, um acidente que envolveu bombeiros, um idoso a pintar, os cancros de Chernobyl estudados em Portugal e o despontar do calor nas praias. Os assuntos internacionais foram representados, além dos casos citados, por uma manifestação em Timor e por um atentado em Israel.

Existe uma tensão de leitura entre a principal notícia, por ter imagem, e uma outra que retira o impacte de um título forte. Verifica-se, aliás, que os títulos são frequentemente extensos. Será que se procura, com esta extensão, compensar a menor densidade de escrita nas primeiras páginas dos jornais portugueses, nas últimas décadas? António José Teixeira, director do DN, deu uma explicação para esta evolução: «*Uma das regras que costumavam diferenciar os jornais tablóides dos jornais de referência passava por títulos mais emotivos ou mais informativos. Os primeiros mais breves, os segundos mais extensos, mais explicativos. Sei que as diferenças já não serão o que eram, mas ainda assim as diferenças também passam por aqui. Não sei se os títulos da primeira página do DN serão muito diferentes em extensão dos títulos dos nossos congéneres, caso do* El País, *por exemplo. Julgo que não.*

Como montra dos assuntos mais importantes da edição (1.º caderno, Economia, *revistas) a primeira página preocupa-se em dar conta da variedade temática do jornal. Tentamos fazê-la com ideias completas, que não deixem dúvidas aos leitores.*»

De lugares de texto denso, as primeiras páginas transformaram-se em montras de informação, mesmo se de ideias completas. O detalhe passou para as páginas interiores. Nem toda a imprensa evoluiu como a portuguesa, em todo o mundo, como, aliás, acontece com o citado jornal espanhol: nele, além dos títulos, ainda se mantém algum texto noticioso em primeira página.

Nestes destaques de primeira página ressalta a influência maior de três secções do jornal, a *Economia*, a *Sociedade* e o *Desporto*. As secções *Cidades*, *Internacional* e *Nacional* também colocam informação com alguma regularidade.

Outra característica visível nos títulos é a de serem muito frequentes os números: *Portugal fumou mil milhões de cigarros,*

Bombeiros voluntários recebem 70 milhões de euros, Portugal bebe 2,8 milhões de litros de álcool por dia, Prestação da casa sobe 10% este ano. Será um reflexo da maior aposta na linguagem económica?

Assuntos mil

A diversidade dos temas é grande, tal como das imagens. Embora secções como as artes ou os media não tenham quase representação, durante o mês, nestes destaques, os temas da sociedade, como os da economia, do desporto e do nacional, são muito variados. O Benfica é o clube de futebol mais citado, pois manteve-se até tarde na Liga dos Campeões. O Porto, campeão, tem justo destaque. No Nacional, destacam-se o Presidente da República, o primeiro-ministro, o presidente da Assembleia. A economia passa das rendas de casa para o défice, dos impostos sobre imóveis para o subsídio de desemprego, da penhora de carros de topo de gama para a fiscalização do trabalho temporário, da carga fiscal para as OPA. Nota-se o mesmo vigor na sociedade: fala-se de Chernobyl a propósito dos cientistas portugueses que estudam o cancro nas populações atingidas, do *stress* da Guerra Colonial, mas também do exercício mental nos idosos para combater a perda de memória, das ementas das refeições nas escolas, do tabaco que se fuma e se proíbe, dos bombeiros, das câmaras de vigilância nas estradas e das mulheres que se associam. Poder-se-ia fazer melhor? Sim, com a ajuda da crítica dos leitores e pela sugestão de assuntos mais difíceis de conceber nas reuniões de planeamento.

Nota Esta análise de primeiras páginas foi referente a jornais saídos na direcção de António José Teixeira.

15/05/2007

Os LEITORES têm dado opiniões muito diversas sobre as mudanças ocorridas recentemente no DN.

Uma leitora, Maria Augusta Oliveira (28/04), escreveu: «*Se eu tivesse de assumir a direcção de um jornal, o modelo actual do* Diário de Notícias *não me traria a tentativa da influência em que sempre se vai beber quando se quer empreender.*

De um jornal não se espera demasiadas imagens. As imagens não são argumentos decisivos. Certo, tal como nas gravuras que acompanham um texto complicado, as imagens podem servir de apoio ou de guia à inteligência, mas a sobriedade na sua utilização dá distinção à imagem de um jornal cuja preocupação seja transformar a sensação em consciência.

Palavras, torrentes de palavras de excelentes colaboradores como o DN sempre teve para o prazer de ler um jornal! – assim é, por exemplo, o Le Monde.

O actual Director do DN trouxe consigo, ainda que com alguma cautela, o estilo de um jornal que não casa com aquele que fez a boa imagem do DN, o que é natural, uma vez que, antes de se habitar dentro de casa, habita-se dentro de si mesmo – natural é, mas pena também.

Assim, também, os assuntos que são chamados à 1.ª página se têm manifestado pouco apelativos, sendo a escolha, de entre as realidades, as "suas realidades".»

O recurso à simulação «*Se eu fosse director do DN*», apesar de ser um exercício interessante, não tem efeitos práticos: cada director imprime o seu cunho ao jornal, sendo provável que outra pessoa, no seu lugar, fizesse escolhas diferentes. Este *e-mail* revela também aspirações a que o DN dificilmente pode corresponder: tal como Portugal não é a França, o DN não é o *Le Monde.*

Já mais complexa é a consideração feita pela leitora de que «*de um jornal não se espera demasiadas imagens. As imagens não são argumentos decisivos.*» O papel das imagens é um terreno de oposições muito marcadas. O jornal citado, o *Le Monde*, é aliás disso um bom exemplo. O formato em que as imagens estavam ausentes foi considerado ultrapassado e pouco apto a responder aos desafios do mercado francês, sendo portanto abandonado. Na altura, esta mudança deu origem a abundante correio ao provedor *(médiateur)* do *Le Monde*. Hoje, o jornal usa as imagens com frequência e, por vezes, em grande destaque. O argumento da leitora faz crer que as imagens são elementos de segunda ordem, comparados com a palavra escrita, excelsa e inultrapassável. Ora muitos leitores e pensadores estão longe de validar tal visão das coisas, considerando que a imagem tem uma dignidade própria e um papel decisivo na imprensa de hoje. Podemos lembrar, com José Pacheco Pereira, que as imagens ocupam mais espaço de um disco duro do que o texto, e que isso se deve também à sua grande complexidade informativa.

«*O actual Director do DN trouxe consigo, ainda que com alguma cautela, o estilo de um jornal que não casa com aquele que fez a boa imagem do DN, o que é natural uma vez que, antes de se habitar dentro de casa, habita-se dentro de si mesmo – natural é, mas pena também.*» Ainda bem que a leitora usou o termo cautela, matizando o juízo mais definitivo que depois adianta. De facto, a prudência exige que não se reproduzam chavões e juízos automáticos. Agrilhoar as pessoas ao passado, sem lhes deixar margem de manobra e autonomia, é, claro, mais fácil do que avaliar os resultados das suas acções. Evitar estes atalhos tem benefícios. É complicado reformar uma instituição, sobretudo com uma história tão antiga como tem o DN. Os leitores criaram hábitos. Uma das dificuldades das novas direcções tem sido a corrida contra o tempo, que se insere no quadro do declínio gradual do número de leitores de jornais. O DN necessita de manter os leitores tradicionais e tentar simultaneamente alargar o seu público, o que é obviamente difícil e nem sempre foi conseguido nestes três últimos anos.

O leitor Jorge Galvão Videira (05-05-2007) sintetizou de outra forma as mudanças recentes no DN: «*Na minha opinião houve algumas alterações que melhoraram o DN, como sejam:*
– Organização do jornal, que facilita a leitura;
– Criação das faixas – o que vai acontecer hoje e amanhã
– Suplementos melhores, sendo de realçar o de Economia, com melhor organização e apresentação.
Também há aspectos, e alguns importantes, que pioraram, a saber:
– Sensacionalismos na 1.ª página, o que não se coaduna com um "jornal de referência"; hoje há três Correio da Manhã *(o próprio, o* Público *e o* DN*). O destaque, na 1.ª página dado a notícias como a operação do Eusébio ou a derrota de Mourinho é superior ao dado no jornal* A Bola.
– Viragem à direita em termos políticos, visível pela cessação de colaboração de alguns, bons, jornalistas (não compensada pelo fim do pesadelo que eram os artigos de Luís Delgado).
– Suplemento Gente, *sem qualquer interesse.*»
Já me referi, em anterior crónica, ao relativo equilíbrio de algumas soluções gráficas, que introduziram roturas mas respeitaram, em geral, a tendência gráfica do jornal. A criação de «faixas» é, de facto, uma mais-valia para os leitores, um verdadeiro ovo de Colombo que, presumo, vai ter muitos seguidores na imprensa. Estas «faixas» permitiram aos leitores situar-se, no dia-a-dia, nas inúmeras actividades que hoje atravessam a parte do País que pode estar atenta. No domínio das *Artes*, da *Política*, dos *Media*, da *Economia*. Os leitores sabem hoje mais facilmente onde podem aplicar algum tempo livre ou profissional com proveito. Neste domínio da divulgação da agenda dos acontecimentos, o DN está a fazer um excelente trabalho para o leitor.

Irei, em próximas crónicas, analisar a acusação de sensacionalismo, a mudança de cronistas, a intitulada «viragem à direita», a primeira e última página e a página do *Editorial*. Pena que restem tantos assuntos para as poucas crónicas agendadas.

DN na ONO

A ONO (Organization of News Ombudsmen) vai realizar a sua próxima conferência anual de 20 a 23 de Maio. Em Boston, nos EUA, vão reunir-se provedores de órgãos de comunicação de todo o mundo. Estarão representados 13 países. Até ao momento, dos órgãos de comunicação social portugueses, estará representado apenas o DN. O tema da conferência é "Provedores (*Ombudsmen*) num tempo de transição", mostrando que o mundo é composto de mudança, como escreveria Camões. A sessão onde irei falar, *Is There a shared Watchdog Role for the Public, the Blogs and Ombudsmen?*, será moderada por Geneva Overholser, da Missouri School of Journalism, e terá a intervenção de Jeff Jarvis, *blogger*, autor de um blogue intitulado *Buzzflash*. Entre outros, intervirá Dan Okrent, primeiro provedor dos leitores do *The New York Times*. Ian Mayes, presidente da ONO e jornalista do *The Guardian*, dialogará com Bill Kovach, fundador do Committee of Concerned Journalists, que esteve recentemente entre nós.

Nota Ver o programa da Conferência e outras informações em http://sotextos mesmo.blogspot.com/).

VII

FACTOS VERSUS OPINIÃO

A oposição entre os factos, relatados pelos jornalistas, e a opinião, a cargo de cronistas convidados e também de jornalistas, foi uma questão algumas vezes levantada pelos leitores. Debrucei-me sobre ela para defender o predomínio dos factos sobre a opinião nas peças noticiosas, considerei a necessidade de rigor na informação bem como sustentei a diversidade e o pluralismo da opinião.

Assuntos de opinião no DN
1/11/2004

Por uma opinião plural e inovadora
15/11/2004

Mais factos, menos opinião
25/4/2005

Uma opinião plural e representativa
30/5/2005

Quanto sabes, tanto vales
12/12/05

Escrever notícia e opinião
12/06/06

HÁ COISAS que (não) se fazem. No filme *O Homem Que Matou Liberty Valance*, de John Ford (1962), um jornalista que se opõe a um grupo de salteadores vê o seu jornal saqueado e é agredido de forma brutal. O filme gira em torno de um jovem licenciado em Direito que tenta criar hábitos respeitadores de uma vida democrática, numa comunidade do Oeste americano.

Há coisas que se podem fazer de modo diferente. *Corre, Lola, Corre*, de Tom Tykwer (1998), conta a mesma história três vezes: uma jovem corre para salvar o namorado de apuros financeiros. Pequenos detalhes alteram o desenlace de cada uma das narrações. As coisas da vida podem sempre ser diferentes.

Estas duas memórias cinéfilas surgem a propósito de uma crónica de opinião de António Ribeiro Ferreira, publicada a 26 de Outubro. Este escrevia num *post scriptum*: «Um pide-estalinista vomitou algo na última página do *Expresso* sobre o autor destas linhas. É assunto para umas bengaladas.» Um leitor que envia frequentemente observações e críticas, Nelson Henriques, diz num e-mail: «Os comentários de ARF de hoje, "É assunto para umas bengaladas", depois de Luís Delgado ter sugerido o internamento de alguns críticos, não deixam dúvidas sobre o clima de caceteiros que hoje se vive a partir do DN.» O momento delicado que o DN vive e o apelo à justiça directa levam-me a comentar um assunto de opinião, até agora ausente das crónicas. A resposta de António Ribeiro Ferreira ao pedido de explicação foi breve: «Solicito que informem o provedor que sou jornalista portador da carteira profissional n.º 231.»

O que quer dizer o conhecido jornalista? Será que pensa que a carteira profissional justifica tudo, até a defesa de uma justiça que se faz pelas próprias mãos? O Código Deontológico a que se referem os que têm carteira insere a seguinte disposição: «O jornalista obriga-se, antes de recolher declarações e imagens, a atender às condições de serenidade, liberdade e responsabilidade das pessoas envolvidas.» Ora, se os jornalistas são obrigados a respeitar condições de serenidade, liberdade e responsabilidade nos outros, não deverão também exigi-las a si próprios?

Talvez tenha querido sobretudo sublinhar que o provedor não tem carteira profissional de jornalista. É verdade, mas tal será necessário para exercer esta função? No Estatuto do Provedor apenas consta que o director do jornal «indicará e nomeará uma personalidade de reconhecido prestígio, credibilidade e honestidade».

Ora, a função de provedor exige um olhar externo, regulador de conflitos de interesses entre os leitores e os jornalistas, mas também entre os jornalistas e as normas frágeis que regem as suas actividades. A carteira profissional, por mais importante e imprescindível que seja para a actividade jornalística, não é uma garantia imprescindível para esse olhar crítico externo, feito também pela incorporação da perspectiva do leitor e cidadão.

Existindo o provedor, mediador entre o leitor e o jornalista, os comentários destes deveriam ser formulados de forma construtiva e aberta ao diálogo, o que em geral tem ocorrido. Mas não acontece neste seco comentário que nada explica. Talvez o *post scriptum* do texto seja apenas um modo de pôr os comentadores a escrever, incluindo o provedor. Se assim for, um sorriso pode aflorar aos nossos lábios. Mas um sorriso amargo, pois a justiça não deve ser feita pelas próprias mãos, e o DN, se quer desenvolver a imagem de um jornal de referência, não se pode permitir ousadias destas. Profissionais da escrita e do rigor, os jornalistas devem resolver os conflitos, internos e externos, com argumentos lógicos ou utilizando as vias legais. A animosidade excessiva e a má criação são a especialidade de outro tipo de escrita «estalinista» e «pidesca» sem argumentação, especializada no ataque *ad hominem*, mas que deveria ser banida da imprensa de referência. Pelo menos, do DN.

A ficção cinematográfica por onde comecei, embora longe do jornalismo, dá-nos elementos de outra verdade, estética e social, plena de elementos de reflexão sobre os problemas da vida. Por isso chamei hoje duas obras de referência que também nos podem ajudar a ver melhor e a melhor ponderar. Mesmo o jornalismo, mesmo a opinião.

UM LEITOR, Carlos Esperança, afirma num e-mail: «Após muitos anos, comprei hoje, pela última vez, o Diário de Notícias.» Um outro, Sérgio de Almeida Correia, assegura: «Deixei de comprar o jornal regularmente e passei a lê-lo na Internet.» É natural que tal aconteça nas crises ou nas grandes mudanças. Recentemente (8/11, DN) Mário Bettencourt Resendes reconheceu que o DN «viveu um ano difícil e não conseguiu inverter uma tendência que, deve reconhecer-se, vinha já de um passado recente». Quando assim acontece procuram-se afincadamente as causas: o que provocou tal descida? Trata-se de um passo necessário para as decisões, sempre que as causas são identificadas com serenidade e rigor. Porém, esta identificação nem sempre gera os efeitos esperados.

Bin Laden foi a causa directa dos violentos atentados nos EUA, em 2001, mas nem por isso foi capturado. Identificar as causas não faz brotar, por si só, as soluções adequadas.

E não é fácil identificar as causas. Luís Queirós, director da Marktest, respondeu sobre esta descida: «A questão colocada é extremamente complexa e não pode ter uma resposta linear. Existem inúmeras hipóteses de explicação possível do fenómeno da queda de circulação de um jornal de um ano para o outro. Terá sido 2003 um ano excepcional? Guerra no Iraque, escândalos sociais? Fuga de leitores para outros jornais? Se sim, quais e porquê? Efeitos de promoções? (...). Possivelmente haverá, não uma, mas várias causas que concorrem para o fenómeno. Em suma, trata-se de um interessante *case study* para quem lhe quiser pegar.»

Será imperativo desencadear tal estudo. Talvez até já exista e dele não tenha conhecimento. De qualquer modo, as soluções têm que ser equacionadas a vários níveis, da administração à direcção, da redacção ao marketing, dos jornalistas aos leitores. E isto de forma permanente.

Os leitores fazem parte essencial desse questionamento contínuo e da abertura de pistas de inovação. Algumas reflexões dos leitores apontam a opinião como zona de alerta. Algumas vezes, as críticas são feitas com a emoção do descontentamento. Algumas delas inferem da posição de um colunista as tendências da informação do jornal.

Mas não é por haver colunistas com convicções de esquerda que o jornal transforma o seu conteúdo noticioso num panfleto socialista. O DN tem nas suas colunas nomes como Jorge Coelho, Medeiros Ferreira, João Cravinho, Nuno Severiano Teixeira, Miguel Portas e Ruben Carvalho, entre outros, personalidades que se situam, embora de formas muito diferenciadas, no quadrante político de esquerda.

A opinião deve reflectir pluralidade política, diferentes sensibilidades sociais, sendo simultaneamente um forte elemento aglutinador de experiências nas quais os leitores se identifiquem. Ora os leitores são de diferentes culturas, de diferentes quadrantes políticos, idades, sexos, profissões, pertenças sociais. Um jornal de referência abrange diferentes públicos e não apenas os simpatizantes deste ou daquele Governo, deste ou daquele grupo social ou político. Nele é fulcral ter a informação, mas também a opinião, diversificada, pluralista, rigorosa, atenta à inovação e à transformação social, mesmo que a política editorial possa apontar numa direcção bem definida.

Os leitores que referem a opinião como «calcanhar de Aquiles» do jornal quase sempre se insurgem contra os cronistas de direita, talvez porque alguns destes apareçam com uma posição mais estruturante no jornal (crónica diária de segunda a sexta, por exemplo). Relembram também, aqui e ali, o tom demasiado «trauliteiro» de um ou doutro desses cronistas. Transmitem ainda algumas dúvidas sobre os eventuais conflitos de interesse entre a posição de administrador e a de colunista. Aos dois últimos aspectos aludi na última crónica.

A opinião é decisiva para a identidade de um jornal. O comunicado do Conselho de Redacção (CR) que deu parecer unânime à nova direcção afirma: «Foi determinante a intenção revelada por Miguel Coutinho de corrigir deficiências estruturais do DN que têm vindo a ser alvo de críticas do CR, designadamente (…) renovar com urgência o quadro de colaboradores» (DN, 10/11/04). Ainda bem, pois a imagem que passa é que a opinião é muito forte (e combativa!) na concorrência. O que é um bom desafio.

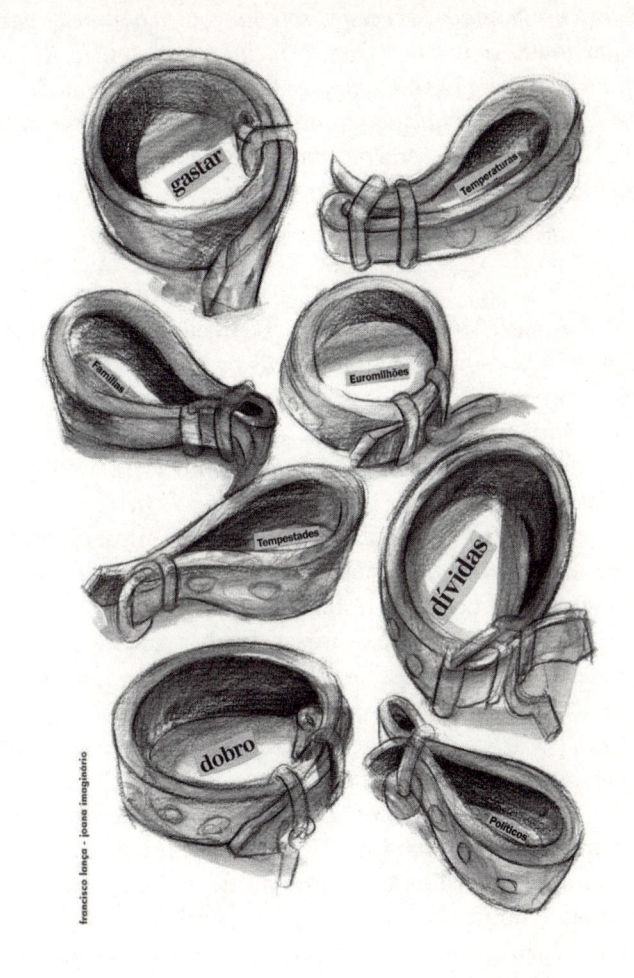

1. «"O REGIME ESTALINISTA de Kim Jong-Il anunciou ontem ter reforçado o seu arsenal de armas nucleares para fazer face à alegada invasão que Pyongyang diz estar a ser preparada pelos Estados Unidos." É assim que começa a notícia de Manuel Carlos Freire sobre o anúncio do reforço do poder nuclear norte-coreano na edição de hoje do "Diário de Notícias". Não tenho intenções de *reflectir sobre a natureza política do sistema político da Coreia do Norte, a minha intenção é a de protestar contra o carácter parcial e nada isento com que o jornalista iniciou a notícia. Não me recordo de ver, em lugar algum, a assunção da denominada ideologia estalinista, de que fala Manuel C. Freire, por parte do povo e do Governo norte-coreano, mas recordo-me na perfeição do conteúdo da deontologia dos profissionais de jornalismo e que exige a existência de factos para sustentar a notícia.»*

BRUNO C.

O jornalista enviou-me um esclarecimento que começa assim: «*Estou convicto de que a "carta" do leitor Bruno C. não merece comentários.*»

São vários os casos em que os jornalistas, ao prestarem esclarecimentos às interpelações dos leitores, manifestam o seu desconforto. Fazem afirmações sobre a irrelevância das críticas. Manuel Carlos Freire diz que as observações do leitor «*não merecem comentários*» e que a resposta é dada apenas pelo dever de prestar esclarecimento ao provedor, atenção que agradeço. Assim, já não é a primeira vez que se revela este tipo de «hostilidade» em relação às interpelações dos leitores

Cito, por isso, o Livro de Estilo do DN, que me foi recentemente disponibilizado, e que afirma: «O leitor (...) é a razão de ser do jornal. (...) Quando contactam o jornal (os leitores) esperam ser bem atendidos, sobretudo se protestam.»

Manuel Carlos Freire argumenta depois com citações de excertos de notícias de alguns *media* estrangeiros impossíveis de reproduzir. De facto são muito extensas e não foram traduzidas. No *Livro de Estilo* diz-se que o «DN é um jornal português, escrito para leitores predominantemente portugueses» e que a «transcrição de textos em línguas estrangeiras implica a sua tradução.» Ora as citações chegaram-me em inglês e francês. A mais significativa dessas citações refere-se a um texto da *BBC on-line* (que traduzo, para cumprir o livro de estilo): «Analistas dizem que foi um sinal que o Estado estalinista não estaria disposto a responder às pressões internacionais.»

Não me cabe pronunciar sobre o modo como outros órgãos noticiosos constroem as suas notícias. Mas a resposta do jornalista levou-me o olhar para outros exemplos. Num texto equivalente do *Le Monde* (24-03-05) fala-se da chantagem nuclear norte-coreana, mas referem-se os países pelos nomes. De forma bem fulminante o autor do texto francês fala, num único momento, da Coreia do Norte como «*posto avançado da tirania*», colocando esse qualificativo, essa opinião, na boca de Condoleeza Rice. Ou seja, não dá a sua opinião, dá uma informação subtil mas marcante.

Vale a pena também ver o que está no *Manual de Redacção e Estilo* da *Folha de S. Paulo* num caso de separação entre a opinião e os factos.

«Faça textos imparciais e objectivos. Não exponha opiniões, mas factos, para que o leitor tire deles as próprias conclusões. Em nenhuma hipótese se admitem textos como: Demonstrando mais uma vez o seu carácter volúvel, o deputado António de Almeida mudou novamente de partido. Seja directo: O deputado António de Almeida deixou ontem o PMT e entrou para o PXN. É a terceira vez em um ano que muda de partido. O carácter volúvel ficará claro pela simples menção do que ocorreu.»

Julgo que o leitor do DN deseja o mesmo: que, na construção das notícias, sejam sempre os factos a demonstrar e não a opinião do jornalista.

2. Incluo frequentemente no Bloco-Notas uma informação para incentivar os leitores a escreverem ao provedor. Acontece que raramente é publicada, embora envie o texto com o número de caracteres exigido, mesmo menos. Por vezes, aparece uma fotografia para preencher o espaço vazio provocado pela retirada injustificada do texto. Dado que já solicitei explicação e não a obtive, partilho esta insólita situação com os leitores. Aproveito aliás para reproduzir o apelo: «*ESCREVA,* *manifeste a sua opinião sobre a informação do DN enviando email para provedor2004@dn.pt ou escrevendo para Provedor dos Leitores Diário de Notícias, Avenida da Liberdade, 266, 1250-149 Lisboa.*»

A situação é tanto mais estranha quanto têm aparecido algumas críticas, em blogues, fazendo crer que o Provedor dos Leitores do DN responderia, menos do que seria desejável, a interrogações dos leitores. A esta crítica também respondi na crónica anterior mostrando que, no Estatuto do Provedor dos Leitores, que sou obrigado a cumprir, estão tipificados três tipos de crónicas: as de resposta aos leitores, as de análise ao jornal, as de crítica sobre o contexto mediático. Com a crónica de hoje completo 47 textos: 21 com respostas a leitores, 21 de crítica geral e cinco de análise do jornal. Mesmo nas crónicas de crítica geral procuro, sempre que se justifica, falar do DN. Se volto a insistir sobre esta tipificação é também porque outro problema tem estado sem solução, desde há meses: na versão internet não é colocado o Bloco-Notas, gerando essa falta alguns mal-entendidos pela inserção de um texto incompleto. Os leitores que lêem o jornal na internet ficam com uma ideia distorcida sobre o que escrevo. Como é possível que o DN, incluído no grupo PT, forte na internet, não consiga solucionar um pequeno problema informático de colocar na rede uma crónica completa? Alguma omissão haverá.

UMA OPINIÃO PLURAL E REPRESENTATIVA
30/05/2005

«Compro diariamente o DN. E, como o leio com atenção, há certos aspectos que me despertam mais a atenção. Está neste caso (...) a ocupação de uma boa parcela de espaço por formadores de opinião não pertencentes ao seu quadro redactorial.»

Bem sei que não cabe no Estatuto do Provedor apreciar o que escreve cada um dos colunistas. Mas, já lhe compete, penso eu, cuidar de que aos leitores seja garantido um leque de analistas ideologicamente plural e não discriminatório. Ora, na minha opinião, tal não está a acontecer no DN. E Manuel Rodrigues anexa o levantamento dos articulistas de um período de duas semanas bem como o espaço ocupado. E prossegue: «Julgo que a amostra não distorce a realidade. E, como pode verificar, por quem escreve e pelo que escreve, há um claro défice de comentadores ligados ao PCP ou com posições ideológicas dele aproximadas (as colunas de Ruben Carvalho e Carvalho da Silva somam 1,3 páginas nas duas semanas).»

O leitor tem razão: os assuntos de opinião não são, em regra, competência do Provedor. A opinião é livre e não tem sentido contrapor uma opinião a outra opinião para afirmar a hipotética «superioridade» de uma sobre outra. Apenas em caso especiais o Provedor se pode pronunciar. Será este um deles por se considerar uma corrente política sub-representada nos colunistas?

O director, Miguel Coutinho, respondeu: «A escolha dos comentadores do DN é da exclusiva competência da direcção do jornal. Como director nunca aceitaria estabelecer um critério de quotas (em função da filiação partidária ou do sexo dos colunistas). Um jornal cinzento e oficioso sentiria essa necessidade – o DN rejeita-a. Sem prejuízo de ajustes futuros, a opinião do DN é plural e exprime várias sensibilidades – de João César das Neves a Joana Amaral Dias, de Fernando Alves a Miguel Esteves Cardoso. O leitor labora, ainda, noutro erro. Ruben de Carvalho e Carvalho da Silva não escrevem no DN por pertencerem ao PCP. Mas por serem quem são. Nos tempos do PREC seria diferente. Hoje, felizmente, é assim.»

Miguel Coutinho afirma que a escolha dos comentadores é da exclusiva competência da direcção o que é incontestável. E avança exprimindo a sua recusa de um sistema de quotas no respeitante à filiação partidária como na pertença de género (masculino, feminino). Esta é também uma opção inquestionável da direcção. Por outro lado, é consensual que os critérios políticos da representatividade parlamentar não podem ser transformados automaticamente em critérios jornalísticos, nas notícias, como na opinião. Teria pouco sentido que um jornal contratasse os seus colunistas de acordo com a representatividade obtida em eleições ou mesmo por critérios exclusivamente políticos. Um jornal de referência, como o DN, tendo embora que dar relevo às correntes políticas, não pode reduzir a política à sua dimensão parlamentar ou governamental. Precisa também de opiniões sobre a política entendida como terreno de responsabilidade cívica dos cidadãos, de análise das condições de vida dos diferentes sectores sociais e não apenas da sua dimensão partidária. O director do DN afirma também a sua recusa das quotas por género Dada a situação actual, seria surpreendente que o DN, ou outro qualquer jornal, tivesse 50% de colunistas homens e 50% de colunistas mulheres. Mas alguns efeitos nefastos resultarão de a representação das mulheres ser reduzidíssima na opinião, nos dias de hoje, quer no DN, quer noutros jornais. A escassez de reconhecimento feminino poderá ter eventuais efeitos económicos deixando de lado potenciais compradores. Mas são também os efeitos sociais que devem ser ponderados pois pode fazer-se crer que o pensamento é... masculino. Talvez as mulheres se reconhecessem mais na imprensa se os seus pares se exprimissem com maior regularidade. E se a qualidade de pensamento e escrita dos articulistas é o critério mais válido para a escolha parece pouco verosímil que não possa haver algumas (mais) mulheres a contribuir para pensar os problemas de hoje. Entre as quotas e a raridade existem diferentes gradações.

Talvez o director, ao referir-se aos futuros ajustes, tenha também este critério em vista.

Haverá pluralidade no DN? Fiz uma análise à opinião de sexta feira, dia 27. As medidas de austeridade recentemente divulgadas têm genérica aprovação dos cronistas desse dia. Duarte Lima intitula o seu artigo *A coragem de Sócrates*, Vicente Jorge Silva faz um «Chapeau» ao primeiro-ministro, Mário Bettencourt Resendes começa o seu texto afirmando que "José Sócrates surpreendeu pela positiva" e Jorge Coelho pede o benefício da dúvida para José Sócrates e para o Ministro das Finanças, lembrando ainda que nenhum primeiro-ministro gosta de anunciar medidas difíceis. Unanimidade? Não. João Morgado Fernandes, no Editorial, recorda o abandono de uma das mais importantes promessas eleitorais e lembra os erros sucessivos da classe política no seu conjunto. Pedro Lomba, na Geração de 70, faz uma análise mais distanciada, pondo em relevo o reino do parecer («como encurtar o Estado providência sem parecer que se está a fazê-lo»). Luís Delgado, que analisa as medidas uma a uma, reconhece também que «Sócrates se saiu bem na Assembleia da República» lembrando embora que o tempo «ditará a sua sorte». Não estamos no PREC, nem nos tempos da ditadura. Vive-se pluralismo na opinião do DN. Embora precisando de ajustes. Como a democracia, concordaremos. E se tais ajustes, no caso do jornal, derem mais relevo ao pensamento que analise os movimentos da sociedade de forma pertinente, informada e argumentada, o DN sairá enriquecido.

QUANTO SABES, TANTO VALES

Francisco Lança - Joana Imaginário

«VENHO POR ESTE MEIO manifestar o meu desagrado por o DN ter no seu elenco de colunistas um dos mandatários da candidatura presidencial de Mário Soares, que não se inibe em usar essa tribuna para fins claramente eleitoralistas. Refiro-me obviamente à sraª. Joana Amaral Dias. Esse facto já por si estranho é ainda agravado pela falta de menção das funções actualmente *desempenhadas por Joana Amaral Dias. (...) Ao omitir essa informação aos leitores, está-se a privá-los de um elemento importante para a ponderação dos seus escritos. Seria bom que o DN tivesse uma postura semelhante à do jornal Público, que identifica sem ambiguidades as actividades profissionais ou outras desempenhadas pelos seus articulistas.»*

António José Teixeira, director do DN, explicou a opção actual e referiu mudanças futuras: «*Os leitores têm, obviamente, toda a legitimidade para gostar ou não gostar dos colunistas deste ou daquele jornal. Têm, inclusive, legitimidade para pensar que uma determinada personalidade não pode figurar entre os colunistas de um jornal por ter um determinado posicionamento político.*

A colunista que merece as observações do leitor já era colunista do DN antes das eleições presidenciais e antes até de esta direcção ter iniciado o seu trabalho. É público, notório e assumido que Joana Amaral Dias é mandatária para a juventude de um candidato a Presidente da República. Não é nessa qualidade que escreve no DN. E também não é por ter essa qualidade que deve ser limitada na sua escrita semanal. Outros colunistas do DN têm outros posicionamentos perante as eleições presidenciais e, livremente, têm escrito o que entendem. Também não é por isso que são colunistas do DN.

Admito que haverá vantagem em fornecer ao leitor uma identificação profissional dos colunistas. É uma situação que, brevemente, o DN irá alterar. Mas isso nada tem a ver com as preferências eleitorais de qualquer dos seus colunistas. Ou será que a identificação de um colunista que, pública e notoriamente, assume o estatuto de apoiante de um candidato é mais importante do que a de outro que, não a assumindo, vai dando conta das suas opiniões sobre a matéria? Teremos que exigir a identificação das preferências eleitorais de todos os colunistas?»

A legitimidade da escrita de Joana Amaral Dias, como de outros articulistas, não pode ser posta em causa. Algumas queixas de leitores vão no sentido de silenciar alguns dos cronistas ou de considerarem inadmissíveis as suas opiniões. Mas a democracia não se conjuga com silenciamentos mas sim no terreno dos argumentos e da sua partilha pública.

No respeitante à identificação profissional, os leitores vão ganhar com a medida anunciada por António José Teixeira. A opinião de um colunista ganha pertinência se soubermos que este é, por exemplo, especialista em sismologia ou sociólogo. No *Le Monde* de sábado temos crónicas assinadas por um cozinheiro (artigo sobre gastronomia), um historiador (sobre laicidade), um administrador de empresa (guerra do algodão). Um caso curioso é o de um artigo de um produtor de televisão, mas que escreve sobre questões ambientais. No fim do artigo, é aposta uma segunda qualidade: diz-se que o cronista é presidente da Fundação para a Natureza e o Homem, fundação que tem o seu nome. Num outro artigo, escrito por dois colaboradores, usa-se o mesmo critério de dupla identificação.

Em relação ao problema levantado pelo leitor, considero que ler a crónica da mandatária para a juventude da candidatura de Mário Soares com tal menção expressa tem mais valor informativo do que a sua leitura sem que tal menção seja incluída. Aliás, o mesmo acontece com outros articulistas, como Vasco Graça Moura, Diogo Pires Aurélio, Pedro Lomba, Daniel Proença de Carvalho, José Medeiros Ferreira, João Cravinho, Jorge Coelho, sendo os primeiros membros da comissão política da candidatura de Cavaco Silva e os três últimos da comissão política de Mário Soares. É verdade que a posição da cronista como mandatária é pública e notória, bem como a dos outros cronistas. É verdade também que Joana Amaral Dias, como José Medeiros Ferreira, fizeram, simultaneamente, nas crónicas de 25 de Outubro, uma declaração de intenções, o que não foi o caso de outros cronistas. Joana Amaral Dias escreveu: «*Como se sabe, sou mandatária para a juventude da candidatura de Mário Soares e integro a sua comissão política. Fica a nota, em nome da transparência.*» A inclusão de uma nota permanente em cada artigo é uma opção editorial que ultrapassa os cronistas na sua tomada de posição individual. Mas esta deveria existir. Porquê? Haverá sempre leitores distraídos. Sobretudo exigindo a uns o que perdoam a outros. E, neste caso, há mais-valias informativas, na junção dessas qualidades, de mandatários e/ou membros das comissões políticas: por um lado, a opinião sobre as eleições ganha a legitimidade própria que deriva do cargo ou posição. Por outro lado, dá aos leitores elementos para situarem essa opinião. Há ainda uma terceira vantagem na identificação: a de dar a reflectir sobre se a opinião publicada não estará, por vezes, demasiado centrada na vida política tradicional e pouco centrada nos problemas de sociedade. O exemplo citado do jornal francês mostra que seria benéfico para os leitores saberem alguma ligação do articulista a qualquer domínio ou função que ajude a melhor situar as opiniões emitidas, mesmo em domínios não políticos.

No caso das actuais eleições, se o cronista não escrever sobre as eleições ou sobre assunto afins, a indicação desse estatuto não terá razão de ser.

Dar informação pertinente aos leitores é um imperativo do jornalismo e sua marca identitária. E não pode deixar de ser uma «reivindicação» dos provedores.

RECEBI o seguinte *e-mail* de um leitor*: «*Escrevo esta mensa-gem para contestar o tratamento noticioso dado pelo DN à acção de propaganda promovida na passada terça-feira, dia 30 de Maio, pela vereadora do CDS/PP na CML, Maria José Nogueira Pinto, a propósito das anunciadas "linhas mestras de interven-ção" para recuperação da zona Baixa-Chiado, propostas pelo respectivo comissariado.*

Noticiadas no dia seguinte 31 de Maio, as referidas "linhas mestras' foram anunciadas não numa vulgar conferência de imprensa, como seria usual, mas numa sessão para a qual a referida vereadora, inteligentemente, convidou os directores dos

---

* Pode ler o texto integral do *e-mail* em http://sotextosmesmo. blogspot.com/. O leitor identificou-se mas pediu para guardar o anonimato.

principais jornais nacionais (fazendo-os sentir como se tivessem tido acesso a informação privilegiada).

(...) Há que conceder que os objectivos da vereadora foram atingidos: Correio da Manhã *e* Diário de Notícias *publicaram notícias escritas pelos próprios directores;* Público *deu abertura da secção Local. (...) Mas, se todos divulgaram, o DN foi mais longe com notícia assinada pelo director –* Um projecto para "bombar" o coração da Baixa-Chiado *(um título que o próprio comissariado não desdenharia certamente), antecedido de editorial* Mais Cidade, *também do director António José Teixeira.*

Neste editorial constam passagens (pérolas) como "seis cidadãos têm dedicado GENEROSAMENTE..." parte do seu tempo a "reinventar o coração de Lisboa". Se estes cidadãos ("iluminados" ou "seis magníficos", a expressão é minha, mas caberia no espírito do texto) o fazem por GENEROSIDADE, não o sei, mas as verbas orçamentadas para os custos do comissariado (...) não devem certamente sair do respectivo bolso.

Eu próprio sou jornalista. (...) Não tenho qualquer pretensão de ensinar ética ou deontologia ao director do DN, António José Teixeira, jornalista que me tenho habituado a respeitar ao longo dos anos, ao ponto de se ter tornado uma referência actual.

Gostaria assim de ver melhor esclarecida a questão da opinião e informação numa mesma edição de jornal. Certo é que o por mim mencionado respeito (e credibilidade) sofreu um forte abalo.»

António José Teixeira enviou o esclarecimento seguinte: «*Sou jornalista antes de ser director do DN. Podia ser outra, mas é esta a minha qualificação profissional. Por isso mesmo, o director pode, e deve, comportar-se como jornalista em qualquer situação. Tendo tido oportunidade de conhecer o trabalho do comissariado para a revitalização da Baixa pombalina de Lisboa, era meu dever dá-lo a conhecer aos leitores sob a forma de notícia. Foi isso que fiz de forma substantiva e, obviamente, em articulação com a editoria respectiva.*

É regra do DN, e dos jornais em geral, separar a notícia da opinião. Daí que a descrição dos planos do comissariado não deva confundir-se com a opinião editorial do jornal, seja de um qualquer redactor, editor ou director. Foi isso que aconteceu. O editorial reflecte uma opinião, obviamente discutível como qualquer outra. "Confusão" ou "mistura; seria incorporar adjectivos na confecção da notícia. De um lado ficou a notícia, do outro o editorial. E não se diga que por ambas as peças terem a mesma assinatura passam por isso mesmo a ficar sob suspeita. Ao contrário, importa separar as águas. Não há qualquer problema com a diferença de opiniões sobre o (de)mérito da iniciativa. A do leitor é, obviamente, tão respeitável como a minha. Quanto à notícia, julgo que honrou o que se exige ao jornalismo.

De um modo geral, julgo que as peças noticiosas devem ser escritas por quem testemunhou os acontecimentos ou por quem está mais bem preparado para o efeito. Será que as informações recolhidas e aferidas por um qualquer jornalista resultam melhor se forem escritas por outro jornalista? Não haverá uma resposta única e definitiva. Mas concluir que quem não testemunhou, recolheu e aferiu a informação está menos bem colocado para a escrever é, no mínimo, surpreendente. É claro que muitas vezes se partilham informações, que dão origem a notícias nem sempre assinadas por quem as obteve ou que são assinadas em co-autoria.»

A interrogação do leitor incide sobre a possibilidade de uma mesma pessoa escrever um editorial e uma notícia sobre um assunto. Estes géneros são muito diferentes na escrita jornalística. Mas haverá contradição? Não vejo que um tipo de escrita contamine a outra, necessariamente. Um profissional de jornalismo faz-se escrevendo opinião, escrevendo notícias, fazendo entrevistas ou reportagens. Dominar formas de escrita diferenciadas é uma vantagem. Lembro o caso do *The Economist*: nem os textos nem os editoriais são assinados, deixando uma incógnita sobre a sua autoria.

As peças devem estar distintamente posicionadas no grafismo do jornal, como é o caso: o editorial está no seu local habitual, a peça informativa abre a secção *Cidades*. Apreciei as dados contidos na peça noticiosa. Nela se assinalam, com indicações concretas, os projectos do comissariado para melhorar a cidade. Refere-se por exemplo a intenção de criar um Museu da Língua Portuguesa. A notícia informa sobre o que irá ocorrer e que mudaria a vida dos lisboetas. Espera-se que as intenções sejam levadas a bom porto, pois, como é conhecido, nem sempre sabemos concretizar o que anunciamos.

O leitor revela ainda alguma estranheza pelo facto de este acontecimento ter sido coberto por vários directores da imprensa. Aconteceu recentemente um caso semelhante, com a apresentação dos *Roteiros da Presidência da República*, o que foi assinalado nalguns blogues. Cada caso é único, mas as fontes de informação e os próprios directores terão que ponderar a oportunidade deste noticiar colectivo, a roçar o papel das agências noticiosas. Importa sublinhar que a diferença de estilos dos diferentes intervenientes não deixa dúvidas sobre a originalidade dos textos, o que é um ganho para os leitores. E julgo que ambos, fontes e directores, ponderarão este equilíbrio.

Seria fácil também manifestar a minha discordância sobre a «generosidade» das pessoas no quadro do trabalho profissional e remunerado, o que o leitor sublinha. No entanto, o provedor não trata das opiniões, e logo do editorial, mas apenas das notícias publicadas. Parece que esta foi informativa. O editorial adopta, como é da sua natureza, um tom diferente.

VIII

AS FONTES

Alguns problemas foram assinalados regularmente pelos diversos provedores do DN. O das fontes foi, talvez, o mais regular. A permanência deste tema impõe o reconhecimento de dificuldades do jornalismo em conseguir libertar-se deste fardo, o recurso excessivo a fontes anónimas.

Fontes credíveis
14/06/2004

As fontes anónimas no DN
25/07/2005

Uma jornalista na prisão
01/08/2005

Quem não ouve não conta
05/12/2005

FONTES CREDÍVEIS

francisco lança · joana imaginário

«Ex.mo sr. provedor do *DN*:

No passado dia 25 do corrente o DN publicou um interessante artigo da jornalista Madalena Esteves, relatando um estudo americano sobre jornalismo.

(…) Apurou-se que para 66% dos jornalistas americanos, de órgãos de comunicação nacionais, envolvidos nesse estudo, as pressões financeiras sobre as empresas "afectavam seriamente a cobertura da actualidade" (e) 45% dos jornalistas estimavam que os erros factuais são cada vez mais numerosos na cobertura da actualidade.

Não sei se existem em Portugal estudos comparáveis, que com algum rigor nos permitam fazer afirmações semelhantes. (…)»

NELSON HENRIQUES

Esta carta foge ao tradicional apontar de dedo, lembrando que, no jornalismo, como noutras actividades, se encontram bons exemplos. O leitor sugere ainda uma reflexão sobre as conclusões do estudo, mesmo se esta análise apontou para outros terrenos. Não faltará ocasião para tratar os erros factuais e as pressões financeiras sobre as empresas, os dois assuntos destacados pelo leitor. Vejamos o estudo.

Em primeiro lugar importa destacar que o texto em causa, da autoria de Madalena Esteves, apareceu na secção *Media*. A secção tem ganho acrescida vitalidade desde que coordenada pelo actual editor, Miguel Gaspar. Ganhou também espaço alargado pois agora dispõe de duas páginas. Vários estudos têm sido divulgados, as polémicas que atravessam a informação no mundo rapidamente noticiadas, as entrevistas dado vivacidade ao espaço, o lançamento de livros sobre os *media* tem sido acompanhado e a crónica diária ajuda os espectadores a melhor se situarem em relação à televisão.

Mas penso que a secção *Lido* podia conter algumas citações de discursos críticos sobre os *media* (e não só de discursos nos media). Seria também útil uma agenda mais visível de iniciativas para permitir ao leitor uma melhor organização das escolhas pessoais.

Voltando ao texto. Apesar do mérito, é certo que é mais fácil pegar num assunto destes que fazer notícias sobre o Iraque, sobre a deontologia dos advogados ou sobre assuntos que envolvam maior pesquisa pelo jornalista. Porquê? Desde logo, pela fonte utilizada, pois o texto baseia-se num trabalho de uma entidade prestigiada, o Pew Research Center for the People and the Press (http://people-press.org/).

Como a experiência recente mostra, um dos pontos mais delicados do trabalho dos jornalistas é a relação com as fontes. Sendo esta segura, sem interesse directo na matéria noticiada, e dando-se a conhecer (como foi o caso) reforça a credibilidade do jornalista como incute confiança ao leitor. O Pew lidera o Projecto para a Excelência no Jornalismo, que tem como objectivo elevar os níveis de qualidade do jornalismo.

Em Portugal não existe nada de semelhante, pelo menos com força institucional equivalente. É pena, pois da qualidade do jornalismo dependem muitas e fortes representações da vida pública para além do efeito de este agendar as discussões quotidianas. Sem querer retirar mérito às iniciativas que vão, aqui e além, fazendo sondagens ou publicando estudos, parece-me, que o panorama é confrangedor. Isto porque os universitários olham para o seu umbigo académico, multiplicando-se em iniciativas destinadas a si próprios, e os profissionais se centram quase exclusivamente na actividade do dia-a-dia. Seria bem preciso que alguém, de forma independente, gerasse um movimento para elevar a qualidade do jornalismo, mesmo onde ela já existe, criando pontes entre os académicos e os profissionais. No texto há porém, um reparo a fazer. Sendo bastante curto e sendo o estudo que o motivou bastante extenso, ter-se-ia imposto a divulgação do sítio onde o texto fora publicado na íntegra para que os leitores a ele pudessem aceder, facilmente. O mesmo pensa o editor, Miguel Gaspar: «*Quanto à referência ao sítio, foi um erro não a ter incluído nesse texto, pelo que a crítica é pertinente. Temos publicado referências a sites em alguns textos (nomeadamente nos relativos às imagens do Iraque) e a opção editorial correcta é publicar os endereços na Web, sempre que isso se justifique, como era o caso do texto em causa.*» A jornalista considerou também que a omissão foi um lapso.

AS FONTES ANÓNIMAS NO DN
25/07/2005

1. DN, sábado, 23 de Julho: na notícia sobre a eventual candidatura presidencial na área do PS, sabe-se que José Medeiros Ferreira propõe o nome de Mário Soares. Já as outras fontes são «nebulosas»: *«fontes que lhe são próximas garantem...»* ou *«há ainda quem lembre que...»*, seguindo-se citações em discurso directo.

DN, sexta-feira, dia 22 de Julho: na peça sobre a tomada de posse do novo ministro das Finanças são várias as fontes não referidas com clareza. *«Fonte de S. Bento negou...»*, *«mas o DN sabe que o chefe do Executivo...»*, *«Fontes governamentais revelaram...»*, *«segundo diz um membro do Governo...»*, *«reconhece um membro do Governo...»*, *«conforme o DN apurou...»*, *«questiona um governante...»*.

DN, quarta, dia 20 de Julho: numa peça sobre a saída de Campos e Cunha são várias as vozes «escondidas» que servem de base ao trabalho jornalístico: *«segundo o DN apurou...»*, *«de acordo com as fontes contactadas pelo DN...»*, *«fontes do gabinete do primeiro-ministro garantiram ao DN...»*. O leitor fica sem saber quem são as outras fontes, como e junto de quem terá apurado o DN, quem são os elementos do gabinete do primeiro--ministro ou os ministros que deram garantias ao DN. Ao «habituem-se» dos primeiros dias de legislatura sucedem-se agora, rotineiramente, ministros e fontes governamentais não identificadas.

2. Será este procedimento excepcional ou usual no *Diário de Notícias*? *A utilização de fontes anónimas no noticiário político dos diários portugueses de referência: Um estudo exploratório* *, da autoria de Jorge Pedro de Sousa, sustenta que quer o *Diário de Notícias* quer o *Público* são contidos na utilização de fontes anónimas. O trabalho incidiu no ano de 2001 sobre

---

* http://bocc.ubi.pt/ ou https://bocc.ufp.pt/

183 jornais (4027 peças do DN), em seis meses alternados, com começo em Janeiro. Segundo o estudo, apenas 11% das notícias e reportagens de política nacional no DN recorriam a fontes anónimas, contra 9% no *Público*. Mas duas outras investigações citadas neste trabalho chegavam a resultados mais elevados. Em primeiro lugar, Ricardo Jorge Pinto (1997), num trabalho também comparativo mas alargado à *Time* e ao *The New York Times*, chegava a 25% de citação de fontes anónimas no DN (o mesmo que no *The New York Times* de então) e Isabel Sampaio aos 32%, isto numa monografia de licenciatura. Jorge Pedro de Sousa explica as diferenças no modo de recolha da amostra, colocando também a hipótese de haver uma efectiva diminuição desta prática no ano 2001. Ricardo Jorge Pinto sustenta que, nos anos 70, as fontes anónimas eram raramente utilizadas no DN. Este facto levou Ricardo Jorge Pinto (1997) a concluir que «*as fontes anónimas se tornaram no símbolo do jornalismo político nos anos 90, isto porque os políticos se sentiriam mais confortáveis a prestar declarações sob a protecção do anonimato e porque esta situação é vantajosa para os jornalistas, que podem usar o anonimato para legitimar certos pontos de vista*». Isto não significa que a menor utilização de fontes anónimas nos anos 70 fosse sinónimo de um jornalismo mais rigoroso que o de hoje, pois as citações de fontes oficiais, embora não anónimas, eram extensas e frequentes. Havia nessa época também menos diversidade de fontes. O anonimato das fontes teria ganho força sobretudo nos anos 90, por, em sua interpretação, ter havido a passagem de um paradigma de jornalismo mais descritivo para um jornalismo mais analítico. De qualquer forma, estamos em 2005 e o critério quantitativo (sejam as fontes anónimas 11% ou 32%), deixando-nos perceber a historicidade desta prática, não permite «medir» a fina susceptibilidade do problema nos dias de hoje. Raridade no recurso a fontes anónimas é um imperativo para manter a credibilidade nos órgãos da imprensa de referência. A utilização banalizada e quotidiana de tais fontes não credibiliza um jornal junto dos seus leitores. A transacção não é

apenas entre as fontes e os jornalistas. Tem os leitores no meio. J. Pedro Sousa refere que as fontes anónimas são classificadas ora de forma mais intensa, ora de forma mais leve. Referir «um ministro» seria diferente de citar «uma fonte bem informada». Pode ver-se, nas citações de abertura, que esses dois tipos de anonimato se mantêm actuais e actuantes. *«Provavelmente devido a estratégias de credibilização do discurso, aparentemente os jornais procuram atenuar a força do anonimato dando pelo menos uma ideia sobre o "ambiente" em que a fonte se move.»* Maior credibilidade será conseguida com as notícias, por regra, feitas com pessoas e instituições identificadas de forma precisa. Ou não será o jornalismo uma das raras formas de «inscrição» clara e frontalidade radical das sociedades democráticas?

3. Se for ao sítio do Poynter Institute*, encontra uma extensa compilação de artigos, textos, inquéritos e outros documentos sobre a questão das fontes anónimas. A sua organização deve-se ao documentalista do Poynter. Um desses documentos refere-se a um inquérito da Associated Press Mananging Editors, de Junho de 2005. Um em cada quatro dos jornais inquiridos nunca permite a utilização de fontes anónimas. Noutro documento pode ler as regras que *The Washington Post* se impôs no domínio das fontes anónimas e citações.

Em Portugal temos também um exemplo de qualidade: a Biblioteca On-Line de Ciências da Comunicação (BOCC), onde está o texto citado. Nela se podem consultar muitos outros artigos sobre jornalismo, bem como sobre outros assuntos relacionados. E esta base gerou-se na Universidade da Covilhã, bem longe de Lisboa. Afinal, tão perto do mundo.

Palavras sobre Fontes
As fontes são um dos assuntos bastante estudados no mundo académico. O texto citado, bem como *Jornalistas e*

---

* http://www.poynter.org/column.asp?id=49&aid=64013

Fontes de Informação*, dão conta de correntes de investigação e posicionamentos sobre as relações entre os jornalistas e as fontes. Por exemplo, Sigal (1986) sustenta que «*as notícias não são o que o jornalista pensa, mas o que as fontes declaram*», mostrando que o jornalista descreve a realidade através da interpretação das fontes. Hall (1978) criou o conceito de «primeiro definidor» para a opinião proveniente de fontes poderosas, cabendo ao jornalista a reprodução desses discurso (*in* Rogério Santos). Outras posições procuram teorizar o espaço de autonomia dos jornalistas. Gaye Tuchman (1978) considera a notícia como construção social e autores como Golding e Gitlin consideram que o jornalismo se subordina aos interesses políticos e económicos da classe dominante. Nesta corrente também se insere Chomsky, o famoso linguista americano. As fontes não têm todas o mesmo peso no acesso aos jornalistas: Schlesinger (1990) «*considera que a prática jornalística favorece geralmente os interesses das fontes que possuem autoridade e peso, em especial as que se situam no interior do aparelho governamental e do Estado*» (*in* Rogério Santos).

---

* *Cadernos Minerva*, da Minerva Coimbra e da autoria de Rogério Santos, datado de 2003, 48 páginas.

UMA JORNALISTA NA PRISÃO

A JORNALISTA Judith Miller está na prisão nos EUA. Algumas análises têm dado destaque à atitude da jornalista, subli- nhando a recusa desta em testemunhar para revelação de uma fonte. O caso Watergate foi repetidamente trazido à memória na imprensa portuguesa. Mas há outros aspectos mais obs- curos, menos felizes, mesmo contraditórios, que não foram recordados. É certo haver uma tendência, nos media como na sociedade, para transformar em figura mítica o que antes fora objecto de forte crítica. Ainda recentemente Mário Mesquita salientou esta tendência a propósito da «queda» e posterior "ascensão" do ex-ministro Campos e Cunha.

Este caso ganha maior nitidez se o aproximarmos de Watergate e se recordarmos a cobertura do *The New York Times (NYT)* sobre a Guerra do Iraque. A comparação com Watergate, que levou à destituição de Nixon, mostra que a análise de situações de não revelação das fontes anónimas pelos jornalistas não pode ser nivelada por este caso. A destituição do presidente está ligada à descoberta de ilegalidades da sua Administração trazidas ao conhecimento público pelo *The Washington Post* e investigadas, como lembrou Nelson Traquina, *«por outras instituições que colaboraram na procura da verdade, como as comissões de inquérito do Senado, da Câmara dos Representantes»* (DN, 2 de Junho 2005). Sabemos agora que o número dois do FBI colaborou dando informações vitais aos jornalistas. O caso presente nada tem de semelhante. Na sua crónica de sábado, dia 23, no DN, Ruben de Carvalho, afirmava: *«Um jornalista, por princípio, tem estrita obrigação de defender o anonimato de quem, sob tal condição, lhe faculta uma informação; mas que fazer quando se verifica que o jornalista foi puramente utilizado como instrumento de uma mistificação política?»* O provedor de leitores do *Chicago Tribune*, Don Wyclif, também não considera comparável um caso em que a ordem constitucional esteve em perigo, o de Nixon, com o actual. *«Miller está na cadeia porque prometeu confidencialidade a uma ratazana – alguém que estava a tentar vingar-se de uma crítica política ao Governo, revelando ao mundo que a mulher do crítico era uma agente secreta do Governo dos EUA.»* Lembremos que a revista *Time* optou pela divulgação do nome da fonte anónima. Com esta atitude a imprensa americana mostrou profundas divisões sobre este assunto. Valerá a pena recapitular alguns aspectos deste episódio. Em Fevereiro de 2002 o diplomata Joseph Wilson foi enviado pela CIA ao Níger para verificar se Saddam Hussein teria comprado urânio enriquecido para fabricar a bomba atómica. Em 6 de Julho de 2003, Wilson escreveu um artigo no NYT, *O que não encontrei em África*, muito crítico para o Governo. Nele se fazia a acusação de Bush manipular as provas

– que apontava para a não existência de armas de destruição em massa – para justificar a invasão. Uma semana depois, Robert Novak, um jornalista considerado próximo da Administração, escreveu um artigo, *A missão ao Níger*, revelando que fora Valery Palme, agente da CIA, mulher de Wilson, quem o escolhera para essa missão. Com esse artigo e tais revelações pulverizou-se de forma radical e imediata a crítica do embaixador à Administração do EUA. Ou seja, desta vez houve a contribuição de uma fonte anónima – um alto funcionário da Casa Branca –, que liquidou a credibilidade de uma opinião fundamentada, opinião que estava contra a versão oficial dos fundamentos da guerra. Tal publicitação do nome da agente é considerada crime, pois a lei dos EUA não permite a divulgação dos nomes dos seus agentes secretos. Chamada a depor, Miller recusar-se-ia a fazê-lo. O NYT solidarizou-se com a sua jornalista, mas não deixou já de reconhecer, num editorial de Julho, que este caso está longe de ser um caso ideal. Não é a primeira vez que o jornal se solidariza com a jornalista. Em 2004, o NYT viveu uma intensa crise, dadas as críticas que lhe eram endereçadas pela forma como divulgou as justificações da Administração americana sobre a existência de armas de destruição maciça no Iraque. Um nome respeitado, Michael Massing, que foi director executivo da *Columbia Journalism Review* e colaborador de prestigiadas publicações americanas, escreveu um longo e fundamentado artigo. Em *Agora eles dizem-nos*, demonstrou a submissão da imprensa aos argumentos da Casa Branca: não só as notícias reflectiam as posições dos governantes como também não teria sido prestada a devida atenção aos inúmeros sinais que questionavam a versão oficial. Massing não poupou Judith Miller. Na continuação desta chuva de críticas, o jornal afirmou que tinha confiado demasiado em fontes que consideravam como certa a existência de armas de destruição em massa no Iraque, quase sempre pessoas com interesse directo no derrube da ditadura de Saddam. A maior parte desses artigos foram escritos por Judith Miller, embora o jornal tenha assumido uma posição de responsabilização colectiva, não deixando que a jornalista fosse pessoalmente crucificada. Afinal, Miller estará mais perto da nossa condição de mortais com qualidades e defeitos do que da condição dos heróis imaculados, imagem cultivada entre nós.

A análise do caso não faz esquecer que uma jornalista está na prisão, embora, ao que é possível ajuizar, não apenas por boas razões. Miller recebeu na passada sexta-feira a visita do Comité para a Protecção dos Jornalistas, que protestou em comunicado contra a prisão, exigindo ainda a sua imediata libertação. O comunicado lembra que, no início de 2005, havia 120 jornalistas detidos. Onde? Sobretudo na China, Cuba, Eritreia e Myanmar (antiga Birmânia). Bem longe de nós!

Palavras radicais

O envolvimento de Miller na cobertura das justificações da guerra foi tão intenso que Rosa Brooks, professora de Direito em Yale, com ligações a movimentos de defesa dos direitos humanos, não perdoa à jornalista o repetido apoio às teses oficiais. Num texto recente para o *Los Angeles Times*, Brooks diz que não «compra» a história de Miller transformada em heroína e considera que «quando alguém está coberto com lama nada melhor que uma passagem por uma prisão de segurança mínima para recuperar a antiga fama».

Palavras sobre limites

Nos textos consultados não se põe em causa a necessidade, imprescindível para os jornalistas, de estes manterem o segredo profissional e de protegerem a confidencialidade das fontes, nos casos, muito raros, em que a informação é vital e deve ser dada ao conhecimento público. Alguma reflexão foi produzida sobre a necessidade de os jornalistas reflectirem sobre a promessa de confidencialidade, demasiado generosa, nos dias de hoje. Outros pensam que existe mesmo um certo snobismo nesta atitude de citar fontes anónimas, pois dar-se-ia simultaneamente um toque de mistério às peças informativas e também se transmitiria um sentimento ao leitor de o jornalista estar muito dentro dos assuntos. Será?

Palavras de esperança

A morte de dois jornais *A Capital* e *O Comércio do Porto* suscita mais palavras de pessimismo do que de esperança. Mas, verificado o facto, que se lamenta, pois uma parte da nossa memória desaparece, importa lembrar que Portugal é um dos países europeus com menor índice de leitura de jornais, ou seja, com maior possibilidade de expansão neste domínio. A recente introdução no mercado dos jornais gratuitos mostra essa capacidade de expansão. A imprensa e o Ministério da Educação deveriam dar mãos para uma acção continuada, persistente, duradoura, destinada a promover a educação para os media, ensinando as crianças e os jovens a ter prazer na leitura da imprensa. O Ministério da Educação tem particulares responsabilidades nos níveis de literacia da população e não deveria ignorar, como tem feito, esta vertente poderosa de formação de hábitos de leitura. Mas se continuar cego, surdo e mudo a esta estratégia, isso não quer dizer que a imprensa o deixe de fazer na medida das suas possibilidades. Trata-se de sobrevivência.

QUEM NÃO OUVE NÃO CONTA
05/12/2005

No DN de 12 de Novembro *«há um texto a merecer reflexão: numa página da secção Desporto fala-se num jovem jogador do Rio Ave (17 anos), chamado Fábio Coentrão ("não joga na Superliga – quatro minutos esta época frente ao Braga –, não joga pelas selecções – foi chamado para um estágio na segunda e terça-feira dos sub-18, depois de ter perdido um por lesão –, não é propriamente famoso") que "é seguido por um clube estrangeiro", sobre quem fizeram um "relatório detalhado e preciso" e cuja transferência "pode salvar já o orçamento" do clube.*

A questão é que, para além de não haver uma fotografia do jogador, este não faz uma declaração, sequer, ao jornal, não se diz que clube é esse, nem quem elaborou o dito relatório. Sobre o hipotético negócio, apenas se refere que o jogador é representado pelo "empresário do momento", Jorge Mendes.

O jornalismo é feito de constrangimentos e de limitações. Escrevemos tantas vezes sobre casos dos quais não sabemos tudo e preservamos a identidade das fontes por diversas razões. Mas devo dizer que este artigo, em concreto, me parece mal defendido pelo jornalista. Não duvido que seja verdade o que lá vem escrito (até conheço relativamente bem as potencialidades do dito jogador, uma vez que assisto a quase todos os jogos do Rio Ave, do qual sou sócio) e que ele possa ser transferido, mas eu teria feito de outra maneira – nomeadamente dando mais informações sobre o que está em causa (ou recusando revelar só uma parte da história).»

Isto escreveu João Paulo Meneses, no dia 13 de Novembro, no Blogouve-se (http://ouve-se.blogspot.com/). Considerei esta análise interessante e solicitei esclarecimentos ao jornalista, através do editor. O jornalista, António Pereira, respondeu não perceber *«o enquadramento da (...) solicitação: de onde vêm as críticas, que dúvidas são suas ou de leitores/ bloggers (?). Agradecia que esclarecesse as posições e manifestasse as dúvidas concretas que lhe oferece o trabalho referido, sobre as quais pres-*

tarei os esclarecimentos necessários sem qualquer constrangimento».

O enquadramento parecia claro, mas solicitei ao leitor para concretizar a crítica pública. A resposta foi esta: *«Ninguém duvida que a comunicação social ajuda a valorizar (ou não...) um jogador – se estamos a falar de futebol. Os méritos técnicos (tácticos...) de cada jogador são muito importantes para a sua valorização externa, mas há formas de "acelerar" a construção de uma boa imagem, recorrendo – por exemplo – à comunicação social.*

Nesse domínio, o papel dos empresários dos jogadores não é negligenciável: a promoção mediática que os seus jogadores venham a conseguir pode ajudá-los a conseguir melhores contratos – o mesmo é dizer, os jornalistas podem ser usados pelos empresários para precipitar um negócio.

Neste contexto, os jornalistas devem ser muito cautelosos (no futebol ou noutra actividade qualquer, como é óbvio, mas aqui fala-se do futebol). Até podem estar a beneficiar (ou a prejudicar) alguma parte, isso é normal, mas acima disso está o seu comportamento jornalístico, que deve ser técnica e deontologicamente irrepreensível.

É aqui que acho que o jornalista do DN falhou: o caso até pode dar uma boa estória (e vir a confirmar-se), mas depois de ler o texto fiquei com uma certa sensação de vazio:

– Qual é o clube que o quer contratar?

– Quem fez o dito relatório?

– Porque não se falou com o jogador?

– Porque não se falou (fazendo perguntas claras) ao empresário – que é citado – sobre o negócio?

– Porque é que o presidente do clube não fala sobre a hipótese de negócio?

Recordo que o ponto de partida que segura a peça é "Aos 17 anos, Fábio é seguido por um clube estrangeiro e pode salvar já o orçamento" (e não um trabalho sobre as camadas jovens do Rio Ave Futebol Clube).»

A prometida reacção não veio. No silêncio, fica a ideia de que deveriam ter sido ouvidas as fontes interessadas, desde o próprio jogador ao presidente do clube e ao empresário, bem como deveria ter sido dada a conhecer a origem do relatório. A fonte mais visível na notícia é o relatório. O que foi um excelente ponto de partida, mas não poderia ter sido o ponto de chegada. A informação poderia ser melhor contextualizada e diversificada. O trabalho dos jornalistas é acrescentar mais-valia informativa aos factos. Não parece ter sido este o caso da peça sobre o jogador do Rio Ave. O que não houve mais que um som não sabe mais que um tom, diz o povo. É essa a tarefa do jornalista: revelar perspectivas múltiplas para que o leitor possa ajuizar, a partir da informação coligida.

Um estudo recente feito por uma instituição dinamarquesa, Mandag Morgen, e pela Play the Game revelou que, no jornalismo desportivo, não é invulgar as fontes serem escassas. A investigação baseou-se num inquérito a 37 jornais de dez países de todo o mundo: Austrália, Áustria, Dinamarca, Inglaterra, Alemanha, Noruega, Roménia, Escócia, Suíça e EUA. No *Público* de 13 de Novembro, num trabalho de Duarte Ladeiras que divulgava esse estudo, referia-se que 20% dos artigos desportivos analisados não citavam qualquer fonte e 40% tinham apenas uma só fonte. Só 1600 de 10 007 artigos analisados referiam três ou mais fontes. Ou seja, no jornalismo desportivo a pluralidade de fontes não é uma prática maioritária. Seria preciso um estudo que demonstrasse que noutras áreas do jornalismo haverá tendências diferentes. De qualquer forma, jornalismo e pluralidade de fontes são sinónimos. Ao contrário dos blogues, por exemplo, que ninguém censurará se tiverem como fonte apenas o seu autor.

Ainda as Fontes

O afunilamento das fontes não beneficia os leitores, mesmo que estes, quando fãs, possam aceitar esta redução com facilidade. Um estudo feito em Inglaterra mostrou que 79% dos fãs consideram o sítio oficial do seu clube o meio mais importante para aceder a resultados e notícias desportivos. Mais importante ainda do que a televisão ou as secções desportivas dos jornais. Mas a tarefa dos jornalistas é a pluralidade, não o ponto de vista único.

Agenda Interna

O estudo internacional acima citado mostra também que os editores seguem com demasiado seguidismo a agenda da indústria do desporto, muito forte e bem organizada.

Agenda Externa

Há muitos indícios da importância do desporto na vida social, sendo os *media* o seu principal veículo difusor. Um exemplo: nos Jogos Olímpicos de Barcelona estiveram presentes 10 500 atletas, tendo sido acreditados 12 mil jornalistas.

Como se recebem as notícias

Nem todas as cartas e *e-mails* recebidos questionam os modos de produção das notícias. Alguns leitores, como neste caso Sérgio de Oliveira, exprimem modos de sentir de quem recebe as notícias. O jornalismo insere-se num contexto cultural e social preciso.

«(...) Dirijo-me a si para dar a minha opinião sobre o caso de duas alunas duma escola em Vila Nova de Gaia que aparentemente manifestaram o seu afecto em público. Este caso já levou a equacionar-se uma discussão à escala nacional sobre este tipo de casos. Por princípio, acho bem que se discuta e que de forma democrática se ouça o que todas as partes têm a dizer. No entanto, o simples facto de este caso gerar discussão só revela, quanto a mim, o quão primitiva é a nossa sociedade. Penso que enquanto civilização só evoluímos em termos tecnológicos. Em termos emocionais pouco ou nada evoluímos e continuamos a ter atitudes semelhantes às que tínhamos há dois ou três mil anos atrás. Só mesmo uma sociedade primitiva e arrogante pode ter a pretensão de discutir ou legislar sobre questões do foro íntimo de cada um. Tão bom seria se nos preocupássemos com os problemas reais do nosso país (que não são poucos) e deixássemos cada um ter a orientação sexual que entenda.»

IX

NOVAS TENDÊNCIAS

O jornalismo e a imprensa escrita enfrentam as mais radicais transformações na sua história. Neste capítulo reúnem-se crónicas sobre algumas tendências que, bem aproveitadas, podem insuflar sangue novo, evitando uma lenta anemia.

Olhar para o jornalismo cívico
18/10/2004

Jornalismo narrativo
28/03/2005

Mudanças e proximidade
16/01/2006

Confortar os aflitos, afligir os confortáveis
09/10/2006

OLHAR PARA O JORNALISMO CÍVICO
18/10/2004

«HÁ JORNALISTAS que não sabem o que são as ONG» (organizações não governamentais). Esta afirmação de Francisco Sarsfield Cabral estimulou-me a questionar o director de Informação da Rádio Renascença e também Cáceres Monteiro, director da Visão, num debate recente organizado pela revista Fórum DC («D» de desenvolvimento e «C» de Cooperação). Perguntei a ambos se os jornalistas teriam alguma informação e oportunidades de reflexão sobre jornalismo cívico, assunto que havia sido introduzido por uma conferência de Jan Schaffer, directora executiva do Pew Center for Civic Journalism (http://www.pewcenter.org/). A resposta de ambos, negativa quanto à difusão e conhecimento deste tipo de jornalismo nas redacções, motivou a crónica de hoje.

O jornalismo cívico é um movimento que irrompeu nos EUA na década de 90. Uma das razões da sua aparição é a baixa credibilidade dos *media* na opinião pública americana. Numa sondagem citada por Nelson Traquina, realizada nos EUA, a maioria (63%) dos inquiridos afirmava que os media são frequentemente influenciados por pessoas e organizações poderosas. Essas influências têm sido infelizmente visíveis em Portugal ao longo dos anos, na ditadura de uma forma aberta e sistemática, depois nalguns Governos do pós-25 de Abril, tendo-se tornado agora muito cristalinas no grave conflito aberto pelas pressões que levaram à saída de Marcelo Rebelo de Sousa da TVI. A irrupção do jornalismo cívico está ligada à recuperação da credibilidade mas também à concepção de que o jornalismo deveria promover o desenvolvimento da cidadania.

Mário Mesquita considera que na origem desta teorização se encontram as teorias do «comunitarismo» e ainda «a crítica ao comportamento dos jornalistas perante a política e os políticos, entendida como uma atitude de "cepticismo" sistemático, susceptível de contribuir para o desinteresse dos cidadãos pela vida pública».

Quais são os traços distintivos do jornalismo cívico? Um dos mais consensuais será a preocupação de fundo com a cidadania e com as comunidades. Nesta linha caberia ao jornalismo cívico, segundo David Merrit, um dos seus promotores, uma importante contribuição para a revitalização da vida pública.

Alguns vincaram a ligação actual do jornalismo a uma prática de acompanhamento das elites, por exemplo, com o correlativo abandono dos outros cidadãos e das temáticas ligadas à vida das comunidades. Ilustrativos deste aspecto podem ser os projectos desenvolvidos pelo jornal Wichita Eagle. Em 1990, a partir de sondagens e grupos de discussão (focus groups), o jornal, associado a uma rádio e a uma televisão, fez a cobertura de uma campanha eleitoral a partir das questões identificadas pelos eleitores e não, como é tradicional, a partir dos temas sugeridos pelos candidatos. O jornal identificou assim a «agenda dos cidadãos», que serviu depois de base para as peças jornalísticas, o que altera a tradicional cobertura adversarial da luta política.

O terreno eleitoral foi assim o domínio de origem do jornalismo cívico. Depois, numa primeira fase, os projectos envolveram os cidadãos na deliberação colectiva sobre problemas gerais das comunidades e, numa segunda fase, actuaram em questões sociais específicas como as questões raciais, os problemas da imigração e da juventude.

Esta corrente de jornalismo não deixa apenas para a responsabilidade dos políticos a qualidade da vida cívica. Tem o mérito de tornar os jornalistas co-actores na melhoria da democracia, fazendo nisso a ponte com o outro vértice do triângulo: os cidadãos.

O abandono pelo jornalista da posição de observador para a posição participante é uma das críticas mais tecidas ao jornalismo cívico pelos defensores das práticas usuais de jornalismo.

Será o jornalismo cívico uma panaceia universal para curar os males das doenças graves do jornalismo de hoje? Não é seguramente, nem tal panaceia existirá. Mas poderá ser um fermento inovador em tempo de crise(s): crise na credibilidade, crise nas vendas, crise na participação cívica nos actos eleitorais e na vida comunitária. Haverá ainda quem pense que as pequenas coisas não podem ser motor de grandes transformações?

Investigação

Uma investigação sobre dez anos de jornalismo cívico pode ser consultada no site do Pew Center for Civic Journalism*. A investigação descreve os projectos em actividade e extrai algumas linhas de força desses anos de intervenção. O estudo conclui que, no período analisado, mais de 300 jornais americanos se envolveram em projectos de jornalismo cívico (um quinto do total). A investigação dá conta da consolidação de técnicas utilizadas, como os grupos de discussão e os fóruns colectivos de decisão, e refere também o aparecimento de projectos com interactividade *on-line* a partir de 1998. Uma das descobertas quantificadas é a de que a maioria dos projectos (56%) considera ter sido concebida para informar o público, tendo embora, simultaneamente, objectivos de envolvimento cívico. No relatório acentua-se o lado ambíguo desta constatação: por um lado, tal pode significar que a participação de alguns se faz com as ferramentas usuais; por outro, pode também querer dizer que uma maioria dos jornalistas se sente confortável nos dois modos de trabalhar. No impacto dos projectos assinala-se a dificuldade desta mensurabilidade, mas identificam-se alguns aspectos precisos, como, por exemplo, o uso dos projectos por outras organizações, o aumento de competências de cidadania para os envolvidos ou a influência sobre a formação de novas organizações, além de outros.

Livros

Nelson Traquina e Mário Mesquita, *Jornalismo Cívico*, Lisboa, Livros Horizonte, 2003. Este livro é uma colectânea de

---

* (http://www.pewcenter.org/doingcj/spotlight/index.php)

seis textos sobre este assunto com dois textos introdutórios: *Jornalismo Cívico: Reforma ou Revolução*, de Nelson Traquina, e *As Tendências Comunitaristas no Jornalismo Cívico*, de Mário Mesquita. Esta obra e o site do Pew são duas fontes essenciais de consulta para os que se querem iniciar no jornalismo cívico.

Sobre os jornalistas como actores sociais há o trabalho de mestrado do jornalista Joaquim Trigo de Negreiros, *Fantasmas ao Espelho: Modos de Auto-Representação dos Jornalistas*, Coimbra, MinervaCoimbra, 2004. O autor mostra como os jornalistas que colaboraram no trabalho se vêem sobretudo como disseminadores de informação e intérpretes da actualidade, rejeitando a função de entretenimento ou de construtores da realidade social.

JORNALISMO NARRATIVO

NA CRÓNICA ANTERIOR Alfredo de Sousa, professor, referiu-se à aproximação da escrita jornalística e da escrita literária: «*Sou dos que advogam que se deve escrever correctamente o português de forma a aproximar o jornalismo da literatura, utilizando as mesmas figuras de estilo ao dispor de quem escreve e, sobretudo, de quem esmera a escrita.*»

Jornalismo e literatura são campos gémeos, pois repousam na escrita, na análise das sociedades e na intervenção no espaço público. Se um romance pode dar retrato perene da sociedade, «*um bom jornal é a nação a falar para si mesma*», diz Arthur Miller, dramaturgo.

Reflectir sobre este tema lembra a relação de muitos escritores com o jornalismo e de muitos jornalistas com o mundo literário. Em Portugal, evoca-se Eça de Queirós e Ramalho

Ortigão ou Fernando Assis Pacheco e Baptista-Bastos, por exemplo. Inês Pedrosa começou no jornalismo, hoje é escritora reconhecida, tal como António Manuel Pina, dois entre muitos casos. Há autores consagrados simultaneamente nos dois campos, como Ernest Hemingway, correspondente na guerra civil de Espanha ou Georges Orwell.

Uma das vantagens de colocar lado a lado jornalismo e literatura é comparar a escrita jornalística com a escrita ficcional. Ambas são construções simbólicas, pois elaboram-se a partir da linguagem, símbolo entre os símbolos. No entanto têm éticas diferentes: o leitor espera factos descritos com verdade no jornalismo, mas não tem essa expectativa num romance. Sabemos que muitos romances foram forjados na experiência do escritor, caso de Hemingway com *Neves do Quilimanjaro*, nascido de expedições africanas. Noutros casos, essa experiência directa não existe: Augusto Abelaira contou-me, numa entrevista, que o seu mais festejado romance *A Cidade das Flores*, passado em Florença, foi escrito sem que o romancista tenha pisado solo italiano. Ora, um jornalista que finja ter estado em Itália e escreva uma reportagem será despedido, se trabalhar num *media* digno. Recorde-se o caso de Jason Blair, no *The New York Times*, jornalista que forjava as reportagens e as fontes e que teve esse destino. Ou seja, a ficção e a realidade são sempre relatadas por narrativas, por construções simbólicas. Mas umas, as da ficção, não têm que ser verdadeiras ou adequadas à realidade. Pelo contrário, a narrativa jornalística precisa de a reflectir, de ser verdadeira. No sítio do Sindicato dos Jornalistas lê-se: «*É certo que houve Pulitzers para histórias falsas, mas a existência dessas comissões (de verificação de factos) imprime ao jornalista um certo receio de ser descoberto caso ficcione um trabalho jornalístico*», afirmou José Mário Silva. *Admitindo que já se sentiu tentado a rematar uma reportagem com uma frase fictícia, o jornalista da* DNa, *revista-suplemento do Diário de Notícias, diz no entanto que nunca o fez, dado que «é preciso respeitar o pacto do jornalismo com a verdade».*

Esse pacto com a verdade é uma característica estrutural do jornalismo. Para os leitores o problema é fulcral. Para os jornalistas também. Mesmo que a verdade possa – e deva – ser questionada: alcançar-se-á alguma vez? Ou contará mais a sua procura? E poderão os modos da escrita jornalística evoluir para formas mais literárias, como sugere o leitor?

Alguns nisso apostam. Quem? Por exemplo a Nieman Foundation at Harvard University (http: //www.nieman. harvard.edu/narrative/) e a prestigiada escola francesa Sciences Po, que enveredou pelo ensino do jornalismo recentemente. Em Junho, as duas instituições organizam o que consideram «o primeiro seminário profissional na Europa» dedicado a este assunto. Na brochura de divulgação o jornalismo narrativo é situado com chamada aos pioneiros como Eugene Sue ou Mark Twain. Refere-se o renascimento nos anos 60 com Truman Capote, Norman Mailer e Tom Wolf (ainda recentemente Pedro Mexia escreveu no DN sobre o «novo jornalismo»). E lembra-se a sua penetração nas redacções dos jornais americanos, do *The New York Times* e do *Washington Post* aos jornais locais, revistas e outros media.

O jornalismo narrativo é caracterizado como próximo do documentário em muitos dos seus métodos: «*A estória é documentada com factos e conferida com as regras éticas do jornalismo. Mas o relato é apresentado de forma narrativa, com cenas, personagens, diálogos, uma voz e mesmo uma forma de resolução.*» Explica-se ainda que o trabalho jornalístico apresenta não só os factos (o senhor X morreu às 08.13) como também se refere aos acontecimentos que convergem para tornar esses factos relevantes (o assassinato do senhor X pode estar ligado com a dinâmica de violência no bairro). O jornalismo narrativo é apresentado como podendo envolver uma compreensão intelectual dos problemas, mas também pode revelar a sua dimensão emocional e provocar mesmo uma relação mais íntima com os acontecimentos.

Também se pensa que esta dimensão do jornalismo é muito útil para a compreensão de questões de grande complexidade como a globalização ou o impacto de uma lei. Da leitura atenta do programa do seminário fica-se com a ideia que as formas de escrita estão em evolução e podem trazer novos leitores.

Será uma boa ocasião para alguns jornalistas portugueses poderem desenvolver novos horizontes na escrita. Ou, talvez, melhorarem caminhos que já iniciaram.

Como parece ser o caso de Fernanda Câncio e Paula Cardoso Almeida que, no sábado, assinavam, no DN, um trabalho sobre a milícia que persegue homossexuais em Viseu. Impossível não ver algumas semelhanças entre o que foi escrito por estes jornalistas e o que se aflorou.

Palavra de socióloga

George Orwell, autor de *1984* ou *A Quinta dos Animais*, foi ainda recentemente lembrado por Filomena Mónica (*Público*, 20-03-05) também na sua dimensão jornalística: «*Se não tiverem tempo para mais nada, leiam apenas o seu jornalismo, a coroa de glória de uma ilustre carreira literária.*»

MUDANÇAS E PROXIMIDADE
16/01/2006

No dia 9 de Janeiro, o DN introduziu grandes mudanças no figurino habitual. Mais imagens, a procura de ritmos de leitura diversificados, nova distribuição da opinião nas páginas do jornal, novos colunistas e editorias, um caderno de Economia de segunda a sexta, suplementos e revistas criados de raiz ou modificados, uma opção assumida pela informação de proximidade, o olhar para a blogosfera de um modo mais activo. Tais mudanças foram explicadas aos leitores pelo jornal, no dia-a-dia, e foi inserido um desdobrável numa das edições da semana. Os leitores também se exprimiram, tendo sido publicadas algumas reacções na *Tribuna Livre*. Alguns leitores também se dirigiram ao provedor, como Helder Guégués: «*O* Diário de Notícias, *de que sou leitor há muitos anos, está, inequivocamente, melhor. O grafismo moderno e "limpo" convida ainda mais à leitura.*» Este leitor, autor de um blogue sobre língua portuguesa intitulado *Assim Mesmo* (http://letratura. blogspot.com), não se limitou ao merecido elogio. Apontou também alguns erros gramaticais e ortográficos evitáveis cometidos na edição inaugural. Referindo-se a um texto da nova secção, *Cidades*, apontava quatro:

1. «Frequentam a escola daquela freguesia do concelho de Loulé, rapazes e raparigas» (não pode ter aqui esta vírgula);
2. «Emigrantes que há algumas décadas atrás partiram para a Venezuela» (há décadas);
3. «Que delineou para os próximos três anos, um projecto educativo» (não pode ter aqui vírgula);
4. «Com aulas extra-curriculares» (extracurriculares).

E o leitor considera que «*tais erros, embora comuns nos políticos e no cidadão comum, são inadmissíveis num profissional cuja ferramenta de trabalho é a língua*».

João Pedro Fonseca, editor da secção, respondeu sem demoras. Esta atitude deve ser sublinhada, pois não é frequente os editores assumirem a resposta às interpelações dos leitores, deixando tal tarefa, quase sempre, aos jornalistas implicados. *«Tratei de falar directamente com o leitor, dando-lhe toda a razão nas correcções apontadas (...). Aproveitei até para informar este nosso leitor, que fiquei a saber que é revisor profissional, que vamos iniciar na secção Cidades algumas rubricas de interactividade com os leitores sobre temas relacionados com as vivências nas cidades. Respondeu-me prontamente elogiando a ideia e mostrando-se muito interessado em participar nessa relação com o jornal...»*

De sublinhar também esta dinâmica entre um comentário especializado de um leitor e as iniciativas redactoriais, bem como o reconhecimento dos erros, sem subterfúgios nem meias desculpas. *«Acho que é um exemplo de como uma falha (como tantas que acontecem diariamente) pode servir, se tivermos a humildade necessária para reconhecermos que erramos, para proporcionar uma ligação mais forte aos leitores»*, escreveu o editor.

Uma das modificações anunciadas e que começou a ser concretizada pelo DN foi a de dar atenção ao jornalismo de proximidade. E a referida editoria, *Cidades*, é expressão desse empenho, dando conta de acontecimentos e problemas do dia--a-dia de diversas comunidades em que os leitores do DN habitam.

O que é o jornalismo de proximidade? Os *media* têm efeitos contraditórios, pois aproximam o que está longe mas, simultaneamente, afastam o que está perto. É esta segunda tendência que o jornalismo de proximidade vem contrariar, procurando dar relevo informativo às «comunidades de lugar» onde a vida se desenvolve. A imprensa regional é o sector mais identificado com esta tendência. Um jornal nacional, uma rádio ou televisão podem também abrir informação de proximidade com os habitantes de uma zona ou de uma cidade do País, dando relevo a acontecimentos ou problemas que interessam mais directamente a esses cidadãos. Ainda por cima num tempo em que surgem novas formas de colaboração dos cidadãos com os *media* geradas pela facilidade de fotografar, de filmar em vídeo, de gravar em áudio ou de comunicar por escrito com os media tradicionais. Essa proximidade implica mais as comunidades, mas precisa de manter o rigor na escrita, a vigilância sobre as normas éticas e deontológicas e, ainda, o rigor na descrição da geografia física e humana dos locais objecto de notícia.

CONFORTAR OS AFLITOS, AFLIGIR OS CONFORTÁVEIS
09/10/2006

A GENERALIDADE da comunicação social sublinhou, do recente discurso do Presidente da República nas comemorações do 5 de Outubro, um recado dirigido aos autarcas. Alguns autarcas reagiram, argumentando que o discurso foi dirigido a todos e que a alusão a estes eleitos se justifica pela sua particular proximidade aos cidadãos. Sem tirar legitimidade a este enfoque, cumpre reflectir sobre o posicionamento da imprensa escrita e dos media nos dias de hoje, neste contexto.

A questão da corrupção, do papel da justiça na luta contra a corrupção, do envolvimento dos cidadãos na resolução deste problema e o papel da comunicação social nestes sectores podem ser excelentes motes para novos trabalhos noticiosos, mais variados e aprofundados. A corrupção e o papel da justiça foram alvo de algumas análises na imprensa. Ainda no sábado, o DN dedicou um *Tema* a este assunto. Nele podia-se perceber, entre outras coisas, que Portugal está, a nível internacional, melhor que 83% dos países (sinal positivo), mas que, desde 1998, o controlo da corrupção tem vindo a piorar continuamente (sinal negativo). António José Teixeira dedicou um editorial a esta questão: *«Portugal tem piorado significativamente no combate à corrupção nos últimos anos. Não tem havido vontade política, cultura de transparência, legislação adequada e apertada, combate articulado e punição atempada.»*

Cabe a todos um papel nesta luta que gangrena a vida social. O jornalismo não pode ficar a assobiar para o ar. Desde logo porque o seu dever é relatar o que se passa. Se existe corrupção é preciso marcá-la, identificá-la, chamar-lhe os nomes adequados. É vital trazer o capital simbólico da denúncia pública para dissuadir e manter a distinção entre o bem e mal, o serviço da causa pública e o desvio dos bens colectivos para fins ilegais ou pessoais. Seria injusto dizer que este papel não é cumprido. Os casos conhecidos e confirmados por investigações judiciais não são silenciados, antes pelo contrário. Não acaba aqui o trabalho da informação: há a reconstrução da confiança dos portugueses na justiça. Esta confiança terá que ser ganha, em primeiro lugar, pelos seus agentes. Porém, hoje, nenhuma imagem institucional se perde, se ganha ou se consolida sem os media. Por último, importa lembrar o papel desejado dos jornalistas na renovação da ética republicana, tal como foi assinalado pelo Presidente da República: «(...) *A influência que nos nossos dias a comunicação social adquiriu implica que os seus profissionais participem igualmente neste esforço de renovação da ética republicana. Exige-se da imprensa uma atitude de responsabilidade, rigor e isenção, pois o papel que ela desempenha na formação da opinião pública não se compadece com formas sensacionalistas ou populistas de tratamento da informação nem, menos ainda, com a divulgação de factos ou notícias sem qualquer correspondência com a realidade.*»

Este apelo será dificilmente ignorado pelos jornalistas. Por um lado, as asserções gerais que ele contém coincidem com o mais elementar bom senso e as boas práticas jornalísticas. Por outro lado, dadas as imensas dificuldades da imprensa de qualidade, todos os caminhos alternativos devem ser equacionados. E, um deles, pode ser o maior envolvimento dos cidadãos na discussão da causa pública, no esclarecimento das questões cruciais, na descoberta dos obstáculos do funcionamento da plena cidadania. Tais objectivos podem ser melhor conseguidos se for dada mais atenção ao jornalismo cívico, uma nova prática e filosofia do jornalismo iniciada nos anos 90, nos EUA*. Em Portugal, o pensamento crítico faz abortar muitas vezes as inovações. Considera-se que uma pequena mudança, que deveria ser experimentada e avaliada, está condenada à partida. Há uma convicção que o novo vem

---

* Em 18 de Outubro de 2004 escrevi uma crónica intitulada *Olhar para o jornalismo cívico*. Pode ser consultada em http://sotextosmesmo. blogspot.com/

substituir, na íntegra, o que existe. Ora, como escreve Bob Steele, do Poynter Institut, num artigo sobre ética*, o jornalismo cívico e o jornalismo tradicional podem coexistir em áreas, momento e dimensões distintos: «(...) *Um jornal pode mover-se da reportagem tradicional na questão dos cuidados médicos aos filhos de imigrantes para a posição de apoiar uma causa quando nenhuma outra organização ou entidade governamental responde a uma crise que está a fazer periclitar vidas humanas.*» Ou seja, pode haver momentos na prática jornalística que ajudem o jornalismo a dar a imagem de uma actividade social que também ajuda a resolver problemas e não apenas a descrever ou a alimentar conflitos. Um exemplo: há carros nos passeios de Lisboa que tornam a vida dura aos peões, em especial a pessoas com certas incapacidades. A Câmara Municipal não resolve, ano após ano a situação é pior. Porque não poderia um órgão de imprensa contribuir para resolver esta situação? Um jornal poderia tomar a iniciativa de mostrar como outras cidades resolveram o problema, fazendo uma conferência com tal finalidade. Aí esse problema seria analisado com a participação de especialistas, mas também de cidadãos que vêem a sua mobilidade diminuída.

Os utensílios para uma nova filosofia do jornalismo que ajude a resolver problemas andam no ar do tempo. O que faltará, a não ser a vontade, para se iniciar um esforço de pensar novas formas de participação dos cidadãos na informação e na resolução dos problemas comuns? O que faltará para experimentar novas soluções para um jornalismo habituado a mudar com a tradicional receita «mais do mesmo»? Dinheiro faz sempre falta para novos projectos, também. Mas com o mesmo dinheiro podem-se fazer estádios ou bibliotecas, universidades ou aeroportos, jornais para ajudar a mudar a vida dos cidadãos ou jornais que consagrem os consagrados. O que faltará para que a imprensa escrita de qualidade renasça com vitalidade?

---

* Consultável em http://www.poynter.org/content/content_view.asp?id=5594

Atrevo-me a considerar que, além da vontade, de algum dinheiro ou da sua aplicação com diferentes critérios, se possa juntar esta afirmação do jornalista e humorista Finley Peter Dune: «*O papel dos jornais é confortar os aflitos e afligir os confortáveis.*» Retome-se este programa de sempre do jornalismo, porventura caído no esquecimento.

X
ATENÇÃO AOS JOVENS

Nem sempre os jornais dão atenção devida aos públicos jovens, garantes da renovação dos leitores. No meu mandato, fui à Escola Secundária José Gomes Ferreira e à Escola Superior de Educação de Setúbal falar com alguns deles e reflecti algumas vezes sobre este tema vital para a imprensa escrita e os media. Este domínio deveria interrogar directores, proprietários e jornalistas: como poderemos chamar o público jovem, que está de costas voltadas para a imprensa escrita? A imprensa e os media deveriam dar atenção redobrada a esta constatação e aproximar-se, decididamente, de escolas e universidades. Afinal, grande parte deste público potencial está nestas instituições educativas.

Os jovens, os jornais e a educação para os media
04/10/2004

O DN visto por jovens
14/03/2005

O DN visto por alunos de jornalismo
09/05/2005

OS JOVENS, OS JORNAIS
E A EDUCAÇÃO PARA OS MEDIA

«A IMPRENSA TÓXICA reina sobre os homens», pode ler-se num texto de 1928, de L. Bethleem. O texto, dado a conhecer por Jacques Gonnet (no livro *Éducation aux média: Les controverses fécondes*, Paris, Hachette-CNDP, 2001), cita ainda a afirmação de que o homem se envenena pela leitura de jornais, sendo preciso fazer a sua educação. «O jornal tem um poder irresistível, e de certo modo mecânico, para se apoderar do leitor. (…) O jornal substitui-se ao cérebro do leitor, (…) fazendo-lhe um cérebro de papel.» É muito interessante o texto, pela desconfiança sistemática dessa época sobre a imprensa, sobre o poder «manipulador» dos jornais.

Hoje atribui-se sobretudo à televisão este pecadilho, deixando-se, em geral, à imprensa escrita maiores «virtudes», por fornecer uma informação mais crítica. Jacques Gonnet lembra, também, um pioneiro da introdução da leitura dos jornais na escola. Este, director das escolas de Salem, Missouri, em 1880, assinava 60 jornais diários, levando-os para a aula com o objectivo de os alunos fazerem leituras comparadas de notícias. Este professor americano sustentava a «necessidade de uma informação rigorosa para uma democracia activa».

Alguns em Portugal possuem programas ou iniciativas para estimular a leitura da imprensa na escola ou incentivam a autoria de textos escritos por jovens. É o caso do DN *Jovem*, por exemplo, do *Público na Escola* ou de um recente concurso de repórteres anunciado pelo *Expresso*.

O domínio da educação para os media é um terreno decisivo de actuação para a imprensa e para a escola.

Para a imprensa, pois parte da renovação dos leitores só se poderá vir a fazer pela entrada de leitores jovens. E estes têm de se conquistar por meios diversificados e lentos. Usar a imprensa como recurso pedagógico, fazer a sua leitura crítica e comparada, produzir textos escritos para publicação, pode ajudar a criar hábitos de leitura, a estabelecer laços entre quem ainda lê pouco e os jornais, os jornalistas e as empresas que os fazem.

Para a escola também é primordial, pois a escola é lugar de criação de sentidos sobre a vida, sobre o saber, sobre a informação, sobre o conhecimento. A escola é lugar de reflexão sobre o passado, e não pode deixar de o ser. Daí toda a urgência de «passar o testemunho» da história, da literatura, da ciência, dos valores que os que nos precederam viveram, discutiram e desenvolveram.

Mas a escola não pode fechar as portas ao presente, à actualidade que os jovens vivem, com um papel muito relevante dos media.

Melhorar a qualidade da escola também passa pela ligação ao presente, à informação de actualidade que os jovens absorvem fora da escola.

Essa informação cria-lhes representações sobre a vida social e a política, sobre a sexualidade e a justiça social, sobre as guerras e as fomes, sobre a amizade e o ódio.

A imprensa (e os *media*) não pode(m) deixar de ter um lugar, pequeno que seja, nos projectos de formação cívica da juventude. Porque agora os media já ocupam esse espaço. Só que sem ajuda, nem reflexão partilhada com os pares e com os professores no lugar institucional mais adequado, embora não exclusivo, para tal ser feito: a escola.

Cada jornal ou órgão de informação deverá ter os seus projectos próprios de ligação aos jovens. Identificando sistematicamente assuntos que possam atrair os mais novos à leitura dos jornais, estabelecendo programas de leitura crítica dos media, fazendo articulação de iniciativas entre o som, a imagem, a escrita e a leitura. Os *media* podem colocar, em certas condições, à disposição das escolas o saber profissional dos jornalistas. Podem fabricar utensílios na Internet e materiais curriculares de apoio. Mas será também preciso articular esforços entre os diferentes jornais e órgãos de imprensa para criar iniciativas conjuntas, como, por exemplo, a distribuição gratuita de jornais às escolas. Ou mesmo funcionar como «meio de pressão» para que as diferentes instituições educativas não esqueçam este desafio. É preciso contrariar a entrada «selvagem», indisciplinada dos media na escola, criando espaços, tempos, lugares e gestos de apropriação educativa da imprensa e dos media.

Noutros países

Em França há o Centre de Liaison de l'Enseignement et des Moyens d'Information (CLEMI). Trata-se de um organismo do Ministério da Educação que faz a articulação entre os media e a escola (http://www.clemi.org/).

De início mais centrado na imprensa, o CLEMI foi alargando a sua actividade à rádio, à televisão e à Internet.

Em Inglaterra o British Film Institut (http://www.bfi.org.uk/), equivalente ao Instituto de Cinema e Audiovisuais

(ICAM), é o pólo difusor da educação para os media tendo a linguagem cinematográfica como objecto central. Nos países escandinavos esta tendência também tem bastante representatividade.

O que é?

Uma das ideias agregadoras da educação para os *media* é a de ajudar os jovens a reflectir sobre a distinção entre a representação da realidade e os objectos. Esta concepção foi sobretudo defendida por Len Masterman e é por muitos considerada como o «coração» destes programas. Diz este autor (em *Teaching the media*, Londres, Comedia, 1985): «O primeiro princípio da educação para os media do qual tudo deriva é o de que os *media* são sistemas simbólicos que necessitam ser lidos de forma activa e não simples reflexos da realidade. Outra maneira de traduzir este princípio é dizer que a televisão, a imprensa escrita, o cinema, a rádio, a publicidade são construídos.»

O DN VISTO POR JOVENS
14/03/2005

«Um jornal é um livro em ponto grande com a diferença de que, em vez de tratar uma história, trata os problemas da Humanidade dando aos leitores informação».

Aluno da ESJGF, 16 anos

Há algum tempo que tencionava fazer leituras do jornal com leitores, especialmente com alunos do ensino secundário e superior. Em Fevereiro contactei o DN para saber se seria possível disponibilizar jornais para essa finalidade. Não tendo recebido resposta, resolvi iniciar o projecto com os meus meios. Solicitei colaboração ao director da Escola Secundária José Gomes Ferreira (ESJGF), em Lisboa, dr. Manuel Esperança. O assunto ficou resolvido prontamente.

Na sexta-feira, dia 11, num quiosque de rua, tentei comprar 15 jornais, para que cada dois alunos tivessem um DN para ler. A vendedora lamentou não mos poder vender, explicando não poder dispensar tantos exemplares. *«Há clientes habituais e recebo só 40»*, disse. Fiquei pelos dez, comprando mais noutro vendedor.

A turma do 10.º ano tinha 26 alunos, com 15-16 anos. A aula era de Regina Garcia, professora de Língua Portuguesa. Nenhum aluno sabia que havia provedores nos jornais, nem quais as suas funções. Também não tinham informação sobre o provedor de Justiça, consagrado na Constituição. Talvez por isso um dos alunos escreveu que *«gostaria de ver tratados nos jornais mais assuntos relacionados com a lei e os direitos dos portugueses, pois a população não está muito informada acerca desta temática»*. Os *media* e a escola têm que articular esforços. E aos jornais caberá melhor divulgar os seus provedores.

Referi brevemente as funções do provedor e a estrutura dos jornais, nomeadamente a importância da primeira página, a opinião e a informação como dois campos diferenciados, as diferentes secções do DN. Fez-se um breve exercício, com a identificação das fontes que estavam na origem de uma breve notícia *Nove golfinhos deram à costa*, publicada num dia anterior. Reflectiu-se sobre algumas leis da escrita jornalística. E passou-se à leitura do DN e à apreciação das suas secções e notícias.

«*Tem pouco humor o DN. Deveria ser mais humorado*», afiançou um grupo. «*Gostámos da secção de economia e negócios*», opinaram outros. «*O gráfico sobre o preço do petróleo chama a atenção. São coisas que afectam a vida das pessoas.*» Porém, não houve unanimidade quanto a esta secção. Um dos grupos sentiu-se sem sintonia com o modo como os assuntos são tratados, o que não surpreende. Outro grupo destacou a secção *Media e Televisão*, fazendo referência à notícia dos prémios de artes gráficas que o DN venceu: «*Tem imagens muito boas referentes aos prémios.*» Dois outros grupos centraram-se no gráfico das audiências das televisões. A secção mais nomeada foi a de *Desporto* : 11 menções em 26 possíveis, e uma maioria de rapazes. Foram ainda mencionadas como mais interessantes as secções de *Economia e Negócios* (quatro), *Media e Televisão*, *Internacional* e *Sociedade*, todas com três. O facto de estes alunos terem escolhido Ciências Socioeconómicas pode explicar as várias menções sobre a secção, independentemente dos seus méritos próprios. A escolha do *Internacional* também não deixa de ser um facto interessante: os alunos revelaram muita abertura e desejo para conhecerem o mundo. A *Sociedade* foi tida como próxima das pessoas, pelos assuntos tratados. Um grupo escreveu: «*Tem artigos interessantes, como é caso do artigo "Portugueses confiam no que é nacional".*» Outros destacaram um artigo sobre a obesidade. Houve também menções ao especial sobre o 11 de Março (dois), ao *Nacional* e às *Artes* (um). Outra apreciação relevante foi a de um aluno ter considerado que as notícias se lêem com facilidade, pois, em geral, são curtas, não longas, como noutros jornais.

As críticas também foram algumas: «*Muitas páginas referentes à política, especificamente ao Sócrates.*» «*O Nacional era*

só política, mais nenhum assunto.» «*Alguns títulos não suscita-*
ram para nós interesse.» A *Economia e Negócios* foi o que mais
desagradou a três grupos. Mesmo o *Desporto* foi alvo de críticas. «*Não fala do Benfica-Porto em hóquei em patins. Devia ser*
mais desenvolvida esta secção.»

Saí da escola com a sensação de que aqueles jovens se inte-
ressaram pelo DN e pelo jornalismo durante o breve tempo
passado em conjunto. Nos textos feitos pelos alunos quase não
havia erros, ao contrário do que se proclama. Fico com a sensação de que algumas apreciações podem, aqui e ali, parecer
ingénuas. Mas no fundo serão muito diferentes, quiçá melhores, mais articuladas, as representações que outros grupos
revelariam sobre o DN? Serão mais estruturadas com públicos
mais velhos, ou mais especializados. Mas foram cheias de bom
senso e de juízo crítico as apreciações que recolhi. Para fazer a
prova dos nove, nada como experimentar num futuro próximo com outros grupos.

O DN poderia sintonizar mais o seu conteúdo e os seus
processos com os seus leitores reais e potenciais. Seria possível
conhecer mais a fundo como o jornal é ou não adequado aos
públicos, sabendo como é construído pelos leitores. O jornal
não se esgota na sua execução na Avenida da Liberdade e nos
outros pontos do País onde há jornalistas. Apenas toma forma
efectiva na sua interiorização pelos leitores.

Palavras de jornalista

Distribuí na sessão um texto de uma página adaptado de
um livro editado pelo Centro de Formação e Aperfeiçoamento
de Jornalistas francês (CFPJ). Revelou-se um instrumento útil
para os alunos interrogarem alguns dos assuntos tratados no
DN. O tsunami e o atentado de Madrid foram questionados na
sua concordância e discordância com estas regras.

Eis quatro leis da escrita jornalística, segundo os autores
franceses:

Lei da proximidade geográfica. O leitor concede tanto
mais interesse a uma informação quanto mais essa informação

diz respeito a algo que se passa na sua proximidade. No domínio do *fait divers*, a lei também é conhecida por lei do morto por quilómetro: um morto no local de vida do leitor interessa-lhe mais do que cem mortos a dez mil quilómetros.

Quando um jornalista de um jornal nacional ou regional tem que escrever sobre um acontecimento longínquo, tenta sempre fazê-lo sob o prisma das realidades próximas: repercussões para o país ou região, testemunho de uma pessoa do país ou da região presente no local do acontecimento relatado, etc.

Lei da proximidade cronológica. O leitor interessa-se prioritariamente pelo futuro próximo e pelo presente, depois vêm por ordem o passado próximo, o futuro longínquo e o passado longínquo. O jornalista começa portanto o seu artigo pelas consequências do acontecimento relatado, ou pela constatação da situação presente, para em seguida evocar as suas causas ou origens.

Lei da proximidade psicoafectiva. Tudo o que toca a sensibilidade do leitor, auditor ou espectador ajuda a passar a informação: a vida, a morte, o amor, o ódio, o sucesso, o insucesso e... o dinheiro. Os aspectos humanos são por isso terreno de eleição para os jornalistas. O concreto é sempre preferível ao abstracto, o particular ao geral.

Lei das proximidades específicas. Estas visam um público específico. Uma revista dirigida aos adolescentes privilegiará os seus centros de interesse: banda desenhada, jogos de vídeo, cinema, amor, sexualidade, vida na escola, etc.

Estes públicos específicos podem depois ser objecto de distinções mais finas: as raparigas adolescentes têm seguramente centros de interesse diferentes dos rapazes.

Nota Adaptado de Philippe Bachmann (1994). *Communiquer avec la presse écrite et audiovisuelle.* Paris: CFPJ

«UM JORNAL é um importante meio de acesso à informação nacional e internacional e que pode ser acessível a todos. É também uma maneira de dominar certos assuntos que são notícia todos os dias.» Foi assim que uma aluna da licenciatura em Comunicação Social da Escola Superior de Educação de Setúbal, especialidade jornalismo, definiu o que é um jornal numa sessão realizada no dia 22 de Abril. Um pequeno grupo (nove alunos), dois professores (Ricardo Nunes e José Lechner), o provedor do leitor do jornal electrónico *Setúbal na Rede*, Brissos Lino, acolheram o Provedor do DN para informação sobre a sua actividade. Os estudantes fizeram uma análise ao jornal do dia.

O grupo referenciou características da imprensa escrita. O jornal foi definido como os «*vários estilos jornalísticos, (...) a notícia, a reportagem, as entrevistas*» e a inclusão de artigos de opinião. Outra visão sublinhou a «*actualidade*» como a primeira obrigação dos jornais, embora deixando uma porta aberta a «*assuntos intemporais*». Uma aluna destacou que a «*informação deve ser dada com rigor, objectividade, clareza, deve, acima de tudo, representar a verdade.*» Outros preferiram comparar com a rádio e com a televisão considerando que o tratamento da informação pela imprensa escrita é «*mais abrangente*» do que a desses meios. Referiu-se o suporte papel como elemento característico (mas as versões *on-line* existem...) bem como a «*arrumação*» dos factos noticiosos em temas ou secções. Sublinhou-se a formação da opinião, o poder ir buscar bases para «*uma interacção com os outros, pois sem informação é difícil manter uma conversa com as pessoas que nos rodeiam*». Em suma, existe um conjunto de percepções que consagra uma visão equilibrada do que é um jornal.

O *Diário de Notícias* do dia foi também objecto de análise. O que mais agradou aos leitores/alunos foi o *Tema* dedicado à Festa da Música: quatro menções o referiram. Um deles sublinha mesmo ser «*sempre bom ver a cultura em destaque, pois são raras as vezes em que tal acontece*». Nesse dia, houve também um destaque de primeira página com o título *Mais de mil professores investigados por atestados falsos*. Um aluno referiu-se à importância de as questões relacionadas com a educação serem mantidas na agenda e não serem apenas objecto de atenção sazonal, sobretudo no início do ano lectivo. Um outro referiu-se ao facto de o assunto ter sido «*manchete*». Um texto sobre a sociedade da informação foi também qualificado com agrado.

O elemento de maior desagrado foi a capa do dia com cinco menções negativas. Uma das críticas incidiu no «*excessivo destaque dado ao conteúdo dos suplementos do DN*». Uma outra crítica incidiu sobre o mesmo assunto, pois assinalou as fotografias de Marisa e de José Miguel Júdice, que ilustravam a primeira página, como sendo desadequadas. Eram estas fotografias que remetiam para o suplemento, o DN**a**. Ou seja, uma «*notícia*» de primeira página era, em parte, a «*promoção*» de um suplemento do DN, o que cria – como foi o caso – alguma possibilidade de confundir tal promoção com o facto noticioso. O que não é desejável para a afirmação clara do campo informativo. E, agora de um outro ângulo, é verdade que o instantâneo ganha maior naturalidade nas páginas de informação por contraposição às fotografias de pose (o que era o caso). Aliás a escolha das imagens, em geral, foi motivo de desagrado. Um dos exemplos dados referiu-se a uma fotografia ilustrativa do lançamento da candidatura de Carmona Rodrigues à Câmara Municipal de Lisboa, que alguns consideraram não dar o suficiente destaque ao candidato, diluindo-o no aparato mediático que o rodeava. Embora seja discutível sempre se esta ou aquela imagem pode ilustrar melhor ou pior este ou aquele assunto, foi interessante ver que existia tal preocupação nos leitores do grupo de foco. O *Livro de Estilo* do jornal consagra: «*A ilustração mais comum no DN é a fotografia, mas qualquer texto pode ser acompanhado com outra imagem, como um infográfico, um* cartoon*, etc., que deve relacionar-se com o texto e constitui um elemento tão importante como o título, por exemplo, para atrair ou afastar o leitor.*» Coisas que se sabem, mas nem sempre serão devidamente respeitadas no DN. Basta olhar esta crónica, uma ou outra vez ilustrada de forma insólita. Uma terceira crítica dirigiu-se à excessiva mediatização à volta do novo Papa, crítica que foi expressa por três dos participantes. Um deles afirmou: «*Há notícias e várias colunas de opinião dedicadas ao cardeal Ratzinger. Acho que já está na altura de dar algum "descanso" ao tema.*» É certo que a referência à opinião alivia a responsabilidade editorial, pois a direcção, como os editores, não pode decidir sobre os assuntos escolhidos pelos colunistas. A adequação de um título ao conteúdo da notícia, *Portugal vai mesmo receber o Dakar*, foi discutida, pois, no momento, ainda não havia decisão segura sobre tal realização. Um dos membros do grupo considerou que o *tema* Festival da Música não era de relevo e simultaneamente considerou que a importância dada ao *Desporto*, apesar das quatro páginas, seria insuficiente.

Alguma atenção foi também dada às secções do DN. A mais citada foi *Media e Televisão* (5), *Tema* (4) e *Desporto* (4), *Sociedade* (2), *Nacional* (1), *Internacional* (1) e *Artes* (1). Natural a atenção dada à secção *Media e Televisão*: «*É importante estarmos atentos ao que se passa no mundo mediático, onde iremos entrar dentro de pouco tempo.*» Quem poderá discordar?

Palavras de futuros jornalistas

Como se diz no corpo do artigo, a secção *Media e Televisão* foi a mais citada. Se no dia-a-dia há muitos motivos de interesse na secção, nesse dia os alunos não deixaram passar as notícias sobre a tese de Jacinto Godinho, sobre a greve na RTP, olharam para a divulgação do trabalho de Gustavo Cardoso sobre a sociedade de informação que se estendia por duas páginas, ou assinalaram o artigo de Miguel Gaspar *Esta notícia é repetida, estime-a.* Apesar dessa atenção «profissional», ninguém chamou à colação a notícia *A carta que o Público não quis publicar* também inserida na secção, como outras peças ainda (*Lusa garante jornalismo cultural*, por exemplo). Dá ideia que a leitura dos alunos se fechou nas primeiras quatro páginas da secção. E, no dia, a secção estendeu-se por seis páginas. Trata-se de uma mais-valia do actual DN, a secção dos *Media*. O interesse pelo *Tema* foi justificado em função do relevo que importa dar à cultura e ao interesse demonstrado em relação à Festa da Música em particular. Quem esteve no CCB, nesses dias, viu muitos jovens a ouvir música clássica. O Desporto foi quase sempre justificado pelo interesse pessoal: «*Como amante do desporto, dou particular importância em qualquer jornal a esta secção.*» A secção *Nacional* foi escolhida «*pela variedade dos assuntos (...) desde a antevisão do congresso do PP à questão do aborto*».

XI

ZONAS DE RISCO

O jornalismo, como todas as profissões, tem as suas zonas de risco. Identificá-las foi fácil graças à contribuição dos leitores. Trata-se de fazer notícias ou publicitar? Ter autonomia de decisão ou deixar que o marketing tome conta de características essenciais do jornal? Escrever sobre tudo ou ter alguma prudência, evitando envolver-se em conflitos de interesses do jornal ou do jornalista, ou pelo menos, dando-os a conhecer ao leitor?

UM AZUL IRRESISTÍVEL

COLETTE, escritora francesa, escrevia os seus textos em folhas de papel azul. Michel Pastoreau *, um estudioso da cor, diz que «*todos os desenhos infantis, todos os mapas geográficos, todas as*

---

* Pastoreau, M., *Dicionário das Cores do Nosso Tempo: Simbólica e Socie-dade*, Lisboa, Editorial Estampa, 1993. É um livro fascinante e que não tem que se ler de fio a pavio. Escreveu também um livro sobre o azul (*Bleu, Histoire d'une couleur*, Paris, Éditions du Seuil-Points, 2002).

imagens que põem em cena o mar, os lagos, os rios e até mesmo a chuva associam a água e o azul». Mas, «*quer seja limpa ou suja, viva ou adormecida, fluvial ou marítima, quer corra de uma fonte, de uma torneira ou de uma garrafa, a água verdadeira nunca é azul».* Fica-se abalado nas convicções de tanto confundirmos a água... com a sua representação. O autor mostra que o azul é a cor preferida da população ocidental de hoje, a cor do longínquo (o céu), do sonho, do amor, da fidelidade, da paz, das organizações internacionais. Mas não faz quaisquer referências a Colette, nem à imprensa portuguesa. Esta última passou a ser merecedora de uma justificada referência: o azul tingiu literalmente as bancas de jornais na quarta-feira passada. Jornais generalistas e jornais desportivos, jornais de referência e jornais populares, quase todos se vestiram de azul. Nos que consultei havia quatro páginas azuis: a capa, a página dois, a penúltima e a última páginas. Escaparam os jornais económicos (que ironia!) e os semanários. Porquê esta «azulite» generalizada? Tratava-se de publicidade a um dos operadores de telemóveis. E também do reconhecimento de que a cor de uma marca, neste caso o azul, pode interferir com o jornalismo *. Podemos imaginar que o laranja e o vermelho dos outros operadores irão desencadear uma legítima concorrência, o que poderá mudar, de novo, a roupagem da imprensa que lemos.

O Sindicato dos Jornalistas considerou «*chocante a submissão dos órgãos de comunicação ao recurso publicitário utilizado*», já que o fundo azul da referida campanha se prolonga por «*páginas estritamente editoriais*», agravando o «*risco de confusão entre conteúdos jornalísticos e mensagem publicitária*». E o sindicato fez «*um apelo veemente*» às direcções dos jornais, aos conselhos de redacção e aos provedores dos jornais para que «*encetem uma reflexão séria sobre os limites da publicidade*».

---

* Guimarães, L., *As Cores na Mídia: a Organização da Cor-Informação no Jornalismo*, S. Paulo, Annablume, 2003.

O Estatuto do Provedor dos Leitores do DN permite que esta coluna possa incidir sobre assuntos de importância geral para os media. Acresce que há leitores indignados, sindicalistas, neste caso. Publicamente, incitam várias entidades, entre as quais os provedores de jornais (que são escassos...), a pronunciar-se sobre esta iniciativa.

Tenho uma posição genericamente favorável em relação à publicidade. Considero esta um elemento que permite aos cidadãos fazerem escolhas mais fundamentadas e terem uma ideia sobre certas propriedades essenciais dos produtos. Isto apesar de as técnicas publicitárias darem, em geral, uma valorização excessiva às qualidades atribuídas ao que anunciam. No caso presente, o problema é outro. O que está em discussão não é a legitimidade da publicidade na imprensa, que ninguém questiona. Os jornais de circulação gratuita são financiados pela publicidade e parte substancial das receitas dos jornais vem das receitas publicitárias e dos encartes, profusamente vendidos. Se assim não fosse, os jornais poderiam custar bem mais caro aos leitores. Neste caso, o que está em causa é a penetração avassaladora da publicidade em páginas editoriais, alterando, de forma radical, o quadro habitual de leitura da informação. Segundo Leandro Marshall [*], «*a ideologia publicitária chega a determinar hoje as próprias composição, organização e distribuição dos espaços nas páginas dos jornais. Pesquisas académicas comprovaram que o efeito da publicidade e o crédito que o leitor lhe atribuirá dependem do local onde o anúncio for exposto e da proximidade deste com a parte redactorial.*» Ora, os anunciantes sabem que a credibilização do seu produto ganha com a aproximação do espaço informativo. E os jornalistas, editores e directores sabem que os livros de estilo e os códigos deontológicos aconselham, em geral, uma separação bem marcada entre a matéria noticiosa e a publicidade. Isto para não se criarem dúvidas nos leitores, ouvintes ou telespectadores.

---

[*] Marshall, L., *O Jornalismo na Era da Publicidade,* S. Paulo, Summs Editorial, 2003.

Compreende-se a lógica de tal separação, pois à publicidade se conferem qualidades persuasivas, aspecto ausente nos manuais e na prática do jornalismo. É certo que a matéria informativa não foi influenciada pelo azul que serviu de fundo. Mas houve alteração dos quadros de referência visuais. E houve uma proximidade entre o fundo (publicitário) e a forma jornalística. Nalguns casos, deu-se o deslocamento da última página e a redução de espaço editorial na primeira (caso do DN). A perda da imagem visual própria, feita de contraste de cores no fundo usado quotidianamente, não favoreceu os leitores nem os jornais. O mesmo se pode dizer da uniformização de imagem dos jornais, como assinalou Ruben de Carvalho, no sábado. Tais alterações levam-me a considerar que a operação, certamente útil para os cofres, não favoreceu o capital simbólico da imprensa.

Alguns sustentam que este problema económico é insuperável. As telecomunicações estão a abarrotar de dinheiro, os jornais sem capacidade económica. Parece um diagnóstico certo. Só que as políticas editoriais não podem ser feitas sob o desígnio dos poderes da economia, nem da política, nem das modas, nem dos poderes corporativos de uns e de outros. São os critérios editoriais que definem os jornais, dando-lhes uma identidade apreciada pelos leitores, que escolhem um destes, entre a oferta do mercado. E onde cabe toda a publicidade, desde que claramente demarcada da informação. Como ainda aconteceu no sábado, dia 1, no DN: as páginas 10, 11, 12 e 13 eram inteiramente azuis e... celestiais.

Palavra de Provedor

Perguntei a Jeffrey Dvorkin, ex-presidente da Organization of News Ombudsmen (ONO) se conhecia casos semelhantes. A resposta foi: «*Não, nos EUA não há publicidade na primeira página, é limitada ao interior. O vosso caso faz-me lembrar alguns jornais franceses ou mesmo alguns jornais regionais importantes.*»

Palavra de Provedor

Um outro exemplo desta influência das actividades económicas nas políticas editoriais é o dos convites que levam a imprensa a cobrir determinados acontecimentos. Nalguns livros de estilo consta hoje a obrigação de o jornalista dar a conhecer que viajou a convite da entidade financiadora da deslocação e/ou estada. O que é melhor que nada dizer, mas não chega. Marcelo Beraba, provedor da *Folha de S. Paulo*, escreveu em 18 de Setembro uma crónica intitulada «A convite», e na qual se referia a um caderno de turismo da *Folha* que tinha como principal assunto a cidade de Rio das Ostras, no litoral fluminense. «*A* Folha *informou na reportagem que viajou para Rio das Ostras a convite da Abih RJ (Associação Brasileira da Indústria de Hotéis no Rio de Janeiro) e da Secretaria de Turismo, Indústria e Comércio de Rio das Ostras. Marcelo não considera que a informação sobre o convite dê credibilidade ao que é escrito: "O leitor perde, obviamente, porque, por mais isento e transparente que o jornal seja ao admitir que viajou a convite, sempre fica a certeza de que aquele ponto turístico está sendo recomendado por oportunismo, e não por critérios editoriais. Os cadernos de turismo ganharão credibilidade quando tiverem orçamentos próprios que lhes permitam libertar-se da dependência que os atrela, hoje, aos interesses da indústria turística. O jornalismo brasileiro ainda precisa dar esse passo".*» Julgo que o jornalismo português também precisa de dar esse passo, neste aspecto. E não só no turismo...

CONFLITOS DE INTERESSE
10/04/2006

O leitor José Sá parte de uma notícia sobre um festival de cinema, o de *Mar de la Plata*, na Argentina, para questionar o provedor:

«**1.** *O sr. jornalista Rui Pedro Tendinha foi membro do júri de um festival de cinema, juntamente com outros dois jornalistas, representando a "imprensa internacional" presente nesse festival.*

2. *Este jurado atribuiu a distinção de melhor filme a uma produção portuguesa.*

3. *O sr. jornalista Rui Pedro Tendinha, ao noticiar a atribuição do prémio, não informa os leitores do DN de que é um dos três membros do júri que deliberou a atribuição desse prémio.*

(...) Acho este comportamento inaceitável, não me parecendo sequer necessário invocar quais os elementares princípios éticos e deontológicos que foram aqui violados.

A minha opinião é que os leitores merecem um esclarecimento e um pedido de desculpas.

Gostaria de conhecer a sua.»

Eurico de Barros, editor das artes, esclareceu prontamente: «*O Rui Pedro Tendinha é colaborador ocasional e não redactor do quadro. Não sei, sinceramente se em casos destes é necessária ou recomendável a menção que o leitor refere. Seja como for, o júri a que ele pertenceu não atribuiu prémios oficiais, mas sim paralelos. Parece-me que o leitor deveria ter ficado mais satisfeito por o cinema português ter sido premiado oficialmente num festival com a dimensão do de* Mar del Plata, *do que aborrecido com este detalhe...*» António José Teixeira, director do DN, acrescentou ainda que «*o colaborador limitou-se à notícia e não à avaliação dos filmes*».

Um primeiro aspecto a considerar é o facto de Rui Pedro Tendinha não ser jornalista do DN, mas colaborador externo. Tal qualidade não pode ser invocada pelo jornal, e de facto não o é, para defender qualquer estatuto privilegiado dos colaboradores.

Alguns aspectos invocados pelo leitor não podem ser objecto de apreciação pelo provedor pois saem fora da sua esfera de acção. Por exemplo, num segundo *e-mail*, o leitor invoca que existia uma cláusula no regulamento dos festivais da Eurovisão que não permitia aos júris nacionais votarem na canção que representava o seu país. Ora, um festival com renome internacional como o de *Mar de la Plata* terá critérios próprios para delimitar eventuais conflitos de interesse entre os membros do júri e os filmes que estão a ser julgados. Não cabe ao provedor analisar esses critérios, mas apenas a matéria noticiada. Além disso, como o leitor sublinha, o crítico estava em representação da imprensa internacional, juntamente com dois outros jornalistas e não como representante nacional.

O questionamento do leitor tem razão de ser, embora esteja formulado de modo demasiado assertivo. Saber que Rui Tendinha foi membro de um júri, mesmo paralelo, daria origem a leituras mais complexas. A informação tem que ser rigorosa e, em certas condições, incluir detalhes sobre a sua produção. Dar a saber quem ganhou no festival, mas também, por exemplo, quem foram e como foram escolhidos os jurados.

O jornalista que escreve foi a expensas do órgão de comunicação ou pago por alguma empresa ou instituição? Assim, nos últimos dias, estalou uma polémica sobre o pagamento de viagens e ajudas a jornalistas de países da União Europeia, entre os quais Portugal, ajudas que se destinam a assegurar a cobertura das actividades do Parlamento Europeu.

Dar informação deste tipo é um dever de transparência face aos leitores e um dos caminhos para a maior qualidade da informação. É simultaneamente uma via para que a imprensa paga possa vencer o desafio da informação gratuita e de qualidade que, sobretudo a Internet, disponibiliza, facilmente, aos cidadãos.

Uma das reflexões mais necessárias e urgentes no jornalismo, em Portugal, é sobre os conflitos de interesse a que o jornalismo dá lugar. Sejam estes conflitos de interesse reais ou aparentes, importa sempre esclarecer os leitores, pois o jornalismo é também o modo como é percepcionado pelos cidadãos.

Os jornalistas estão sempre prontos a ver conflitos de interesse noutras práticas profissionais. Perceber-se-ia se estivessem pouco inclinados a reflectir sobre os conflitos de interesse que se podem colocar na sua profissão?

Provedores e qualidade

Numa conferência proferida por Jean-Marie Colombani, director do diário francês *Le Monde*, na Universidade Nova de Lisboa, este defendeu que os jornalistas vivem actualmente uma «angústia existencial» devida ao aparecimento da Internet. Os jornalistas estão a compreender que outros actores, nomeadamente os cidadãos comuns, estão a informar-se de formas alternativas, não dependendo necessariamente da imprensa--papel. Os cidadãos terão mesmo hoje formas de produzir informação, por vezes de qualidade. Tudo isto altera o estatuto do jornalista e, sobretudo, o seu anterior monopólio de criadores de informação. Por outro lado, a maior parte da informação na Internet é gratuita, havendo ainda um segmento crescente também de imprensa escrita gratuita e até doutros suportes. Esta informação não paga estaria a criar uma situação difícil para a informação que custa dinheiro aos utilizadores. Ou seja, para a imprensa paga sobreviver terá que acrescentar algo que seja uma mais valia à informação gratuita. Jean-Marie Colombani considerou que a imprensa paga terá obrigatoriamente de elevar os padrões de qualidade. O director do *Le Monde* não se manifestou favorável à existência de entidades reguladoras externas, preferindo que cada órgão de comunicação social faça um trabalho exigindo de si próprio a elevação desses padrões de qualidade. E referiu os provedores como um dos elementos que podem aumentar esses padrões de exigência ao tornarem pública a crítica e a reflexão sobre o jornalismo que se pratica. É interessante que Jean-Marie Colombani reconheça este importante papel aos provedores. Um argu-

mento que circula em Portugal entre alguns jornalistas e directores ou responsáveis editoriais é o de que o diálogo se pode
fazer directamente entre jornalistas e leitores. Não só pode,
como deve. Tal diálogo tem outra natureza. A intervenção do
provedor introduz uma mediação entre o jornalista e o leitor e
torna público esse debate.

ZONA DE RISCO
24/04/2006

O leitor António Dias escreveu ao provedor: «*Leio a edição electrónica do DN. Nesta, é publicado, sem indicação de que se trata de publicidade, um artigo que, objectivamente, o é, intitulado* A arte de bem receber num espaço de qualidade.» O artigo é assinado por Luís Manuel Cabral e foi inserido no caderno *Economia* do dia 7 de Abril. Duarte Calvão, o editor, respondeu: «*Como responsável editorial pela página Lazer, onde saiu o referido artigo, considero que a interpretação do leitor, apesar de compreensível, não é correcta. É compreensível porque este tipo de secções (tal como a Boa Vida, de que também sou responsável) procura dar indicações claras ao leitor sobre lugares concretos como restaurantes, hotéis, lojas, etc. Ou recomenda vinhos, alimentos, passeios. Com telefones, moradas, preços e tudo o que ajudar o leitor a, no caso de o desejar, seguir a sugestão. Por isso, está numa zona de "fronteira" deontológica, onde vale sobretudo a credibilidade de quem escreve e do próprio jornal.*

Para ser publicidade, teria que ter algum tipo de contrapartida financeira, o que obviamente não aconteceu neste caso, como nunca aconteceu nos mais de sete anos de página Boa Vida. Ou então a contrapartida poderia ser um convite para uma estada num hotel, uma viagem, um presente. Também não foi o caso e sempre que alguém escreve nestas páginas depois de ter sido convidado para, por exemplo, conhecer um hotel sobre o qual poderá escrever ou um jantar num restaurante que está a apresentar novos pratos, esse facto é referido no artigo. A interpretação do leitor é também compreensível porque a linguagem utilizada pelos jornalistas destas secções por vezes foge para a adjectivação, saindo da "secura" informativa que outro tipo de textos jornalísticos implica. Mais uma vez reconheço que estamos numa "zona de risco" e, embora procure dar sempre prioridade à parte informativa (como aliás o artigo em causa demonstra), certos títulos ou expressões mais apelativas podem ser mal interpretados. Mais uma vez vale a credibilidade do jornalista e do

jornal. E como em mais de sete anos a escrever sobre estes assun-
tos no DN é a primeira vez que alguém acusa estas secções de
"publicidade encapotada", penso que a grande maioria dos leito-
res compreende as especificidades deste género de jornalismo.»

A resposta do editor Duarte Calvão assume que a imprensa, neste sector, exerce a sua actividade numa zona de risco. Neste como noutros terrenos, existem caminhos para a superação desses riscos elevados. Um deles é assumir regras internas que permitam aos leitores conhecerem os limites éticos e deontológicos em que se movem os profissionais da informação. Os livros de estilo ou códigos de ética são peças indispensáveis para que a deontologia seja assumida pelos profissionais e para que os leitores melhor se possam apropriar da informação. Ora, no DN, não existe uma versão actualizada do livro de estilo, o que diminui a coerência do trabalho dos jornalistas, complica a leitura da informação pelos leitores e dificulta o trabalho do provedor.

O editor compreende o que incomoda o leitor, felizmente. De facto, o tom da peça não sugere aos leitores qualquer distância ou apontamento crítico em relação ao local descrito, a Quinta do Roseiral. Os leitores entram numa narrativa que deixa a ideia de que, se há paraíso, deve ser semelhante ao espaço a que se refere a notícia. «Extensos jardins de Inverno», «cascatas», «lagos», «floresta», «reserva ecológica» e até «viveiros de aves exóticas», dão ao local uma imagem idílica. Mas é para que bolsas? O atendimento é melhor que noutros locais do mesmo tipo? Os acessos são fáceis? Que públicos vão sentir-se bem neste espaço? Disso nada sabemos. Como também desconhecemos se clientes que organizaram algum evento ficaram plenamente satisfeitos ou têm reservas a fazer sobre os serviços.

Este tipo de jornalismo é, nos dias de hoje, indispensável para ajudar os cidadãos a decidir sobre os seus lazeres ou mesmo sobre eventos ligados à profissão. Mas deve incluir elementos avaliativos que permitam aos leitores juízos informados de aproximação ou afastamento e não apenas um impulso para o consumo.

A custas próprias

A referida reportagem, diz o editor, foi feita sem quaisquer pagamentos ou convites da parte da entidade noticiada. É inegável que um jornal, tal como escolhe assuntos políticos ou económicos, pode e deve informar os seus leitores sobre hotéis, restaurantes ou outros quaisquer locais de diversão e lazer. Mas terá que usar critérios claros, a custas próprias e com informação crítica, incluindo juízos de avaliação. A informação ao leitor de pagamento ao jornalista de uma viagem, de uma estada ou de outra qualquer vantagem por quem tem interesse na notícia é um princípio de transparência. Será suficiente para um órgão de comunicação social que queira manter padrões elevados de qualidade? Jornais como o *The New York Times* (http://www.nytco.com/ company-properties-times-coe.html) ou *Le Monde* rejeitam estas ofertas.

O exemplo do NYT

O guia com as regras éticas e deontológicas elaborado pelo *The New York Times*, em Setembro de 2004, centra-se nos conflitos de interesse possíveis no jornalismo. Assim, nenhum jornalista ou editor pode aceitar serviços gratuitos, ou com descontos, de nenhum elemento das indústrias cobertas pela secção *Viagens*. «*Isto inclui hotéis, resorts, restaurantes, agências de viagens, companhias aéreas, caminhos-de-ferro, cruzeiros, companhias de aluguer e de atracção turística.*» E noutro preceito diz-se que «*os jornalistas em missão de trabalho para a secção* Viagens *devem esconder a sua filiação ao jornal, pois a validade do seu trabalho depende da sua experiência como turista ou consumidor vulgar*». Parece simples e razoável. Os jornalistas convidados, em Portugal, escrevem, certamente, com independência e rigor crítico. Mas, para o *The New York Times*, tanto faz haver um conflito de interesses como parecer que esse conflito existe.

Recusas

Num apêndice ao referido guia são sugeridos aos jornalistas e editores dois modelos de carta para a rejeição de prendas ou mesmo, em certos casos, de prémios.

Joana Imaginário - Francisco Lança

O LEITOR JORGE PIRES, autor do livro *Um Futuro Maior*, escreveu ao provedor sobre uma referência feita ao seu livro, no caderno *6ª*, do DN de 2 de Junho. Este é editado por Nuno Galopim e o texto contestado é também da sua autoria. Jorge Pires considera não ter escrito uma biografia musical, o que é dito no referido texto, e estranha o momento da crítica, pois o livro, já antigo, não está a ser comercializado. E termina com o questionamento mais grave: «*(...) Por último, parece-me bastante infeliz, e triste, que tal referência integre uma sequência de artigos, entre as páginas 22 e 25 do mesmo suplemento, que visam promover, explicitamente ou por analogia, e sem grande pudor, o novo livro do mesmo Nuno Galopim – o que não teria importância de maior, caso ele não acumulasse ainda as funções de editor do referido suplemento.*

A este respeito, ocorre-me pois recordar o teor do ponto 10 do Código Deontológico dos Jornalistas (...): "O jornalista deve recusar funções, tarefas e benefícios susceptíveis de comprometer o seu estatuto de independência e a sua integridade profissional. O jornalista não deve valer-se da sua condição profissional para noticiar assuntos em que tenha interesses".» *

Solicitei a reacção dos meus colegas provedores inscritos na ONO (Organization of News Ombudsmen). Sharon Burnside, do *Toronto Star* (Canadá), consultou o editor encarregado dos livros. Este respondeu que fazem críticas de livros escritas por jornalistas, mas «tratamo-los como fazemos com os outros livros». Ou seja, nem todos têm direito a recensão. Em todo o caso, nunca um jornalista do *Toronto Star* faz a crítica do livro de um colega. A resposta subentende ser um crítico externo que trata dos livros dos jornalistas: isto faz com que algumas críticas sejam calorosas, mas outras muito cáusticas. Jeffrey Dvorkin, da National Public Radio (Canadá), assinala que cada vez que um jornalista é entrevistado na sua estação de rádio há queixas de ouvintes. A decisão de entrevistar jornalistas da NPR tem de ser feita na base do valor acrescentado do livro para os ouvintes. Para além disso, a NPR tem agora uma regra: os jornalistas que têm um programa no ar e escrevem livros não podem ser entrevistados no seu programa.

«Os produtores têm-me informado que, muitas vezes, querem dizer não, mas sentem-se obrigados a entrevistar os jornalistas para não magoar os seus sentimentos. Mas na realidade, neste pequeno e incestuoso ambiente que é o de uma redacção, dizer a

---

* Pode ler o texto integral dos *e-mails* em http://sotextosmesmo. blogspot.com/.

alguém que não vai ser entrevistado gera sentimentos muito negativos», diz o ex-presidente da organização dos provedores.

A resposta do director dá informações relevantes em abono dos jornalistas que com ele fazem equipa. Os leitores ganham em saber que o autor da crítica não está na dependência do editor do suplemento. Ou em saber que a decisão de escrever sobre o livro foi da direcção do DN e não do editor da 6ª. Porém, é difícil que um jornalista, autor de livros, fique em pé de igualdade com os outros cidadãos e escritores, pois cada profissão tem os seus riscos e oportunidades. Os conflitos de interesse no jornalismo têm que ser postos em evidência. Sobretudo, há que contar que a percepção dos leitores é um elemento essencial de vida dos jornais e tem um efeito directo nas tiragens. O exemplo do *Toronto Star* acima citado parece uma boa solução para evitar uma perda de confiança: a crítica dos livros dos jornalistas não é feita pelos colegas.

Se isto for impossível (porque seria?) vale mais fazer como o *The Economist*, o *Le Monde* ou mesmo o *Le Nouvel Observateur*. Estes assinalam explicitamente quando um livro é de um jornalista ou colaborador do jornal. Um desses críticos, Robert Le Frank, inseria mesmo no final das suas crónicas um *«salut les copains!»* (ou seja, «olá meus amigos») para indicar aos leitores a sua ligação com o autor. Nos dias de hoje vale mais ter toda a transparência sobre os modos de produção da informação. E, previamente, assumir os conflitos de interesse e resolvê-los de forma equilibrada.

A mesma questão

Um outro leitor enviou-me um *e-mail* com uma ligação para um blogue no qual consta uma crítica semelhante: *«Hoje, manuseava eu o suplemento de sexta-feira do* Diário de Notícias, *deparo-me com duas páginas (22-23) assinadas por João Céu e Silva sobre* Retrovisor – Biografia Musical de Sérgio Godinho. *O autor do livro? Nuno Galopim. Sabem quem é? Nada mais nada menos que o editor máximo do suplemento, aquele sobre quem recai a responsabilidade de escolher as obras e os autores que merecem atenção, divulgação e avaliação crítica.»*

A resposta do director

O director do DN, António José Teixeira, enviou os seguintes esclarecimentos: «*Quando um jornalista escreve um livro, potencialmente objecto de notícia, coloca-se sempre a questão delicada sobre o que fazer com ele no seu próprio jornal. Há duas hipóteses: ou se ignora, o que não será justo, ou se aborda com um reforçado escrúpulo. Foi isso que o DN fez.*

Alguns esclarecimentos prévios: a revista 6ª é parte integrante do Diário de Notícias *e é tutelada, como se refere na ficha técnica, pela direcção do jornal. Nuno Galopim é editor adjunto da secção* Artes *e editor da revista 6ª. A direcção editorial da revista é pois da responsabilidade da direcção do DN, que assume por inteiro.*

A decisão da abordagem editorial do livro Retrovisor – Biografia Musical de Sérgio Godinho, *da autoria de Nuno Galopim e editado pela Assírio & Alvim, foi da inteira responsabilidade do director do DN. Minha, portanto. Tendo tomado conhecimento da edição do livro, fui eu próprio que solicitei ao jornalista João Céu e Silva uma recensão do mesmo, acompanhada pela pré-publicação de um extracto. João Céu e Silva é editor executivo adjunto e não está sob a tutela do jornalista Nuno Galopim.*

O texto de João Céu e Silva é escrupuloso e substantivo, como se pode constatar. Em nenhum momento se preocupou com qualquer adjectivação, e podia tê-lo feito. O leitor Gabriel Silva tem razão num ponto. De facto, como refere, Nuno Galopim revelou-se "incapaz de ser juiz de si próprio". Foi isso que aconteceu. Logo, cumpriu-se – como era devido – o Código Deontológico dos Jornalistas. A integridade profissional de Nuno Galopim não está em causa. Também respondo por ela.»

XII

MUDANÇAS RADICAIS

Em cerca de 10 anos o mundo mudou radicalmente com a internet e o digital. Esta alteração só é comparável ao que aconteceu com Gutemberg, que vulgarizou os livros e abriu caminho, no século XV, para uma revolução nos modos de pensar. No mundo da imprensa escrita e dos media a inovação contínua passou a ser uma condição de sobrevivência.

A era dos blogues
04/04/2005

A CNN do século XXI?
28/11/2005

Crise, essencial à imprensa
09/01/2006

Inovar para vencer a turbulência
28/11/2006

Na Net
17/04/2007

A ERA DOS BLOGUES
04/04/2005

Os BLOGUES são um imenso mundo novo. Ilustram exemplar-
mente a evolução rapidíssima da Net. Em 2000 fiz uma investigação sobre a relação dos jovens com a Internet. No seu
decurso ninguém se referiu a blogues, pois estes só começaram
a expandir-se depois do 11 de Setembro. Na terça-feira
passada, 29 de Março, o DN dedicou o seu tema ao novo
mundo dos blogues pela escrita dos jornalistas Diogo de Sousa
e Filipe Morais. Nele estão identificados 37 mil blogues activos
e a média diária de criação é avaliada em 76 por dia, no Sapo.
É um fenómeno impressionante. Não se pode deixar de saudar
uma tecnologia que permite, sem tintas nem *stencil*, sem
máquinas de escrever nem papel químico, dar voz aos que a
não tinham. Com a particularidade de cada um decidir sobre
os assuntos e sobre as formas como os aborda. Com excessos?
Onde não os há? Os excessos podem esconder o essencial: os
blogues são locais de expressão pública diversa e com dimensões novas. Basta ver, por exemplo, como os adolescentes têm
aproveitado para criar espaços de afirmação e de descoberta de
si, de partilha com os outros, de manifestação de uma vontade
de pertença à cultura do seu grupo de pertença (ver, a este
propósito, entrevista a Olivier Tredan, investigador em ciências sociais, no *Le Monde*, 24 de Março de 2005). A expressão
tem importância evidente no mundo do jornalismo. Basta
lembrar o recente livro de Rita Figueiras sobre os comentadores *. O seu trabalho incidiu sobre as colunas de opinião dos
jornais *A Capital*, *Diário de Notícias* e *Público* e sobre os
semanários *Expresso*, *O Independente* e *Semanário*. A autora
considera que no período estudado, entre 1980 a 1999, o perfil
dos *opinion makers* «*manteve-se e (...) muitas das individuali-
dades que assumem o papel de comentadores autorizados tam-*

---

* *Os Comentadores e os Media: Os Autores das Colunas de Opinião*, Livros
Horizonte/CIMJ, 2005.

bém permaneceram ao longo dos anos no espaço público». Ora, os blogues permitiram que opiniões não autenticadas nos *media* tradicionais tenham encontrado um espaço expressivo, pese embora a sua audiência restrita. Alguns comentadores presentes nos *media* tradicionais viraram-se para os blogues, deixando, também aí, a marca do seu pensamento. Para além deste «reequilíbrio», no terreno da opinião há reflexões imprescindíveis a fazer no campo jornalístico. Discutir se os blogues são ou não jornalismo pode ser uma discussão interessante e meritória. Porém a resposta é obvia: há uns que são, outros que não. Mas poderá ser mais relevante reflectir sobre o que podem os jornalistas aprender com os blogues? Esta pergunta é de Steve Ounting na página do Poynter Institute (http://www. poynter.org/). Resposta? Nada dirão uns. Muito dirão outros. Vejamos alguns desses desafios para os jornalistas na perspectiva daquele autor.

1. As fontes e os modos de acesso à informação seriam mais transparentes

Há uma tendência neste sentido, segundo Ounting, embora cada bloguista tenha o seu método de trabalhar. Os blogues, em geral, informam os leitores de como e onde foram buscar a informação. Esse é um elemento decisivo para que o leitor possa avaliar, por si mesmo, a informação que recebe. Sabemos como a citação de fontes anónimas, de forma não justificada, ensombra parte do trabalho jornalístico, e como existe uma pressão constante, nomeadamente nos livros de estilo, para um abandono desta prática.

2. O ciclo noticioso tornou-se mais rápido

Ounting lembra como a estória de Mónica Levinsky e Clinton se iniciou. O assunto estava a ser investigado pela *Newsweek*, mas não disponível ainda ao público. E foi Matt Drudge que publicou no seu blogue dados sobre o assunto, «obrigando» os media convencionais a não reterem por mais tempo a informação. Esta maior velocidade da circulação da informação precisa de ser equacionada, pois os jornais de referência têm também regras mais estritas e morosas para garantir a credibilidade e a relevância da informação.

3. A notícia começa quando é publicada

A notícia é uma «conversa» entre quem a faz e quem a lê. Nos *media* convencionais, o ciclo da notícia fica completo com a sua impressão ou difusão. Nos blogues, a sua vida começa nesse momento: a notícia é «mastigada» pela comunidade de leitores que pode fazer precisões ou discutir a credibilidade. No caso das intervenções solicitadas aos provedores, o modelo aproxima-se mais da notícia como início a que o leitor acrescenta mais-valia ou questionamento (depois continuada noutros níveis).

4. Os erros são facilmente admitidos e corrigidos

A posição em relação ao erro é muito diferenciada no jornalismo tradicional e nos blogues, segundo Outing. Nestes o seu autor integra o questionamento numa escrita a que é dado relevo semelhante. A televisão e a rádio não reconhecem praticamente o erro, e a imprensa escrita empurra-o para espaços de pouco relevo.

Uma outra reflexão deste mesmo autor salienta a imensidão de material que, no caso do tsunami, foi disponibilizada por pessoas que estiveram envolvidos na catástrofe, fazendo desta «cobertura» um caso de envolvimento dos cidadãos numa prática jornalística. As organizações noticiosas de referência poderiam e deveriam abarcar estes movimentos, acrescenta. *«No futuro, talvez se venha a tornar rotina (...) encontrar o melhor do relato dos cidadãos misturado com o trabalho dos jornalistas profissionais.»* Alguns jornalistas parecem não levar a sério este movimento. Mas a BBC, por exemplo, integrou esse movimento no seu sítio. E o *Guardian* agregou, no seu sítio, o melhor que foi escrito nos blogues de cidadãos de todo o mundo. Gente atenta, precisa-se.

A CNN DO SÉCULO XXI?
28/11/2005

«*Blogo porque quero existir*». Esta entrada de um blogue traduz o sentir de milhões de criadores de blogues. Outras motivações existirão, pois a diversidade humana também se reflecte, necessariamente, neste domínio. A explosão dos blogues tem levantado algumas interrogações sobre o seu papel. Nos *media* tem-se discutido, sobretudo, se os blogues são ou não jornalismo. Uma corrente considera que a actividade jornalística está ao alcance de todos, pois existe hoje a possibilidade de seguir os acontecimentos, de recolher informação sobre eles e de a publicar nas páginas dos blogues. Outros consideram que a actividade jornalística é uma actividade institucional onde os controlos são múltiplos: um texto, mesmo de um director, é visto por outros profissionais antes de ser editado. Estes controlos múltiplos dariam, ao jornalismo, fiabilidade e credibilidade, que os blogues não poderiam reivindicar, pois são formas de expressão imediatas *.

Alguns jornais alojaram blogues dos seus jornalistas, mesmo de leitores. É o caso do *Le Monde* ou *The Guardian*. No jornal francês, os assinantes da edição electrónica do jornal podem instalar os seus blogues na plataforma para tal efeito criada. Existem uma carta reguladora e regras de conduta que os *bloggers* devem respeitar. Há três condições mínimas requeridas: além da assinatura, os internautas devem ter 18 anos ou mais (ou autorização paterna, se menores) e uma direcção electrónica válida. O conteúdo é da responsabilidade exclusiva do criador. Há comportamentos proibidos, tais como as

---

* Será que um blogue pode ser editado? Esta questão agitou em Setembro o *Sacramento Bee*, outro jornal americano. Um do seus jornalistas, Daniel Weintraub é autor, desde Abril, de um blogue *(California Insider)*. Em Setembro, uma directiva do jornal obrigou a que as entradas escritas fossem presentes a um editor antes de publicadas. Fortes críticas surgiram, mas nem o autor nem o provedor do jornal consideraram tratar-se de uma censura ou intromissão injustificada.

actividades ilegais, nomeadamente a cópia ou não distribuição autorizada de *softwares*, de fotografias e de imagens. É também proibida a propaganda para fins profissionais ou comerciais, bem como a cópia parcial ou total dos conteúdos do sítio do *Le Monde*. O jornal reserva-se o direito de retirar os blogues em caso de violação das regras existentes. Há ali blogues em francês, mas também em português (*Brasileira Desvairada, Impressions du Brésil par un Brésilien*, por exemplo) ou alemão (*Sepp in Europa*), como ainda noutras línguas. Há também blogues da alguns jornalistas do *Le Monde*. O jornal inglês *The Guardian* tem um *newsblog*, com entradas noticiosas. Este *newsblog* é dinamizado por jornalistas e editores. Numa entrada recente explica-se uma nova iniciativa: logo pela manhã, um editor do *The Guardian* revela aos leitores algumas das coberturas previstas durante o dia e informa sobre as discussões editoriais que vão decorrendo na redacção. Os leitores ficam assim com a possibilidade de avançarem informações, comentários e sugestões sobre a matéria noticiosa. O *El País* também permite desde há pouco tempo que os leitores possam corrigir notícias que estão colocadas *on-line*.

Aproveitando a ligação à ONO (Organisation of News Ombudsman) solicitei em Outubro aos provedores da organização que se pronunciassem sobre a ligação entre os media e os blogues, nos órgãos onde exercem actividade. Um deles, Tjeu van Ras, do *Brabants Dagblad*, Holanda afirmou: «*Estamos agora a começar com os weblogs. Eu sou o primeiro o fazê-lo. (...) No ano que vem, estamos a planear abrir mais blogues de colegas e também de leitores do nosso jornal.*»

Um outro jornal, *The Post and Courier*, de Charleston, abriu um blogue durante um festival de arte que durou três semanas. «*O director* (executive director) *considerou que tinha sido um grande sucesso.*» E, entre outras coisas, tencionam ter muita atenção aos *blogguers* locais, «*não para os controlar, dirigir ou explorar, mas porque a blogosfera local é uma "comunidade de leitores" a que nos queremos juntar e também encorajar.*»

O provedor de outro jornal americano escreveu: «*Descobrimos recentemente que vários jornalistas do* Orlando's Sentinel *têm os seus próprios blogues. Nada no actual código de ética do jornal se refere a este assunto. Porque um desses blogues levantou objecções de leitores chamando a atenção do jornal, o* Orlando's Sentinel *está a estudar essa questão e planeia regular sobre o assunto na próxima revisão do código de ética.*»

Em Portugal alguns jornalistas alimentam blogues, juntando às informações que veiculam fortes cargas opinativas. Mas não parece haver objecções à sua existência. Talvez porque os autores saibam destrinçar com rigor entre o seu papel como jornalistas e como autores de blogues. «*Blogo porque quero existir*» será eventualmente mais apropriado do que «*Blogo porque quero informar*», para a maioria dos milhões de blogs já existentes. Isso não impede que alguns blogues dêem informações detalhadas, originais, com uma evidência de pressupostos ou de juízos, que as «máquinas» dos media tradicionais perderam com frequência. Os blogues, quer se queira quer não, estão a obrigar a pensar os modos de fazer e de consultar informação. E os antigos leitores tornaram-se também produtores de informação própria, recolhem, analisam, comentam, criticam, sugerem, antecipam. Criando informação num campo mais largo que o jornalismo. Se não houvesse mais razões, estas bastariam para que a imprensa e os media, em Portugal, olhem com mais atenção a blogosfera. Para que façam um esforço de escuta, de incorporação, de integração, de assimilação.

Blog story

É o título de um livro publicado em França e que já está em segunda edição (Paris, Eyrolles, 2004). Os autores são Cyril Fievet e Emily Turretini, ele jornalista, ela editora de um sítio e também autora de blogues. O livro desenvolve dez razões para blogar e contém também algumas indicações práticas.

Blogues "versus" media

A 5.ª razão, de onde adaptei o título desta crónica, interroga se os blogues serão a CNN do século XXI. Os autores consideram aquilo que parece uma evidência: mais do que a oposição ou a concorrência, os blogues seriam, em geral, meios complementares ao jornalismo. Muitas vezes, dizem, os leitores de blogues têm tudo a ganhar ao lerem um blogue que combina uma informação retirada de uma fonte jornalística a que é acrescentado um comentário de um especialista. E depois tentam ver algumas diferenças entre os blogues e os *media*.

Diferenças

Os elementos que utilizam para esta diferenciação são as audiências, a qualidade e a verdade, e a deontologia e objectividade. Nas audiências, um traço distintivo reside nas maiores audiências dos *media*, em geral. No entanto, há blogues que registam centenas de milhar de visitas, o que torna mais complexa esta distinção. A amplificação das ideias e entradas de uns blogues por outros leva os autores aconsiderar que os critérios de medida não podem ser exactamente os mesmos.

Qualidade e verdade

«Globalmente, parece-nos um erro julgar que apenas os media têm qualidade e verdade. Um blogue também pode ser fiável, porque publicado por um autor preocupado com a qualidade daquilo que produz, porque resulta de um processo colaborativo diferente daquele que se acciona na imprensa, mas igualmente e de forma paradoxal, porque este não sofre de nenhum dos constrangimentos impostos à imprensa.»

Deontologia e objectividade

«Os media distinguem-se pelo respeito da deontologia que leva, nomeadamente, a apresentar informações objectivas, verídicas e conformes à lei.» Os autores referem depois que alguns tentam aplicar estes princípios aos blogues. *«Tais tentativas parecem-nos absurdas»*, dizem. Um autor de um blogue não

pode aderir a um código deontológico que tenda a impor a objectividade como uma virtude, dizem. *«Trata-se mesmo do inverso. Um blogue é, muito frequentemente, redigido na primeira pessoa do singular. Assim, o blogue constitui a expressão pessoal de um indivíduo e o seu interesse vem precisamente da liberdade que se concede a este indivíduo, no respeito da lei evidentemente, quanto ao que ele escolhe, diz e publica.»*

CRISE, ESSENCIAL À IMPRENSA

Ilustração de Joana Imaginário - Francisco Lança

Foram revelados recentemente os números das vendas de vários jornais de períodos comparados de 2004 e 2005. Verificou-se uma queda evidente, jornal a jornal, com poucas excepções. As razões da crise normalmente apontadas radicam no papel influente da televisão, na explosão da Internet, no crescimento dos jornais gratuitos, bem como no baixo índice de leitura da imprensa. Alguns dos factores, como a Internet ou a influência da televisão, são comuns a vários países. Mas a circulação média, embora tendo subido nos últimos anos para cerca de 90 jornais por cada mil habitantes, mantém-se como um indicador específico da fragilidade do nosso país. Há países nórdicos onde se editam cerca de 600 jornais por cada mil habitantes. Portanto, há crise na imprensa escrita em Portugal.

Mas entendamo-nos sobre o sentido da palavra crise. A palavra tem origem no termo grego *Krisis*, que significa decisão. No sentido corrente a crise passou a ser uma fase grave na evolução das coisas, dos acontecimentos, das ideias ou de uma doença. Os significados ligados à medicina apontam a crise como um momento de evolução de uma doença, um momento decisivo para a cura ou para a morte. Esta ideia de mudança de estado, de transição, não tem que ser associada a um estado de evolução negativo. No início dos anos 60, Thomas Kuhn escreveu que grandes transformações no pensamento científico levam a que os paradigmas de investigação dominantes sejam postos em causa (*A Estrutura das Revoluções Científicas*). Nesses momentos instala-se uma crise que este considerou uma tensão essencial para a transição para novos modos de pensar a ciência. Esta atitude, menos divulgada, tem mais sentido para os agentes sociais que se encontram confrontados com as crises, dando-lhes novos horizontes e hipóteses de actuação. Se consideramos a crise como um momento de mudança, encontraremos também alguns elementos interessantes nas reflexões sobre o modo como estas se realizam. Há mudanças que se conseguem mais facilmente através de comportamentos paradoxais do que através de decisões de bom senso e lógica tradicional.

Mas voltemos então às origens da crise na imprensa. A imprensa gratuita tem dimensões contraditórias. Por um lado, retirou leitores aos jornais já estabelecidos. Mas, por outro, mostrou categoricamente que havia possibilidade de alargar o público leitor. Dada a gratuitidade, a imprensa paga não tem a mesma possibilidade de expansão. Mas esta evolução mostra que há outros terrenos para o crescimento da imprensa escrita: são os dispositivos de distribuição que se mostram, eles também, factores decisivos nas estratégias de expansão. Por outro lado, a Internet tira leitores à imprensa escrita, pois tem informação muito variada, de fácil e livre acesso. Mas a Internet poderá também funcionar como um modo de rejuvenescer o jornalismo. Desde logo, porque se revela outro dispositivo de distribuição. E um texto pode ser acrescentado com ligações para outros textos, fotografias, vídeos, sons. As versões *on-line* podem celebrar a memória, disponibilizando textos e imagens de arquivo, recordações de outros tempos. Um jornal como o *Diário de Notícias* tem um património inestimável, dados os 141 anos de vida. Pelo DN passou a história do País. A Internet pode ainda facilitar o contacto com os leitores pelas múltiplas plataformas para estes se relacionarem com a imprensa. Gera novas receitas, com novos serviços, incluindo a publicidade em linha. Novas receitas podem ainda vir da organização de colóquios ou de informação especializada gerada no jornal, como faz *The Economist*.

A circulação média por habitante também é um elemento de crise, podendo ser, simultaneamente, um elemento da solução do problema. Parece possível que esse indicador continue a evoluir positivamente, de forma regular e mais acelerada. Chegar a 200 jornais por mil habitantes poderia ser um objectivo de curto prazo, através de acções concertadas do sector.

A imprensa tem enfrentado crises sucessivas com o aparecimento de novos media e de novas condições. Mas, de cada vez, a imprensa escrita soube renovar-se. Como fará desta vez?

Os jovens, as mulheres

«Em geral, os jornais queixam-se de que os jovens não têm hábitos de leitura da imprensa, mas resta saber se os jornais se estão a esforçar para que as novas gerações se revejam nos seus conteúdos. (...) O mesmo acontece com os leitores do sexo femi-

nino, que, em Portugal, ainda representam uma quota baixa na leitura dos jornais.» Paulo Faustino enquadra estas duas prioridades, apontadas noutras ocasiões nesta coluna, na necessidade de se realizarem mais estudos pela imprensa para conhecer o perfil e as necessidades de informação dos seus actuais e potenciais leitores. A aposta em recursos humanos mais qualificados, a aposta em maior segmentação temática e geográfica, bem como a integração de novas tecnologias, são algumas outras recomendações para boas práticas na gestão da imprensa. O autor também se refere ao facto de, ao contrário de muitos países, não ser a imprensa escrita, em Portugal, a obter mais investimento publicitário. Nalguns deles há mesmo quotas bem distantes da televisão, diz.

Nota Paulo Faustino, *A Imprensa em Portugal: Transformações e Tendências*, Lisboa, Media XXI.

Paradoxos

Em Monção, as armas da cidade inserem uma heroína lendária, Deu-La-Deu Martins. No sítio do município pode ler-se: «*Depois de um longo cerco às muralhas de Monção, a fome reinava no interior da fortaleza, o que impunha a rendição. Deu-la-Deu, num misto de audácia e astúcia, simula, com os pães lançados do alto da muralha às hostes inimigas, abundância onde só havia necessidade. Esta estratégia teve um excelente efeito psicológico. O inimigo, pensando que a abundância na fortaleza era tal que a rendição pela fome era impossível, levantou o cerco.*»

Watzlawic, no seu livro *Change; Principles of Problem Formation and Problem Resolution*, analisa paradoxos como este, que provocam mudanças radicais, e cita aliás um exemplo semelhante. Trata-se de um livro que julgamos não estar editado em Portugal e que boa ajuda daria à compreensão da permanência e mudança, à formação de problemas e à sua resolução, temas fulcrais das crises.

INOVAR PARA VENCER A TURBULÊNCIA
28/11/2006

A IMPRENSA ESCRITA está perante o maior desafio desde que, há centenas de anos, começou a influir no espaço público. A razão maior está identificada: a Internet, sinónimo de mudanças permanentes nos hábitos sociais. Em Agosto, a revista britânica *The Economist* publicou um editorial intitulado *Quem matou os jornais?*, que foi profusamente comentado em Portugal. Felizmente nada está decidido. Usar de algum optimismo e energia no meio de uma tempestade só pode ajudar a um final desejado feliz. O desafio é parecido em muitos outros sectores que, com consciência ou sem ela, estão a ver modificações impensáveis há dez ou 15 anos. Em períodos de rápidas mudanças, como o actual, é difícil descortinar as tendências que se desenham. Mas elas existem. A inovação começa em sectores restritos até ser difundida mais largamente e apropriada pelos destinatários, quantas vezes de formas surpreendentes e imprevisíveis. Todos os esforços de compreensão do que ocorre no domínio do jornalismo e da imprensa escrita são escassos dado o gigantismo e fluidez das mudanças. No jornalismo há instituições e profissionais adormecidos mas há outros muito activos e empenhados em encontrar soluções para os novos problemas. Uma instituição, a Associação Mundial de Imprensa (WAN – World Association of Newspapers), multiplica as ocasiões de reflexão, contribuindo para identificar exemplos de inovações, passíveis de injectar mais saúde a este sector. Numa conferência que organizou em Madrid, na semana passada, foram invocados os exemplos de dois jornais, um sueco e outro polaco, que nos podem ajudar a entrever linhas de força em mudanças possíveis.

Um jornal sueco, o *Gotesborg Posten*, aproveitou a renovação do centro da cidade de Gotemburgo para catalisar o empenho dos cidadãos. Depois de apresentar o projecto, estimulou os cidadãos a apresentarem ideias alternativas. E não se ficou por aí. Contratou arquitectos que desenharam projectos próprios, colocados depois a escrutínio. Vale a pena lembrar que o *Diário de Notícias* tem desenvolvido uma iniciativa similar a esta, a propósito da requalificação da Baixa pombalina. Criou mesmo um blogue sobre este tema. Há meios para melhorar a participação dos cidadãos na discussão sobre a sua cidade. Há outros projectos que poderão ser objecto da atenção de um diário com projecção nacional. A título de exemplo: Guimarães será capital europeia da cultura em 2012. Poderão os cidadãos portugueses ajudar a criar uma festa cultural, contribuindo com ideias para que Guimarães seja um espelho da cultura viva do Portugal de hoje? Poderá a imprensa escrita ter um papel como teve, por exemplo, no Euro 2004, ajudando a que o acontecimento se inscreva no quotidiano dos portugueses?

O outro exemplo invocado na referida conferência foi o de um jornal polaco, *Gazeta Wiborcza*. A Polónia foi aceite na União Europeia em 2004. Muitos trabalhadores polacos deslocaram-se para fora do seu país, pois, na Europa, alguns países, como o Reino Unido, lhes abriram as portas. Ora o que fez o departamento de projectos especiais do jornal? Tirou os jornalistas das redacções e mandou-os seguir esse fluxo, dando indicações para que se colocassem em posições semelhantes aos polacos que procuravam emprego. E os jornalistas fizeram blogues e reportagens ou peças que, a pouco e pouco, se foram infiltrando no tecido social, tornando-se o centro das conversas quotidianas. Este caso assume alguma importância, pois concentra várias valências: acompanha a agenda dos cidadãos, envia jornalistas para a cobertura de acontecimentos e situações ocorridos no estrangeiro que não estão na agenda tradicional dos media, retira os jornalistas do trabalho rotineiro da redacção, envolve os jornalistas na produção de peças de novo tipo, como são os blogues, mantendo a produção mais tradicional de reportagens ou outros géneros.

Em Portugal, não faltariam assuntos interessantes para serem conhecidos de forma mais sistemática e com capacidade para atrair as conversas quotidianas: o esforço dos jovens desempregados para se situarem no mundo de trabalho, cá dentro e lá fora, seria um exemplo entre vários que poderiam ajudar a trazer cidadãos para o universo das palavras impressas no papel dos jornais.

Percebe-se pelos exemplos que não basta aos jornalistas dominar o computador para escreverem rotineiramente o seu texto. Terão também de assimilar novos utensílios de pesquisa, experimentar crescentes potencialidades de edição na Web e ensaiar novas formas de escrita que esta proporciona. Tudo isto se contextualiza no terreno social onde se movem as pessoas, aproximando-as ou afastando-as dos pólos narrativos clássicos.

NA NET*
17/04/2007

PRESENTE NA BLOGOSFERA desde Novembro de 2002 passei o mandato sem ter a possibilidade de ter um blogue, o que foi um facto «contra natura». Na direcção de António José Teixeira foi-me anunciado estar previsto um blogue do provedor e cheguei a ter trocas, embora tímidas, com João Morgado Fernandes, para esse efeito. O meu mandato teria sido mais dinâmico se tivesse podido usar esta e outras tecnologias da internet, hoje elementos vitais na discussão pública.

No impasse, em 2006 e depois em 2007, usei um dos meus blogues e o meu site para publicar as crónicas na net com acordo da direcção. Em 2007, na parte final do meu mandato, publiquei mesmo cartas de leitores e fiz crónicas na net que não foram publicadas no jornal papel, o que não terá acontecido em nenhum outra mandato, até então.

---

* Ver http://sotextosmesmo.blogopat.com.

XIII

REFLEXÕES SOBRE JORNALISMO

Alguns aspectos essenciais do jornalismo foram aflorados nas minhas crónicas. A objectividade do jornalismo, a sua construção narrativa, o agendamento que lembra e simultaneamente cria zonas de sombra, o direito de informar, os direitos individuais são alguns dos exemplos deste debate sobre o modo como se praticou jornalismo no DN.

Nem tudo que se passa passa nos media
12/12/2006

Mudar de rumo
16/01/2007

francisco lança - joana imaginário

Na última crónica procurámos fundamentos legitimadores da actividade dos jornalistas. Argumentámos sobre a existência de mecanismos de controlo do processo e dos produtos jornalísticos: os códigos deontológicos, as cartas dos leitores e outros sistemas de responsabilização que, mesmo ténues na eficácia, têm o mérito de existir, de ser expressão de cidadania e de exercer alguma influência.

O leitor é um mecanismo de controlo democrático desta actividade profissional, pois os acontecimentos são relatados publicamente, podendo os cidadãos reagir ao mínimo erro ou deturpação.

Nenhuma profissão tem uma exposição pública semelhante, nem semelhante capacidade de a provocar. Mas os meios que o cidadão têm à sua disposição não são sempre eficazes para repor a verdade dos factos, para corrigir erros, para reagir com efeitos práticos semelhantes aos de uma determinada peça jornalística ou ao de uma cobertura continuada.

A reflexão sobre a verdade, também aflorada na carta publicada na última crónica, é indispensável à actividade dos jornalistas. De facto, o jornalismo procura dar ao leitor retratos fidedignos do que acontece pelo mundo. Quando o cidadão compra um romance sabe que lidará com uma narrativa ficcional. Quando adquire um jornal ou contacta um *media* informativo espera que sejam destacados factos e opiniões reveladores do mundo real. Mas este é demasiado complexo para caber inteiro nas páginas do jornal. Vive fora delas. O que o jornal insere é um relato, uma narrativa que os leitores confiam ser fidedigna. Ou seja, estabelece-se um contrato implícito de respeito pela verdade entre os jornalistas e os seus leitores. Estes escrevem com intenção de dar a verdade dos factos ou de opinar, normalmente a partir destes, quando escrevem colunas de opinião. Mas essa verdade é uma narrativa, uma estória e repousa na utilização de um universo simbólico de palavras e imagens.

Ou seja, o mundo é representado, não apresentado. Representar é um termo associado ao teatro, às artes visuais como à pintura, também ao cinema. Tem uma dupla significação: representar significa tornar presente o ausente, mas também significa que há elementos convencionais que tornam o assunto representado objecto de construção, de criação de uma narrativa que mostra o mundo, mas dele também se distancia. O mundo dos acontecimentos não é discurso, mas devir: águas que passam em enxurrada, uma ponte que cai, políticos que disputam eleições, uma medalha olímpica.

No cinema também o documentário e a ficção se podem delimitar através deste contrato entre quem faz – e procura criar apenas ilusão (no cinema de ficção), ou quem usa a ilusão da imagem para nos dar conta do que ocorre (em princípio a vocação do documentário). Um espectador de um filme, em geral, sabe se vai ser embalado por uma história de «encantar», ou se pelo contrário, lhe vão querer relatar o que efectivamente se passou. Tal distinção baseia-se em leves indicadores para o leitor ou espectador. Romance e jornalismo são duas narrativas distintas feitas com símbolos semelhantes. Ou seja, as notícias são relato, mas também são construção.

No entanto, segundo Nelson Traquina [*], «os profissionais do campo jornalístico resistem ao paradigma das notícias como construção», resistem à ideia que constroem uma narrativa (logo um espaço simbólico) que se «desagarra» do mundo, dos factos, dos acontecimentos. Essa autonomia leva também a que a decisão sobre o que é notícia e a própria notícia ajam sobre o próprio mundo, tornando os jornalistas não apenas repórteres do que existe, mas também fazendo deles organizadores de sentido, actores no terreno das forças sociais. Não admira por isso que, em geral, estes se mantenham mais fiéis na afirmação da sua identidade como praticantes de um jornalismo que Nelson Traquina qualifica sob a designação de teoria do espelho, ou seja, «as notícias são como são porque a realidade assim o determina»

Em geral, os jornalistas estariam mais inclinados a aceitar a sua actividade como um espelho do mundo real do que como uma construção narrativa sobre o mundo. Ora essa construção poderá ser feita de diferentes formas, apesar de se referir aos mesmos factos. Aceitar que o relato jornalístico é um relato construído não significa que este seja ficcional ou sem verdade.

Palavras objectivas

Não é raro ouvir afirmar que a objectividade já não é critério para a descrição dos factos, pois tudo seria, afinal, redutível à subjectividade. Vale a pena voltar aos espelhos e à construção das notícias. Pôr espelhos na frente ou atrás de um objecto, do lado esquerdo ou do lado direito, por cima ou por baixo, é uma construção de imagem, mas este relato/construção nem por isso deixa de reflectir diferentes verdades. Outra

---

[*] Traquina, Nelson, *Jornalismo*, Lisboa, Quimera, 2002.

coisa será negar o objecto ou deformá-lo, pela afirmação de uma subjectividade pura ou pela utilização de espelhos deformantes. Se a detectar, o leitor não aprecia esta última atitude. Mas agradece os espelhos múltiplos, as «verdades» que resultam de diferentes pontos de vista, regra de ouro do jornalismo.

Palavras de investigadores

No site da ONO – Organisation of News Ombudsmen (www.news– ombudsmen.org/) pode ler-se uma investigação da American Society of Newspaper Editors sobre a credibilidade do jornalismo (Why Newspaper Credibility is Dropping). Este estudo tem a originalidade de inserir a perspectiva do público e a dos profissionais dos media e procura examinar a credibilidade destes. Mais de dois terços dos adultos interrogados dizem que a percepção de «enviesamentos» nos jornais não representam um obstáculo maior à confiança que atribuem à imprensa como fonte de notícias. A explicação adiantada é que talvez os leitores acreditem possuir mecanismos de filtragem para identificar e neutralizar essas distorções.

Palavras, Imagens, Sons e Verdade

Um filme de Akira Kurosawa datado de 1950, *Rashomon* (*Às Portas do Inferno*), Óscar do melhor filme estrangeiro, relata um assassinato a partir de três versões diferentes, sendo um questionamento sobre a verdade. Num dos mais consultados sites de cinema, o da Internet Movie Database (http://www.imdb.com/), o consagrado crítico Roger Ebert escreve que é da natureza humana ouvir as testemunhas e decidir quem está a dizer a verdade. Mas, continua Ebert, as primeira palavras do filme ditas por um lenhador são: «Não consigo compreender.» Este acabara de ouvir o mesmo acontecimento descrito, de forma muito diferente, pelos três participantes.

Esta reflexão sobre o que é a verdade é, por vezes, magistralmente descrita em obras de ficção – literárias ou cinematográficas –, deixando-nos sentimentos, interpelações e fruição estética sobre a vida. A arte interpela os seres humanos na essência das coisas, fazendo-os reflectir, ajudando ao crescimento da sensibilidade e do raciocínio. Assim o consiga o jornalismo também com os seus processos próprios.

OS NOVOS «OUVIDORES»
11/04/2005

«*PODEM OS PROVEDORES salvar o jornalismo de si mesmo?*»
O título foi proposto por Jeffrey Dvorkin, provedor da National
Public Radio para um debate realizado na semana passada na
Fundação Luso-Americana para o Desenvolvimento (FLAD) (*).
A enunciação do tema pressupõe a existência de derivas no
jornalismo. Sugere ainda a enunciação de uma capacidade de
intervenção dos provedores susceptível de trazer para o bom
caminho os desmandos que se cometem no dia-a-dia em
nome do jornalismo. Será isto verdade?

É preciso sublinhar que os provedores são pouco numerosos. Actualmente, em Portugal, nos jornais generalistas, só
existem dois provedores, o deste jornal e o do *Jornal de Notícias*. Há um provedor de um jornal digital, o *Setúbal na Rede* e
o *Record* mantém o cargo de que foi iniciador. Nos EUA existem cerca de 60 provedores para um universo de milhares de
unidades de informação listadas pelo Kidon Media Link
(http://www.kidon. com/). Apenas alguns órgãos de referência
consideram essencial criar esta instância de reflexão. Essa decisão atribui simultaneamente alguma coerência de sentido à
intervenção dos leitores na vida dos órgãos que os adoptam e
à reflexão sobre o jornalismo que se pratica, nas páginas da
imprensa, nas rádios e nas televisões que escolhem ter provedores. Este número restrito não quer dizer que a influência dos
provedores se limite aos órgãos em que estes exercem mandato. Jeffrey Dvorkin, com a visão alargada que a presidência
da Organization of News Ombudsmen (ONO) lhe proporciona, sustenta que a comunidade jornalística de cada país está

(*) Na discussão participaram ainda João Barreiros, director de Informação da RDP, José Pacheco Pereira e Marie Laure Augry, *médiatrice* de
France 3, uma das estações de serviço público francesas. O debate foi
organizado pelo CIMJ, com apoio da FLAD, do Cenjor, da Rádio e Televisão
de Portugal e do Institut Franco-Portugais.

muita atenta ao que os provedores escrevem. Tenho alguns sinais que algo de semelhante se passa em Portugal.

Em segundo lugar a influência do provedor, como José Pacheco Pereira sublinhou no referido debate, é apenas uma influência de autoridade. Um provedor, felizmente, não pode estabelecer ou fazer cumprir uma sanção em relação ao seu jornal ou a um jornalista. Como José Pacheco Pereira defendeu, os mecanismos sancionatórios são imprescindíveis pois os jornalistas e as empresas não estão acima da lei. Não há nenhuma profissão no mundo que balize bem os seus caminhos apenas pela auto-regulação. Esta é imprescindível, pois é um caminho de consciencialização colectiva de que não se pode fazer economia. Mas é insuficiente, como é reconhecido amiúde.

Em terceiro lugar os jornalistas foram caracterizados por Dvorkin como «muito defensivos quanto às críticas e pouco dados a que lhes questionem o trabalho» (JN, 9 de Abril). A minha experiência, ainda curta, não me permitiu coligir dados significativos em sentido oposto, embora tenha encontrado jornalistas que aceitam bem a crítica.

Na abertura da conferência, Rui Machete, presidente da FLAD, referiu que «o provedor não substitui o poder judicial, mas garante alguma protecção nos direitos dos cidadãos» (JN, idem). Terá Rui Machete razão? Em parte sim. Apesar de defender uma «visão modesta do papel do provedor» (crónica de 03-01-05), não posso deixar de reconhecer que alguns jornalistas indiciam preferir não ser alvo das observações críticas dos leitores. Posso também arriscar que a mediação é uma instância pouco simpática para alguns jornalistas, habituados a serem decisores últimos do que se publica. A queixa dos leitores, a sua interpelação e a palavra do provedor deslocam a sua centralidade para a periferia, o que não pode agradar a todos.

Mas essa intervenção passa pelo reforço da dimensão de cidadania que os leitores ganham nos órgãos de comunicação com provedor. A existência deste coloca os leitores como co-actores na «construção» da prática jornalística ou, pelo menos, agentes da sua avaliação. Cada leitor torna-se um potencial crítico, uma fonte possível de novas informações, um «juiz» ético e deontológico de uma profissão com controlos insuficientes. E essa dimensão é nova, talvez mesmo mais difícil de gerir numa profissão que se define publicamente como dialogante. Em todo o caso «ouvir é fundamental», como reconheceu Marie Laure Augry (citada por Paula Mourato, no DN de ontem). A «mediadora» francesa insistiu nesta dimensão de cidadania, afirmando que os telespectadores não são apenas números nas audiências, pois também têm algo para dizer. Para que tal ganhe coerência é preciso quem ouça, quem organize e quem dê sentido.

Estamos provavelmente numa viragem para a provedoria dos *media* em Portugal, pois a rádio e a televisão vão talvez juntar-se à imprensa escrita, adoptando a figura do *ombudsman* no sector do audiovisual. Os modelos não são muitos. mas em Portugal já existiu um, na TVI, no início da sua actividade. Sousa Franco recebia correio dos leitores e a ele respondia, para além de ter outras atribuições. Outros casos que se podem olhar são La Maison de Radio-Canada, a National Public Radio nos EUA, a France Télévisions, em França, a TV Cultura no Brasil. Na France Télévisions há dois provedores da Redacção (France 2 e France 3) e há um provedor de programas. Os primeiros respondem às queixas e reflectem sobre a informação, o segundo sobre o equilíbrio da programação. No caso dos provedores de Informação tem sido tradição, na estação francesa, manter um programa em antena. Actualmente, La Maison de Radio-Canada dá apenas resposta a correio e resolução de conflitos.

Palavras auto-reguladoras

Para a rádio, o sítio da NPR (http://www.npr.org/) inclui não apenas as crónicas de Jeffrey Dvorkin, mas também os seus relatórios bem como um *Guia de ética para a rádio pública*. Para a televisão pode ler-se a carta de antena de France

Télévisions (http://charte.francetv.fr/). Na rubrica *Nos enga-gements* do sítio (http://www.francetelevisions.fr/) há infor-mação sobre os provedores.

Palavras de blogues

No dia 4 deste mês, Rogério Santos, no blogue Indústrias Culturais, referia-se à ultima crónica sobre os blogues: «*O texto do provedor e o seu bloco-notas na parte inferior da página denotam muito trabalho na recolha de informação (uma investigação do próprio autor, uma peça no Le Monde, o livro de Rita Figueiras recentemente lançado, a página do Poynter Institute, um post de Jay Rosen, especialista da matéria, outros livros lançados há pouco tempo no mercado nacional).*» E mais à frente: «*Em toda a página, há um evidente esforço pedagógico no sentido da criação de uma melhor profissão de jornalista. (...) Contudo, em toda a página não há qualquer referência a uma carta ou e-mail de um leitor, a um comentário ou uma sugestão. Esse é o trabalho específico do provedor! Esqueceu-se ele disso? Ou os leitores do Diário de Notícias estão contentes com o seu jornal e aceitam tudo o que ele publica?*» Agradeço esta inter-pelação aos leitores, aguçando o espírito crítico que estes devem ter em relação ao jornal. Mas lembro a Rogério Santos que o trabalho específico do provedor está definido no Estatuto, que permite, recordo, fazer três tipos de crónicas e não apenas um: 1) As crónicas de resposta a interpelações dos leitores com a desejável resposta dos jornalistas ou outros res-ponsáveis; 2) As análises do jornal; 3) A crítica do funciona-mento e do discurso do media, o que tem sido regularmente feito. Agradeço a Rogério Santos a oportunidade deste escla-recimento e a chamada de atenção aos leitores para que escre-vam sobre o DN. Estou muito, muito longe dos milhares de *e-mails* de que falou Jeffrey Dvorkin. Mas alguns leitores esperam, talvez com impaciência, a resposta a interpelações que dirigiram ao provedor e que estão em agenda para res-posta.

A UM ENGANO, OUTRO ENGANO
08/08/2005

No DIA 10 DE Junho, Portugal viveu um sobressalto. Durante a tarde, as televisões relataram um «arrastão» de dimensões nunca vistas. Cinco centenas de jovens, sobretudo de origem africana, teriam criado uma enorme instabilidade na praia de Carcavelos. No dia seguinte, a imprensa chamou este acontecimento para primeira página. O DN assim fez: *Arrastão à brasileira chega a Carcavelos*. E publicava uma fotografia, de grandes dimensões. Um pequeno texto remetia para a página 22. A legenda dizia: «*A praia de Carcavelos viveu momentos de terror, ontem à tarde, quando grupos de jovens espalharam o pânico, agredindo e assaltando os banhistas. A polícia estima em 500 o número de indivíduos que participaram no "arrastão", uma prática habitual nas praias do Rio de Janeiro, mas até agora inédita em Portugal.*» Solicitados esclarecimentos aos editores da secção *Sociedade* sobre o trabalho publicado no DN, recebi promessa de texto de um deles. Mas não chegou em tempo útil.

Nos dias seguintes, o DN fez uma cobertura muito semelhante à do resto da imprensa. Mas um pormenor traduz alguma tensão nas narrativas e aponta para hipóteses explicativas contraditórias. Uma caixa aparece com o título *Acto terá sido preparado*, enquanto a peça onde a caixa se insere assegura: «*Não houve, portanto, nenhum assalto organizado à praia nem qualquer estratégia organizada entre* gangs.» A 10 de Junho, duas teses diferentes andaram pela Redacção e foram veiculadas para os leitores, na mesma página: uma sustentava a premeditação do ajuntamento, outra a sua espontaneidade. Diferença que justificaria a procura de explicações para tal contradição nos dias seguintes. Mas não: no dia 13, segunda-feira, a tónica das peças incidiu na criminalidade, no reforço da vigilância policial, nos fenómenos de pobreza urbana emergentes que a situação esconderia.

A força das imagens, sobretudo de televisão, faz esquecer os textos jornalísticos que as acompanham. Estes enquadram as leituras, reduzindo as múltiplas significações que as imagens encerram. O efeito de bola de neve a partir das notícias validadas pela televisão não é novo. Basta reler Ignacio Ramonet: «*A repetição substitui-se à verificação. Se a televisão (a partir de um despacho ou imagem de agência) apresenta uma notícia e em seguida a imprensa escrita e a rádio a retomam, tal basta para creditá-la como verdadeira.*» O impacto do «arrastão» foi menor nos dias seguintes, pois as mortes de Vasco Gonçalves, Eugénio de Andrade e Álvaro Cunhal ocuparam a agenda mediática, pondo Carcavelos no esquecimento momentâneo. Mas algumas iniciativas serão decisivas para reinserir este acontecimento na agenda dos *media*. As mais relevantes terão sido uma pesquisa conduzida por Diana Andringa sobre o tratamento televisivo deste acontecimento, bem como um artigo, *A história do arrastão que nunca existiu*, do jornalista de *A Capital* Nuno Guedes. O *Expresso* puxou também o assunto para as primeiras páginas. Essas intervenções, bem como algumas opiniões provenientes de dirigentes do Bloco de Esquerda, vieram recolocar o problema nos antípodas do que havia sido feito inicialmente, ou seja, o «arrastão» teria sido uma inventona para uns, um pseudo-acontecimento para outros. Seguindo esta tese, fica-se com a ideia de que nada se teria passado. É certo que a qualificação do acontecimento como «arrastão» premeditado foi imprópria: o comunicado da Polícia de 29 de Junho mostra que terão sido «*circunstâncias de instabilidade*» descritas que «*terão sido aproveitadas para, de forma inopinada mas agregada, um grupo de cerca de 30 indivíduos correr pela praia e tentar apoderar-se de alguns objectos deixados pelos banhistas*». Por outro lado, foi também repetido à saciedade que não houve uma deslocação de 500 pessoas, afinal teriam sido só algumas dezenas. Ora o comunicado da PSP de 29 de Junho começa assim: «*No passado dia 10 de Junho (feriado nacional) verificou-se um grande fluxo de indivíduos (calculamos cerca de 400 indivíduos), maioritariamente de origem africana, para a praia de Carcavelos, utilizando como transporte principal o comboio da linha de Cascais.*» Afinal a redução foi de 500 para 400, não como se escreveu repetidamente de 500 para 30 ou 40. Passar de oito para 80 é uma característica muito portuguesa, mas que a informação não pode perpetuar sob pena de descredibilização vertiginosa.

Os jornalistas têm necessidade de combater essa falta de credibilidade e pisar terrenos de bom senso e rigor informativo. Como dizia Rui Marques no artigo citado, «*de nada valerá a eventual verificação* a posteriori *do erro jornalístico, a não ser aprender para o futuro*» *.

Quem deve aprender e o quê?
1. Os jornalistas, pela necessidade de pesarem a informação vinda das fontes, mesmo as mais credíveis. Alguns jornalistas, nomeadamente no DN, sublinharam a necessidade de uma análise crítica das fontes, imprescindível para que os leitores «não comam gato por lebre».
2. A Polícia, cuja necessidade de formação para lidar com os media (mediadores para os cidadãos) se revelou, neste episódio, de forma clara.

Os «donos» dos media também são os jornalistas. Não a Polícia, não os donos dos bares, não os grupos de pressão ou os *lobbies*. Por mais legítima e cívica que tenha sido a intervenção de cada cidadão ou grupo de cidadãos interessados no relato verdadeiro dos acontecimentos.

Palavras de reflexão
O DN publicou, além de cartas de leitores, alguns textos de reflexão sobre este acontecimento, nomeadamente críticas de televisão, bem como um trabalho mais extenso, na secção Media, já em Julho. Não foi em quantidade, mas alguns dos textos levantaram questões muito pertinentes. Caso de uma carta publicada a 24 de Junho, de Heliana Ribas e Luís Leiria, presidente e vice-presidente da Casa do Brasil, carta que

---

* Esta citação vem de *A Tirania da Comunicação* (1999) e abre um artigo de Rui Marques, *Eram pr'aí uns 500: de Timisioara a Carcavelos.*

assinalou alguns dos efeitos negativos da forma precipitada como os acontecimentos foram noticiados. Diziam: «*Deixou a suspeita de que os focos de violência são os imigrantes negros ou os seus filhos.*» E terminava: «*Quem, a não ser a extrema-direita, racista e xenófoba, ganhou com isto?*» Voltarei a referir esta carta em próxima crónica.

Palavras de um ex-ministro

Um colunista do DN, Nuno Severiano Teixeira, ex-ministro da Administração Interna de António Guterres, escreveu, a 22 de Junho, um artigo intitulado *Delinquência em grupo*. Embora o texto não tenha em consideração todo este questionamento sobre as palavras apropriadas para o descrever, nele se defende que «*o primeiro passo para resolver a questão é conhecê-la*». E diz Nuno Severiano Teixeira, «*nós em boa verdade não a conhecemos. (...) É preciso simultaneamente reprimir os efeitos e agir sobre as causas, mas para isto é preciso antes de tudo conhecer. E a política pública de segurança precisa, urgentemente, desse conhecimento científico e técnico que sustente a sua formulação e apoie a decisão. Precisa dos conhecimentos em concreto dos acontecimentos, como precisa do conhecimento, em abstracto, do fenómeno delinquência.*» Não restam dúvidas: o Estado não pode apenas investir na função repressiva, quando necessária, tem como primeira obrigação investir no conhecimento, também. Um bom recado de um ex-ministro. Haja quem ouça e haja quem aja. No mesmo artigo o colunista avançava uma hipótese explicativa: «*O mais provável é que fossem umas centenas, mas só umas dezenas tenham participado na acção. Organização, alguma teria que haver, mas foi situacional. Uma coisa, porém, parece evidente: a desproporção entre o efeito de pânico e insegurança geral e o resultado objectivo da acção. Ou seja, o número de feridos, o valor dos roubos e o número de detidos. Parece mais um acto de delinquência expressiva do que um acto de delinquência aquisitiva (...).*» Um bom ensinamento para os jornalistas, também agentes de conhecimento, pela informação que coligem. Haja quem ouça, haja quem aja.

MAL DAQUI, PIOR DALI
14/11/2005

Um estudo de Maio de 2005, de uma consultora internacional, coloca Portugal em muitos sectores como País mais atractivo do que a Espanha, a Grécia e a Irlanda. Isto foi afirmado no discurso de Diogo Freitas do Amaral, a quem coube, em nome do Governo, encerrar o debate na generalidade da Proposta de Orçamento do Estado para 2006. *«E até – para grande surpresa de muitos – há vários clusters em que Portugal aparece à frente dos campeões Alemanha, França e Inglaterra. Daí se pode concluir que o pessimismo dos portugueses, de que fala constantemente a comunicação social, não tem fundamentos objectivos. Sendo portanto subjectivo, pode evoluir com melhor informação ao público, maior debate político, e mais activa e coordenada diplomacia económica. (...) Não devemos ser demasiado optimistas, mas o pessimismo por sistema, por princípio, ou por vício, deve ser combatido no que tem de doentio e, portanto, susceptível de cura.»*

No dia seguinte, sábado, a comunicação social escrita dava bastante repercussão ao debate, citando amplamente o ministro. O *Público* destacou as críticas aos partidos, aos sindicatos e corporações. O *Correio da Manhã* apontava para a mesma trilogia num trabalho de menores dimensões. O DN publicava uma foto do ministro, dedo em riste, e legendava acentuando as fortes críticas aos partidos à direita e à esquerda do PS. No corpo do texto, retomava-se o «forte ataque às oposições, mas sem poupar igualmente sindicatos e corporações». O JN também acentuava aspectos semelhantes. Dir-se-ia que a alusão à comunicação social foi esquecida pela imprensa escrita. Mas na televisão, pelo menos na RTP, no *Telejornal* das 20.00 de sexta-feira, ouviram-se as reservas citadas.

No discurso referido, o pessimismo é atribuído aos portugueses e seria constantemente falado nos media. Parecem justas as duas afirmações. E não se pense que o problema é apenas jornalístico. Na opinião, alguns velhos do Restelo têm terreno conquistado e não dão nesga de esperança. Exemplo de pessimismo? Qualquer medalha de bronze nos Jogos Olímpicos é um resultado deplorável, em vez de ser um terceiro lugar entre os melhores do mundo. A ciência tem António Damásio, um português que fez carreira nos EUA, mas também Sobrinho Simões, director do Ipatimup, sediado no Porto, um pólo da investigação mundial no domínio do cancro.

Mas que contam tais proezas que podem multiplicar-se? Muito pouco. Continuamos a alimentar um miserabilismo que nos torna, em quase tudo, e para aproveitar uma imagem cinéfila, «feios, porcos e maus». Também somos, sem dúvida. Mas, na realidade, os portugueses vivem melhor do que nunca, por mais que sejam insuficientes (e desafiantes) os indicadores. Há mais esperança de vida. Maior consumo de bens. Nunca houve tanta oferta cultural e artística. Nunca as escolas do ensino superior tiveram tantos alunos. Nunca se editaram tantos livros e publicações. Temos mais bibliotecas públicas do que imaginamos. Por lazer, viajamos cá dentro e lá fora, como em nenhuma outra época da História. Apesar dos pequenos sustos, temos uma segurança, nas ruas das grandes cidades, rara nas grandes metrópoles de hoje. Mas estamos sempre deprimidos. Acreditamos e fazemos passar, com muita frequência, nas narrativas mediáticas um pessimismo sistemático. Não estamos sequer preocupados em trabalhar mais e melhor para sermos mais fortes e credíveis.

Seria importante que as empresas de sondagens de opinião ou outras instituições, nomeadamente os órgãos de comunicação social, medissem, conjuntamente, dois indicadores. Por um lado, saber o grau de satisfação das pessoas em relação às instituições e aos serviços (justiça, educação, media, transportes, etc). Mas deveria ser possível saber, neste aspecto, se as opiniões que os inquiridos emitem derivam da sua experiência directa ou do ouvir dizer, nomeadamente na comunicação social. Por outro lado, seria preciso compreender, ao mesmo tempo, se as pessoas inquiridas consideram a sua vida pessoal cinzenta, satisfatória ou desafiante. Se consideram que vivem melhor que os seus pais ou pior, se acham que os seus filhos têm uma vida melhor ou pior do que a sua. Talvez se descubra que há duas vertentes: uma bitola a considerar que a vida individual, a vida de cada dia, a vida da família e do pequeno círculo social vale a pena ser vivida e tem horizontes para cada um de nós. A outra que considera o País inviável, gasto, estafado, corrupto, sem vitalidade. Mas como conhecemos o país, o mundo? Sobretudo por agentes mediadores onde pontificam os media que (quase) tudo avaliam com pessimismo. Pior: usando critérios que colocam um país que trabalha mal, que se organiza mal, a ter expectativas como os que muito trabalham e se organizam razoavelmente.

Voltemos à questão inicial. Porque não veiculou a comunicação social escrita as críticas que o ministro deixou no ar? Uma hipótese é a de que a imprensa goste pouco de falar de si própria, de forma negativa. Ver um cisco no próprio olho pode ser difícil para quem vê, facilmente, em olhos alheios.

E o argumento de que o jornalismo não é positivo nem negativo, pois é informação, não é um argumento irrefutável. Está ainda na memória de todos o tsunami que varreu a Ásia. O trabalho feito por jornalistas de todo o mundo, dando informação sobre a dimensão da tragédia (mortos, desaparecidos, devastação), mas também acentuando gestos de solidariedade e outros comportamentos positivos ocorridos, foi bastante apreciado. Restituam-se diferentes dimensões e pontos de vista à informação, e não se mantenha, apenas, o olhar miserabilista. Este, se exclusivo, não retrata bem o mundo, nem dá bom viver.

OUVIR INTERESSES ATENDÍVEIS
31/10/2006

No dia 16 de Setembro, um sábado, o DN noticiou que Henriques Gaspar, juiz vice-presidente do Supremo Tribunal de Justiça, poderia vir a ser o novo procurador-geral da República. No mesmo dia, a SIC Notícias, usando o DN como fonte, repetiu várias vezes a mesma informação. Posteriormente, um desmentido oficial foi publicado e o novo procurador-geral anunciado foi Pinto Monteiro. O assunto teve alguma repercussão na blogosfera. No entanto, o provedor não recebeu reclamações dos leitores. Tendo iniciativa própria, questionei o jornal. O director adjunto, Eduardo Dâmaso, enviou-me a seguinte resposta: «*A manchete em causa desdobra-se em duas informações relevantes: PS e PSD acertaram perfil do PGR e um dos nomes que encaixavam no dito era o do magistrado Henriques Gaspar. A informação foi cruzada por fontes dos dois partidos e do Governo. Também foram contactadas outras fontes do sistema judicial. Os jornalistas que escreveram a notícia tinham, naquele momento, uma fortíssima convicção e certeza quanto à veracidade da primeira informação (PS e PSD acertaram perfil). No dia seguinte, o Governo veio dizer que essa informação era especulativa, mas em nenhum momento o PSD e o seu líder a desmentiram. Como se comprova, o perfil do nomeado corresponde ao noticiado: um magistrado judicial.*

Quanto ao nome do dr. Henriques Gaspar, foi dito que o seu perfil correspondia ao que tinha sido traçado pelos dois partidos e pelo Presidente, mas reconhecemos que em algumas passagens do texto acabou por ficar uma formulação ambígua, permitindo retirar a ilação de que ele seria o próximo PGR. Na primeira página escreveu-se que o nome correspondia apenas ao perfil, mas naquele contexto é difícil defender que os leitores não tenham assimilado a ideia de que estávamos a noticiar o nome do próximo PGR. O mesmo se pode dizer do título da página 2. Não fomos felizes, embora tenhamos razões para acreditar que, quando escrevemos, estávamos a ser fiéis às informações de que dispúnhamos. Não procurámos fazer nenhum sensacionalismo nem fomos manipulados.»

Acredito que não. O jornalismo é uma profissão de risco, mesmo quando funcionam os cuidados editoriais de uma redacção profissionalizada. No dia-a-dia, as informações veiculadas são fidedignas, embora muitas vezes dadas sob pontos de vista diferentes. Ainda recentemente, numa estação de rádio portuguesa, ouvi como a última corrida de Fórmula 1 foi noticiada: num jornal brasileiro destacou-se a vitória de Felipe Massa, piloto do país irmão, mas o *El País* destacou a vitória do espanhol Fernando Alonso, sagrado campeão do mundo nessa corrida. Já um jornal italiano centrou a sua atenção em Schumacher, alemão que nada conquistou na corrida, mas que se retirou naquela prova e é dono de um currículo invejável. Os redactores brasileiros, espanhóis e italianos descreveram o mesmo acontecimento, valorizando aspectos que consideraram mais pertinentes para os seus leitores. O caso que nos ocupa é diferente: o exemplo de cima refere diferentes protagonistas, todos implicados num acontecimento. Neste caso, aponta-se um nome, de modo que os leitores considerem verosímil, mesmo certo, o nome do futuro titular de um importante cargo. Afinal, as informações que pareciam verdadeiras num dia revelam-se infundadas nos dias a seguir. Terá o jornal tomado todas as precauções que deveria ter tomado? Não foi o caso.

Na resposta do director adjunto não se vislumbra que algum dos jornalistas tenha confrontado o juiz Henriques Gaspar com a nomeação iminente. Este, por mim solicitado, informou-me que não foi contactado nem por quaisquer entidades oficiais nem por nenhum jornalista. De facto, Kafka não conseguiria melhor. Um cidadão acordar procurador nas páginas de um diário respeitado não é frequente nem será fácil de gerir. O Código Deontológico dos Jornalistas estatui no seu artigo 1.º: «*O jornalista deve relatar os factos com rigor e exactidão e interpretá-los com honestidade. Os factos devem ser comprovados, ouvindo as partes atendíveis no caso. A distinção entre*

notícia e opinião deve ficar bem clara aos olhos do público.»
O que levará os jornalistas a esquecer este bê-á-bá? A ingenui-
dade? O tempo apressado? Alguma displicência? Uma notícia
sobre a «nomeação» de um dos mais importantes rostos da
justiça em Portugal não deveria levar a considerar os interesses
atendíveis do eventual nomeado? De onde brotou a informação que o DN credibilizou?

NEM TUDO O QUE SE PASSA PASSA NOS MEDIA
12/12/2006

Esteve entre nós, na semana passada, Daniel Dayan, director de investigação no CNRS (Centre National de Recherche Scientifique). Este investigador é conhecido sobretudo por ter sido co-autor de *Media Events*, uma obra que está traduzida em oito línguas e que foi escrita em colaboração com Elihu Katz, um dos mais prestigiados investigadores americanos na área da comunicação social *.

A vinda de Daniel Dayan passou muito ao lado dos nossos *media* e da nossa televisão, talvez ainda arreigados em demasia à muito bafienta – mas poderosa – ideia de que a televisão não se discute. Os jornalistas bem sabem que têm o poder de esconder ao grande público acontecimentos que, sem a sua presença, passam como se não existissem. Por outro lado, tendo acompanhado as diferentes intervenções de Daniel Dayan, pude verificar como as suas palavras foram ouvidas por poucos jornalistas fora da sua rotina profissional.

Nas minhas actividades ao longo dos anos acompanhei de perto dois campos profissionais: a educação e o jornalismo. No primeiro sempre pude ver interesse de uma parte da classe muito empenhada em assistir e participar nas reflexões de investigadores e colegas da educação.

No jornalismo tenho assistido à maior das indiferenças, neste como noutros acontecimentos, e, salvo casos muito excepcionais, quase sempre ligados a iniciativas da classe. É como se os jornalistas apenas tivessem estatuto para serem oradores, especialistas reconhecidos, sentados nos palcos da palavra. Já parecem pouco talhados para serem humildes criaturas que, de vez em quando, também precisem de ouvir. Ouvir o que outros jornalistas, professores e investigadores, mesmo especialistas de domínios de que depois são juízes e

---

* Em Portugal está traduzido na Minerva Coimbra com o título *A História em Directo: os Acontecimentos Mediáticos na Televisão*.

porta-vozes, preparam, com investigações tantas vezes reconhecidas internacionalmente. Embora sabendo existir uma diferença quantitativa enorme nos efectivos dos dois campos (mais de 130 mil professores, mais de cinco mil jornalistas), não deixo de reconhecer uma apatia insustentável numa cultura profissional que precisa de se renovar de alto a baixo e que precisa de estar na ponta do conhecimento.

Sobre que temas incidiram as intervenções de Daniel Dayan? Seria pretensioso pensar que uma crónica de sete mil caracteres poderia substituir um pensamento tão estruturado, diversificado e rico como o de Daniel Dayan. Recordarei apenas algumas pistas que foram referidas, as mais significativas e as mais relacionadas com o jornalismo: por um lado, Daniel Dayan ao falar de teoria da imagem lembrou que a objectividade é um valor imanente do jornalismo*; por outro lado, desenvolveu uma interpretação muito sólida do fenómeno do terrorismo e das suas ligações com os media.

Para Daniel Dayan, o conceito de *performance* é central na teoria da imagem. A *performance* é privilégio dos actores, dos públicos e dos *media*. Falar de imagens de televisão pode ser feito a partir da noção de *performance*, afastando a ideia de representação. Na perspectiva de Dayan, deveríamos olhar as imagens de televisão não tanto como imagens que representam a realidade mas sim como imagens que criam uma realidade. Neste entendimento, as imagens de informação deveriam ser vistas como imagens que criam outra realidade, diferenciada da que pretendem representar. Para o investigador, seria mais curial perguntar porque vemos tais imagens, em vez da formulação incessantemente repetida à volta da sua significação. Porque vemos certas imagens e não outras, porque se tornam certas imagens visíveis? Dayan conclui que o

---

que se pede aos especialistas é a construção de uma sociologia da atenção, isto é, uma reflexão permanente sobre o que solicita a atenção colectiva no campo mediático.

Para referir a sua posição de princípio quanto à objectividade, Dayan partiu da noção de espaço público perfilhada por Hannah Arendt. Dayan considera que esta pensadora tem uma concepção que acolhe a dramaturgia social como uma característica do espaço público, ao contrário da de Habermas, inclinada para uma visão mais centrada na razão e na linguagem. A investigadora usou, para definir o espaço público e o modo como o partilhamos, a metáfora da mesa que ocupamos: na mesa há um espaço que nos aproxima, mantendo-nos relativamente separados, o que nos permite manter a identidade. E socorreu-se também da noção de factualidade, terreno da objectividade. Sabemos que a Segunda Guerra Mundial é fruto de muitas interpretações, mas o terreno da factualidade é campo comum indispensável às diferentes interpretações. O exemplo avocado foi ainda retirado da obra da filósofa: foi a Alemanha que invadiu a Bélgica e não o contrário. Se não conservarmos a factualidade como terreno comum, entraremos na completa pulverização da vida colectiva, ajudando à volatilização do espaço público.

O terrorismo foi objecto de conferências na Escola Superior de Comunicação Social, em Lisboa, e na Faculdade de Letras da Universidade de Coimbra. Embora diferentes na sua concepção, houve linhas de força comuns: uma delas foi a de considerar o terrorismo não apenas um acto mas também uma mensagem; logo, um terreno para os semiólogos. Ou seja, o terrorismo existe para ser conhecido pelos outros, para produzir uma imagem que atinja os que não estão no local do acto terrorista. Pelo contrário, os crimes contra a humanidade procuram ser desconhecidos na opinião pública. O terrorista procura a visibilidade, o autor de crimes contra a humanidade evita-a, teme-a, mesmo. Estas características mostram que, para além da violência que o terrorismo espalha num local, a sua pretensão é multiplicar a sua difusão em múltiplos pólos, em espaços públicos diversificados, mesmo globalizados. Os media são indispensáveis às *performances* terroristas sobretudo pelo impacto nos públicos que estes pretendem atingir. E deveriam ter em atenção que «*é fácil de notar que existem militantes que não matam ninguém. Tais militantes desfilam, distribuem panfletos, vendem jornais, colam cartazes ou proclamam a invencibilidade do povo. Os terroristas são militantes, mas os militantes não são todos terroristas. Para aqueles que pensam que as vidas humanas têm alguma importância, esta é uma distinção que conta.*» *

---

* Dayan Daniel (org), *La terreur spectacle: Terrorisme et Télévision*, editado pela De Boek. [*O Terror Espectáculo. Terrorismo e Televisão*, Lisboa, Edições 70, no prelo].

No dia 5 de Janeiro, o DN publicou um título sobre uma bebé de Viseu agredida pelos pais. Desde que o caso ocorreu, os primeiros nomes da criança foram repetidos em diferentes peças noticiosas. Pedi por isso esclarecimentos ao jornal. O editor da *Sociedade* respondeu: «*A regra quanto aos menores de idade vítimas de abusos sexuais é a manutenção do seu anonimato, como aliás está claramente expresso no Código Deontológico dos jornalistas: "O jornalista não deve identificar, directa ou indirectamente, as vítimas de crimes sexuais e os delinquentes menores de idade." Na generalidade desses casos, o jornalista opta voluntariamente por ocultar informação aos seus leitores de forma a proteger os menores de uma exposição pública que lhes poderá ser adversa. Existem, contudo, questões de difícil resolução, tais como a clarificação dos conceitos de identificação e*

anonimato (deve inventar-se um nome?, resumir o nome próprio a uma letra?, ocultar apenas o apelido?), que certamente mereceriam alguma reflexão dentro do DN. Este caso é ainda mais complexo por se tratar de uma bebé de poucas semanas quando foi agredida pelos pais. O nome da bebé, até pela dimensão da tragédia, entrou imediatamente no espaço público através de todos (ou praticamente todos) os meios de comunicação social, e quando assim acontece não há forma de o retirar de lá. É um daqueles casos em que só uma auto-regulação dos media *poderia solucionar o problema: se o nome é pronunciado na televisão, na rádio e em quase todos os jornais, a introdução de um nome falso num diário, isoladamente, produziria um ruído incompreensível para o leitor. Daí que tenhamos optado por divulgar sempre o seu nome próprio (embora não o seu apelido).*

Além disso, sendo uma bebé, e uma bebé que esteve muitos dias entre a vida e a morte, convém também ter em conta que esta criança não está para já sujeita a uma pressão social que a possa prejudicar. Se ela fosse, por exemplo, uma criança de oito anos de idade vítima de abusos sexuais a frequentar uma escola primária, já me parece que a divulgação do seu nome seria um acto de irresponsabilidade.

Uma última nota, de carácter mais pessoal. Tenho para mim que a utilização de nomes fictícios num texto é um empobrecimento jornalístico a que o repórter deve, por regra, resistir sempre. O nome é parte significativa da identidade de alguém, uma peça fundamental da construção do "eu", da qual só se deve abdicar em último caso. Esta história é uma gigantesca tragédia que nos interpela e nos leva a reflectir sobre os limites do ser humano. A história da bebé de Viseu poderia ser escrita com as mesmas palavras, mas nunca seria a mesma coisa. Muito sinceramente, caro provedor, não me parece que exista uma boa resposta para este dilema.»

Código Deontológico dos jornalistas

A argumentação do editor é pouco convincente. Lembro que o Código Deontológico dos jornalistas afirma no ponto 7:

«*O jornalista não deve identificar, directa ou indirectamente, as vítimas de crimes sexuais e os delinquentes menores de idade, assim como deve proibir-se de humilhar as pessoas ou perturbar a sua dor.*» O Código Deontológico estabelece como princípio a não revelação do nome de vítimas de crimes sexuais. Neste caso, o nome foi amplamente divulgado contra determinação expressa do código, emanado da vontade dos jornalistas. Se os grupos não cumprem as regras que criam, como poderá haver alguma harmonia social?

Ausência de escolaridade

O editor avança o argumento da ausência de escolaridade. De facto, esta bebé não estava num infantário. Mas, crescendo, frequentará jardins-de-infância e escolas. E os resultados serão previsíveis. Esperemos que, no futuro, esta criança, ou outras que, por mero acaso, tenham os mesmos nomes próprios, não sintam discriminações ou dificuldades de relacionamento, por o seu nome ter sido tão persistentemente repetido nos órgãos de comunicação social. Este princípio de protecção inserido no Código Deontológico foi certamente estabelecido pensando nos efeitos do presente mas também nas consequências que podem, com razoabilidade, esperar-se no futuro.

Nome falso

Teríamos então que cair no nome falso? Não. Para escrever esta crónica não precisei de inventar um nome falso para a bebé. Bastou-me evitar a divulgação do nome. Apesar de eu concordar que o nome é a primeira identidade, neste caso e noutros deste tipo, é a indicação contrária que vigora.

Erros repetidos

Todos podemos errar. Os órgãos de comunicação social erraram no momento em que o caso bebé de Viseu foi notícia pela primeira vez. Mas houve quem tivesse recuado e quem tenha continuado, persistindo uma e outra vez no erro, como foi o caso do DN. O bom jornalismo evita persistir no erro.

XIV

MELHORAR O JORNALISMO

A superação de si próprio e a procura de níveis de alta qualidade e rigor são necessárias ao jornalismo de hoje. Alguma arrogância e auto-convencimento deveriam ser substituídos por maior humildade e perseverança na melhoria profissional e institucional, aproveitando algumas vezes dinâmicas existentes.

Formar jornalistas
13/09/2004

Jornalistas elevam os padrões do jornalismo
16/05/2005

Federar esforços
27 de Março 2006

Analisar erros
17/04/2006

Pela excelência no jornalismo
03/07/2006

Por um projecto de excelência
14/11/2006

A Formação contínua de jornalistas
22/05/2007

FORMAR JORNALISTAS

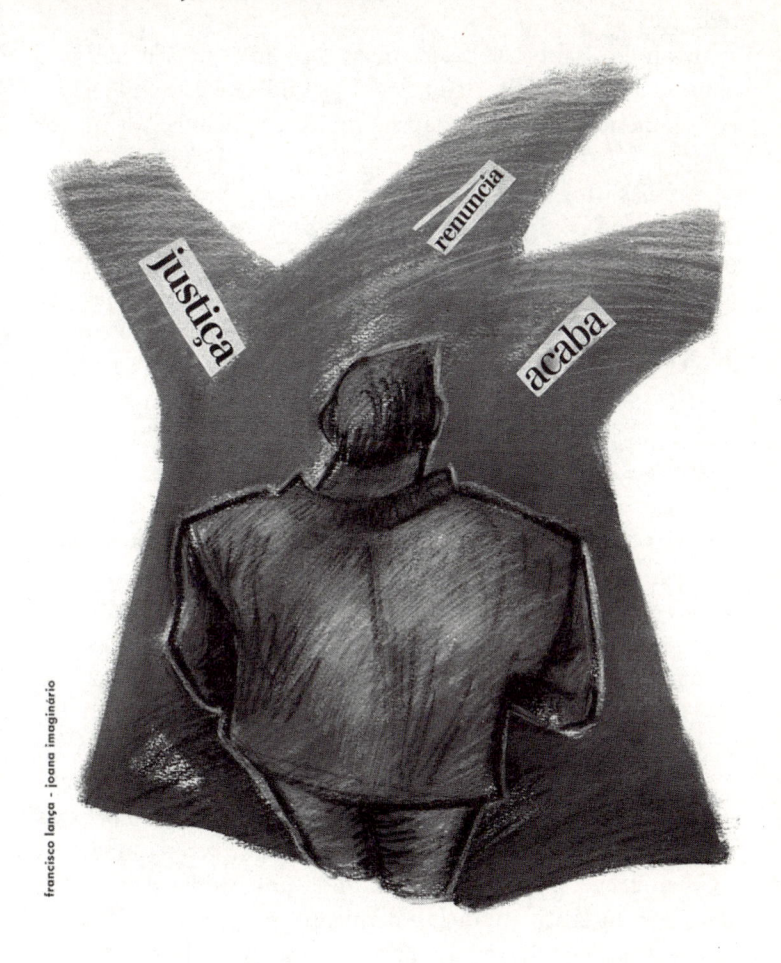

Na semana passada, visitei a *Folha de S. Paulo* aproveitando uma curta estada profissional no Brasil. Fui recebido pela editora de «treinamento» (formação), Ana Estela, e pelo editor da primeira página, Vaguinaldo Marinheiro. O dia em que estive no jornal era dia de ponte, dada a comemoração da Independência. A *Folha* tem actualmente uma tiragem de perto de 400 mil exemplares e cerca de 350 jornalistas na redacção.

Foi interessante a conversa mantida com os dois jornalistas, embora a curiosidade maior tenha incidido sobre a editoria de «treinamento», pouco ou nada comum em Portugal. De que se trata?

Apenas isto: o jornal faz formação e uma jornalista ocupa--se, a tempo completo, da gestão deste dossier, na dupla vertente de formação interna e externa. Esta última assume a forma de três cursos anuais para candidatos a jornalistas. As vagas são apenas dez, embora surjam, em regra, 2000 candidatos: no último curso houve mesmo 2600. A escolha é faseada em três etapas, após o que o capital de saber da organização se põe em movimento para uma formação diária com duração de três meses.

A formação interna abrange os jornalistas da casa, os mais jovens como os mais experientes. Segundo Ana Estela, este tipo de formação faz-se de forma variada: com cursos internos sobre, por exemplo, a história do Brasil, o financiamento das campanhas eleitorais ou a análise de balanços das empresas; o jornal subsidia também cursos no exterior, bem como dá bolsas de estudo para os jornalistas fazerem breves cursos, sobretudo em escolas de línguas: outra estratégia de formação é a troca de jornalistas entre editorias para estes ganharem conhecimento noutro sector de especialidade; há também os «padrinhos», jornalistas mais experientes que acompanham os mais novatos: o jornal mantém ainda uma *intranet* (Internet de acesso interno) em que se divulgam sites, anúncios de cursos, textos de interesse jornalístico, sendo esta informação disponibilizada também por *e-mail*: há ainda uma biblioteca de livros considerados exemplos clássicos de narrativa (Hemingway, Truman Capote, Garcia Marquez, Fitzgerald, Conrad, Dostoievsky, etc.) e de filmes sobre jornalismo e jornalistas.

Parece simples. Hoje as empresas não podem prescindir da formação dos seus quadros para atingirem padrões de excelência e de rentabilidade.

O jornalismo também não pode ignorar a formação, pois não só os conteúdos objecto das notícias (urbanismo, economia, medicina, saúde, por exemplo) estão em grande e rápida evolução como também os modos de fazer jornalismo de qualidade evoluem a partir das novas tecnologias, dos novos questionamentos éticos e deontológicos, dos novos conhecimentos sobre os públicos leitores e de como estes podem ser satisfeitos com mais eficácia.

Na minha perspectiva, a importância social do jornalismo, a rentabilidade das empresas e a qualidade do jornalismo exigem mais atenção das empresas na vertente formação interna e externa. Não só das empresas, das universidades, das fundações, do Estado, das associações de comunicação. Mas também das empresas.

JORNALISTAS ELEVAM PADRÕES DO JORNALISMO
16/05/2005

JORNAIS de todo o mundo falaram do *New York Times* (NYT) na semana passada. Embora o *Diário de Notícias*, como outros jornais portugueses, já se tenha referido ao tema, vale a pena voltar ao assunto. O jornal americano, nos últimos dois anos, foi abalado por dois acontecimentos que afectaram a sua credibilidade: um deles, as reportagens falsas de um jornalista. O jornal criou o cargo de provedor dos leitores, considerado desnecessário até então, e nomeou Daniel Ockrent, um intelectual e colaborador, para essas funções. O outro acontecimento foi a «ressaca» da guerra do Iraque: o jornal fez uma *mea culpa* procedendo à análise da cobertura realizada. Os jornalistas encontraram motivos de satisfação como fortes motivos de preocupação: reconheceu-se a influência excessiva de fontes pouco credíveis ou com interesses muito marcados no conflito. Se alguém julga que o provedor isolado pode salvar o jornalismo de si mesmo, tal não é o caso do NYT. Acertadamente, diga-se. No Outono do ano passado o director nomeou um grupo de editores para reflectir sobre novas medidas para melhorar o jornal. E, na semana passada, tornaram--se públicas as recomendações num relatório intitulado *Preservar a confiança dos nossos leitores**. Vale a pena tecer algumas considerações, embora as recomendações sejam ainda provisórias.

O aspecto mais relevante do relatório é o de que as reflexões e propostas foram elaboradas por jornalistas. O grupo era constituído por 11 editores, seis jornalistas, um fotógrafo e um *copy editor*. Fizeram dez reuniões aprofundadas desde Novembro, criaram subgrupos, investigaram como outros jornais lidam com as fontes anónimas, como tentam minimizar os erros inevitáveis, como usam a Internet para se manter em contacto com os leitores. Um dos subgrupos ouviu uma dúzia

---

* www.nytimes.com/2005/05/09/business/media/09cnd-timesreport.html

de jornalistas reconhecidos de outros jornais. A reflexão que é feita no dia-a-dia do jornal alargou-se, foi conduzida pelos jornalistas e tornou-se pública, dois pontos de importância maior.

Um segundo aspecto a destacar é o da formação. Algumas vezes as propostas foram acompanhadas por recomendação explícita para que a formação as possa desenvolver. Exemplo: uma das medidas preconizadas é aumentar o diálogo com os leitores. Para isso, entre outras coisas, sugere-se a criação de um gabinete de oradores que recrute, forme e pague a voluntários da redacção para falarem a grupos e associações, nas igrejas ou nos *campus*. Não basta dar ordem de marcha e colocar os profissionais num púlpito. Outro exemplo: para melhorar a interacção com as fontes é apontada a necessidade de fazer guias escritos e, claro, formar os jornalistas. Quem ler o relatório verá que há muitas outras referências à formação dos jornalistas. E não se trata, apenas, da formação dos novos jornalistas. Trata-se da formação dos jornalistas para melhor lidarem com certos problemas e ou para operacionalizarem soluções estratégicas. Porque se descuram em Portugal os diagnósticos, porque raramente se fazem documentos escritos, muito menos públicos, porque se defende que o produto que sai para a banca não dá tempo para se reflectir sobre os impasses e estrangulamentos? Porque não se pensa que formar é um caminho para melhorar? Porque será que as empresas estrangeiras têm tempo para a formação e as nossas, não?

Os domínios abrangidos de forma sistemática pelo relatório são a) o diálogo com os leitores, b) melhorar o uso das fontes, c) lidar com as fontes não identificadas, d) reduzir os erros. É importante que os profissionais leiam e discutam este relatório. Que pensem de forma sistemática e continuada como ganhar mais confiança dos leitores e rigor no produto. Que os estudantes de jornalismo não deixem passar em claro a sua leitura, também. Que os leitores, que desejam ter melhores jornais, vejam como são salutares as propostas de profissionais sobre o modo de melhorar o seu campo de actividade. Seria impossível resumir aqui toda a riqueza do articulado. Mas chamo ainda a atenção para alguns outros aspectos que me parecem ter sido pouco aflorados na imprensa.

Um deles é o aconselhamento a confrontar as notícias com as fontes. O documento diz que melhor que corrigir os erros é evitá-los e que um dos meios para tal é confrontar os factos com as fontes, em diferentes momentos, e, também, antes de o texto ser impresso. Nessas sucessivas verificações o jornalista vai podendo testar os factos, a sua veracidade, evitando erros. Diz-se, deve mostrar que é o jornalista que tem o controlo da história, não deve abrir a porta a que as fontes possam editar as citações.

Um guia e materiais de orientação devem ser produzidos para orientar os jornalistas e, claro... há formação prevista. Não será este um aspecto sensível na imprensa portuguesa? Não haverá demasiada arrogância na apropriação das palavras das fontes, não cuidando algumas vezes, devidamente, essa verificação?

Outro aspecto refere-se à separação entre as notícias e a opinião que, mesmo do ponto de vista gráfico, deve ser claramente visível. Chama-se a atenção para as *nuances* da linguagem. Os seminários de formação (mais uma vez..) devem apoiar-se nos jornalistas que se tenham tornado peritos na cobertura de assuntos carregados emocionalmente e que o tenham feito de forma «neutra» na linguagem. Neste aspecto é também relevante a ideia de retratar vidas mais radicais ou mais conservadoras do que as que maior parte dos jornalistas do NYT experienciam. A diversidade é um valor inegociável para os jornalistas do NYT.

Palavras de Jornalistas I

Será este relatório aplicável a Portugal? Será, se desejado, um forte contributo para confrontar procedimentos. Mais importante será a possibilidade de desencadear processos idênticos: reflexões internas destinadas a analisar a situação actual com propostas de medidas para melhorar a situação deste jornal, daquela rádio ou de tal canal de televisão. E pedir tal esforço a jornalistas e editores é muito apropriado. Não é que as empresas especializadas não tenham o seu lugar no mercado. Mas, de vez em quando, basear as mudanças nos seus agentes, também pode dar saúde. Até credibilidade.

Palavras de Jornalistas II

Uma das medidas propostas é a de que o director e dois editores escrevam com regularidade sobre assuntos relativos ao jornal. Sugere-se mesmo que essas crónicas possam alternar com as do provedor dos leitores. As crónicas do provedor do NYT devem ser, no mínimo, duas por mês.

Palavras de Provedor

O relatório que se divulga é ainda provisório. Pode ler-se na coluna de Daniel Ockrent *, de 8 de Maio, que a proposta será objecto dos comentários dos profissionais e só depois o director decidirá quais as propostas aceites, abandonadas, ou adaptadas.

O provedor americano escreveu antes de conhecer as propostas do grupo mas adianta que nelas constaria algo, certamente controverso, sobre as fontes anónimas, a maior queixa dos leitores do NYT. Um assunto que os leitores do DN não têm praticamente abordado no seu correio.

Vale a pena dar a conhecer a imagem que Daniel Okrent cria sobre este assunto: da cultura da redacção, diz, deveria fazer parte um pequeno objecto de decoração de parede. Uma caixa com uma tampa de vidro na qual existiria um certificado onde estaria escrito «Autorização para citar fontes anónimas». Um pequeno martelo estaria pendurado da caixa e haveria uma inscrição: «Quebrar o vidro em caso de emergência.» E, acrescenta, tal emergência deveria existir em função dos leitores e não do jornal. E cita depois o director do jornal ao afir-

---

* www.nytimes.com/2005/ 05/08/weekinreview/ 08okrent.html?page-wanted=1

mar que os jornalistas e editores têm que explicar aos leitores «como sabemos o que sabemos». E o director acrescenta: «Quando, excepcionalmente, não podemos dizer quem é a fonte, temos que explicar ao leitor porque não o podemos revelar.»

FEDERAR ESFORÇOS
27/03/2006

Muitos leitores de jornais terão dado conta de que, na semana passada, a imprensa deu alguma atenção ao tema do jornalismo social. Uma iniciativa da *Cais*, realizada na Fundação Luso-Americana, e o agendamento do assunto pelos principais órgãos de imprensa, levou a um melhor conhecimento público deste tipo de jornalismo. A complexidade da sua delimitação leva, porém, a algumas legítimas interrogações e a uma dúvida metódica que os jornalistas fazem valer, sempre que se discutem sectores específicos. O jornalismo será apenas jornalismo, dizem. É certeiro assumir um corpo comum que deve enformar todo o jornalismo. Porém, tal constatação não pode limitar o aprofundamento de questões específicas, sejam estas éticas, deontológicas, mesmo de técnica narrativa, que diferentes tipos de «especialidades» ou abordagens sugerem e exigem. O jornalismo económico é só jornalismo ou tem um algumas particularidades? E o jornalismo desportivo? E o jornalismo político? O importante, neste caso, é que o congresso da *Cais* acabou com uma intenção: a de criar uma agência de notícias de jornalismo social. Esperemos que a intenção passe aos actos. De facto, a especialização em domínios novos pode levar a elaborar perspectivas diferentes sobre a realidade que vivemos, exigindo maior rigor nos conceitos, debates aprofundados sobre as questões éticas e deontológicas relacionadas com o novo campo. Pode, em suma, levar à especialização dos olhares. O jornalismo, como outras áreas de conhecimento, é obrigado a manter um olhar atento sobre a floresta, mas precisa de saber distinguir cada espécie de árvore com muito rigor. E ainda olhar atentamente para vegetação «menor» e todas as formas de vida, mesmo microscópicas. Esta é uma questão que interessa aos leitores do DN por poder contribuir para a elevação dos padrões de qualidade da informação, incluindo a sua dimensão cívica e de responsabilidade social.

A recente indigitação de José Manuel Paquete de Oliveira para provedor da RTP e de José Nuno Martins para provedor da rádio pública é também um facto de relevo. Portugal passa assim a ter provedores na rádio, televisão e imprensa escrita, tendo também um provedor num jornal digital, o *Setúbal na Rede*. O Brasil tem menos, sendo um país imenso. A Espanha também não nos passa em quantidade. Dir-se-á, neste caso: mas são provedores de rádio e de televisão, não de imprensa. Cada um de nós sabe que, na nossa relação com os *media*, ora lemos, ora ouvimos rádio, ora vemos e ouvimos televisão. A entrada dos provedores de rádio e televisão, a quem desejo as maiores felicidades no desempenho, acrescentará estatuto aos telespectadores e ouvintes. Estes terão um mediador, que, com a independência que o cargo e o normativo lhes confere, servirão os receptores, organizando-os numa comunidade de sentido e de voz. E cada reflexão que estes produzam ou pequena mudança que contribuam para introduzir servirá para dar mais consistência ao peso dos cidadãos na sua relação com os *media*, ao que estes pensam sobre o que a informação e as histórias com imagens e sons nos contam. Os leitores da imprensa terão a ganhar com esta futura mediação, pressupondo que esta elevará, como acontecerá, a reflexão pública sobre a qualidade e os padrões do jornalismo.

Mas o movimento para um melhor jornalismo não acaba aqui. Há um programa do Clube dos Jornalistas na 2:; há colecções de livros que, nos últimos dez anos, publicaram dezenas de livros sobre o jornalismo que se pratica; há prémios de jornalismo de várias entidades e com vários objectivos; há duas associações, o CIMJ e a Sopcom, que têm feito trabalho de investigação, de debate e divulgação à volta do jornalismo e da comunicação; há blogues de excelente qualidade neste domínio; há o Cenjor, que tem contribuído para melhor formação dos jornalistas. Há outras entidades e iniciativas que pugnam por padrões de maior exigência.

O que nos falta? Entre outras coisas, federar tais iniciativas dando maior visibilidade e operacionalidade ao esforço de quem trabalha por um jornalismo mais verdadeiro, mais responsável e de padrões técnicos, éticos e deontológicos mais elevados. Quem estimular e patrocinar o esforço federador de tais iniciativas destinadas a elevar os padrões de qualidade do jornalismo prestará um bom serviço aos leitores.

ANALISAR ERROS

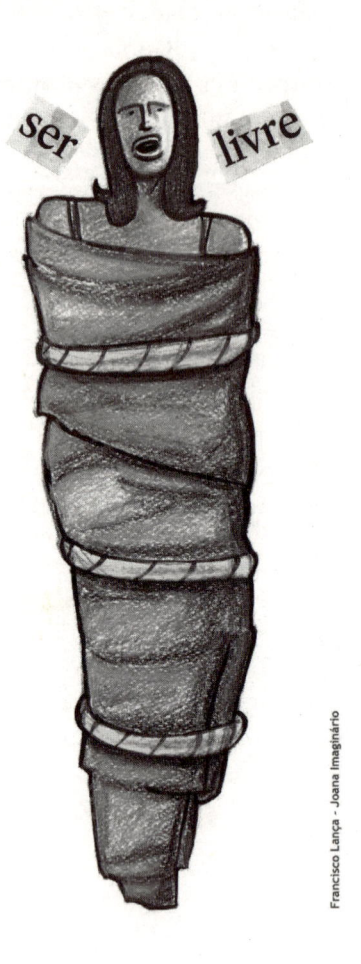

Francisco Lança - Joana Imaginário

Diz um leitor: «*"O director da revista* Mais Alentejo, *António Sancho, corre o risco de se tornar o primeiro jornalista a cumprir pena de prisão efectiva em Portugal, após o 25 de Abril, por um crime de liberdade de imprensa."* – *é o primeiro parágrafo de um artigo de Ana Drago sobre a recente condenação do jornalista citado. Ora, a verdade é que o jornalista Manuel Maria Múrias, nos anos 80, foi condenado e cumpriu pena de prisão na cadeia do Linhó, por crime de liberdade de imprensa. É desagradável ler mentiras.»*

Depois de verificar a notícia apercebi-me que o leitor, Gil Dias, cometera também um erro. De facto, a notícia foi escrita não por Ana Drago, deputada do Bloco de Esquerda, mas por Ana Pago, jornalista do DN.

Confrontada com aquela opinião, a autora da notícia considera que o leitor *«deve tomar mais em atenção o modo como escreve. Há muitas maneiras de fazer o reparo sem ter que chamar o jornalista de mentiroso.»* Será que algum correio dos leitores é excessivamente condenatório? Nos casos em que é, os jornalistas ficam numa posição muito defensiva. Felizmente, nas suas respostas às críticas, a maioria argumenta e dá boas explicações. Só assim tem sentido o diálogo público entre os leitores e o jornal.

Quanto ao conteúdo, Ana Pago responde: *«A informação de que dispunha foi precisamente essa que escrevi. E não havendo nenhum órgão representativo onde pudesse confirmar a dita, tomei como boa a informação que me foi fornecida e avancei com a história. Dadas as circunstâncias, considero que o meu maior erro foi, então, o de não escrever que António Sancho irá cumprir a maior pena de prisão efectiva após o 25 de Abril, caso não consiga pagar os 15 mil euros.»* Mais tarde enviou ainda um esclarecimento suplementar: *«Hoje consegui, finalmente, chegar junto de um jornalista (...) com memória dos tempos em que o jornalista Manuel Maria Múrias esteve preso. E o que apurei foi o seguinte: o dito jornalista cumpriu, de facto, pena de prisão no Linhó, durante 14 meses, por ser considerado fascista. Mas a dita pena foi cumprida entre 1974 e (prolongou-se para) 1975, logo depois do 25 de Abril e não nos anos 80, como o leitor pretendia.»*

1. Qualificar a situação como um crime de liberdade de imprensa é inexacto. Não há crimes de liberdade de imprensa. Segundo a lei, há crimes de abuso da liberdade de imprensa ou crimes cometidos através da imprensa.

2. «*A informação de que dispunha era essa*», defende a jornalista. A questão é se a informação poderia ser mais completa no momento em que a notícia foi escrita. Parece ser o caso. É certo que existe, como a jornalista aflora, uma lacuna em Portugal de instituições, estudos, e bases de dados especializadas, permanentemente actualizadas, que permitam, com rapidez, conhecer dados e factos. Mas os jornalistas são profissionais da pesquisa de informação. Neste caso, bastaria recorrer à memória de jornalistas mais velhos, como aliás Ana Pago fez, após a interpelação do leitor e, provavelmente, tenha tentado ao redigir o artigo.

A interrogação do leitor assinala outro caso de condenação, o do jornalista Manuel Maria Múrias, que dirigiu a informação da RTP no tempo de Salazar, bem como os jornais *O Bandarra* e *A Rua*, no pós-25 de Abril. Ora uma pesquisa na Internet permite encontrar uma entrevista ao *Expresso*, dada em 1996, e na qual Múrias diz que esteve duas vezes preso no pós-25 de Abril: «*No 28 de Setembro, fui preso – desta vez, legalmente – e, condenado a 14 meses de cadeia.*» Ou seja, a pesquisa da jornalista não chegou ao facto, indesmentível, de que esta não será a primeira condenação de um jornalista em regime democrático. Essa falha poderia também ter sido corrigida pelas hierarquias do jornal, co-responsáveis pelo trabalho dos jornalistas.

O recurso à entrevista, a bases de dados e à memória viva, mesmo a outros elementos, mostra como é vital a verificação. Este procedimento é a regra geral de toda a investigação e também um processo de apuramento da verdade no jornalismo. Para que factos ou descobertas possam ser considerados verdadeiros, convém fazer a triangulação dos dados, ou seja, verificar se estes são ou não confirmados por mais que uma fonte, por mais que uma origem. O que nem sempre se faz, com prejuízo para todos, nomeadamente para os leitores.

Ainda "Mais Alentejo"

A notícia do DN coloca um outro problema. A peça refere-se a uma decisão de um tribunal de Évora, depois confirmada por outros tribunais de recurso. A matéria de facto que fundamenta a condenação terá sido confirmada em todas as instâncias, sendo apenas alterado o prazo do pagamento de uma indemnização à ofendida. Esse prazo, que era de um ano, passou a dois.

Ora, na notícia apenas é ouvido o jornalista, António Sancho, cujas declarações são reproduzidas. O que pensaria um jurista, mesmo a queixosa? Não dar esses pontos de vista deforma a realidade. *«Prefiro que seja a classe jornalística a responder»*, diz o director da revista *Mais Alentejo*. No texto, estas palavras, seguem-se a uma interrogação: terá sido a liberdade de expressão posta em causa?

Num Estado de Direito, não podem ser os jornalistas a decidir se existem ou não abusos à liberdade de imprensa, pois seria julgar em causa própria. Por outro lado, o funcionamento da justiça não está sujeito às pressões corporativas dos juízes, ou de quaisquer outros grupos profissionais, incluindo os jornalistas. Quando não foram esgotadas todas as alternativas jurídicas, é ainda por um tribunal que passa o caminho de quem sinta a injustiça de uma decisão judicial. E quando o foram, só em raros casos é legítima uma contestação jornalística. Porém, face à investigação longa, contraditória e detalhada dos tribunais, este acto jornalístico nunca pode apoiar-se em argumentos pouco fundamentados.

Provedores em livro

Foram publicados recentemente dois livros com as crónicas de dois antigos provedores: Fernando Martins, que foi o primeiro provedor do *Jornal de Notícias* e Estrela Serrano, provedora dos leitores do DN, entre 2001 e 2004 e actualmente membro da ERC.

Ambos foram editados pela Minerva Coimbra, na colecção Comunicação, dirigida por Mário Mesquita. O de Fernando Martins intitula-se *A Geração da Ética*, o de Estrela Serrano *Para compreender o jornalismo*. Neste momento encontram-se editadas as crónicas de quase todos os provedores da imprensa generalista.

PELA EXCELÊNCIA NO JORNALISMO
03/07/2006

Foi NOTICIADO recentemente um prémio do jornalismo científico instituído pela Fundação Ilídio Pinheiro. Este prémio tem o júri constituído e uma particularidade: tem um prémio anunciado de 50 mil euros, soma muito além do que é normalmente atribuído. Alguns jornalistas tentarão certamente investir no jornalismo científico, pelo menos no futuro. O júri anunciado envolve nomes de prestígio, como Alexandre Quintanilha, Fernando Cascais, António Borges, José Pimenta de França, e será presidido por Júlio Pedrosa, que já foi ministro da Educação. Farão, com toda a certeza, uma escolha de qualidade.

É vital premiar a qualidade e este prémio vai fortalecer o jornalismo de qualidade. Por outro lado, também é bom pôr o dedo nas feridas, para que os problemas sejam discutidos e elas sarem. Porém, a correcção dos vícios e pontos fracos não assegura certos saltos qualitativos. Poderão os prémios servir de motores para um jornalismo de maior qualidade? A minha resposta é simultaneamente não e sim. Dificilmente elevarão o padrão médio, sozinhos. Mas são um elemento indispensável do reconhecimento profissional entre pares. E tal reconhecimento actua ainda na esfera pública, mostrando que no jornalismo também há qualidade e que esta pode ser compensadora. Aliás, há prémios que pela sua antiguidade, pelo seu prestígio, pela sua importância simbólica estruturam actividades de todo um sector e têm forte influência no seu rendimento: é o caso dos Óscares, o prémio da indústria cinematográfica norte-americana. Ou, no caso do jornalismo, o tão conhecido Prémio Pulitzer.

O que é preciso que exista, em simultâneo com os prémios, para criar uma dinâmica positiva para fazer crescer um jornalismo de excelência gerador de mais leitores? Será preciso um espírito que se expanda em vários patamares:

    – As universidades e centros de investigação terão que investigar mais e melhor, deixando o sexo dos anjos para trás e aplicando cada vez mais o seu trabalho ao jornalismo que hoje se pratica em Portugal e no mundo.

- Seria importante que instituições prestigiadas e actuantes financiassem também bolsas de estudo, cursos e estágios de formação para jornalistas em instituições prestigiadas para abrir os nossos jornalistas e outros profissionais a outras experiências e modos de fazer. O financiamento de investigação sobre questões concretas ajudaria também a alargar a compreensão dos problemas e potencialidades do país e os modos como estas são relatadas nos media.
- Os órgãos de imprensa terão de aceitar um princípio de sobrevivência, que é o da institucionalização permanente da inovação. Inovação que os leve a olhar para: a) a formação dos jornalistas, incluindo os seniores, b) os leitores e c) a evolução da Internet e as suas aplicações jornalísticas, nos dias de hoje. No envolvimento dos leitores não estão apenas os mecanismos de conhecimento das audiências em sentido quantitativo: trata-se também de saber, através de técnicas qualitativas, como estes reagem ao jornal que compram, o que gostariam de ler, que problemas têm e não vêem reflectidos no seu jornal. Importaria fazer o mesmo com não leitores para saber como atingir novos públicos.
- Seria útil ainda preservar a memória do jornalismo, conservando nas redacções alguns jornalistas mais experientes.
- Seria vital agrupar, dar visibilidade e estimular aqueles que pensam que a qualidade é uma meta para o país, em todos os domínios e, em particular, no jornalismo. É que muita coisa já existe: só falta dar-lhe mais visibilidade e maior presença pública.

O jornalismo precisa de iniciativas que lhe elevem a qualidade, mas precisa sobretudo que se expanda a convicção de que «o crime não compensa». Precisa de fazer bem e com qualidade, conseguindo resultados gratificantes. E, se o jornalismo não evoluir para a excelência, não nos enganemos: a imagem das actividades públicas e de cidadania, dos acontecimentos mais significativos, das instituições, das actividades económicas, da educação e da justiça, das pessoas com intervenção pública, também passa pelo jornalismo. Este faz a ligação do que ocorre com a maioria da população, funcionando como entidade mediadora. Perde a sociedade, no seu conjunto, se o jornalismo não souber percorrer os caminhos da excelência.

Outros prémios

Interroguei Fernando Cascais, director do Cenjor, sobre como saber quais os prémios actualmente existentes: «*Não sei dizer e duvido que alguém tenha esse registo completo. (...) Deveria haver uma entidade (o ICS ?) onde obrigatoriamente as entidades promotoras de prémios de jornalismo deveriam ter que os registar, mas os legisladores nunca se lembraram do assunto. Por uma questão de transparência (para evitar os "caçadores de prémios") e de prestígio dos referidos prémios, a sua listagem (e o seu desaparecimento) deveria ser pública.*»

Sem pretender ser exaustivo, aqui fica um contributo. Além do prémio referido na abertura deste texto, muitos outros têm sido atribuídos na área do jornalismo. Ainda recentemente o ACIME atribuiu o Prémio Imigração e Minorias Étnicas – Jornalismo pela Tolerância, em cujo júri participei. A Casa da Imprensa, em associação com o El Corte Inglés, fez, também em Junho, a entrega dos Prémios Stuart, tendo nelas sido distinguido André Carrilho, um ilustrador prestigiado internacionalmente que trabalha em exclusivo para Portugal para o *Diário de Notícias*.

Foi também premiado outro colaborador do DN, José Bandeira, autor da série diária *Cravo e Ferradura* no DN. Na categoria de Cartoon/Caricatura, Cristina Sampaio, colaboradora do *Expresso*, foi a distinguida. E o Clube dos Jornalistas escolhe entre os seus pares, atribuindo os Prémios Gazeta (Grande Prémio Gazeta de Jornalismo, atribuído pelo Clube de Jornalistas e patrocinado pela PT Comunicações). Nos últimos dias soube-se que também a Associação dos Municípios se juntou ao Clube para a atribuição de um prémio sobre o poder local. A nível local, outros existirão: por exemplo, a Câmara de Oeiras instituiu, há alguns anos, um prémio para trabalhos jornalísticos sobre o concelho.

No âmbito das comemorações do Dia da UNESCO, a 16 de Novembro, a Comissão Nacional da UNESCO, em colaboração com o Instituto da Comunicação Social, anunciou que iria atribuir o Prémio de Jornalismo «Direitos Humanos, Tolerância e Luta contra a Discriminação na Comunicação Social».

POR UM PROJECTO DE EXCELÊNCIA
14/11/2006

JÁ SUGERI que teria pleno sentido criar e desenvolver um projecto de excelência para o jornalismo, em Portugal. Na crónica de hoje trato este assunto de forma mais desenvolvida.

Defender a criação deste projecto implica recordar o Project for Excellence in Journalism, do Pew Research Center *. Quando nasceu, há cerca de dez anos, estava ligado à escola de jornalismo da Columbia University, a mais prestigiada do mundo, e também a um comité de jornalistas, o Comittee of Concerned Journalists. Em Julho de 2006, o projecto separou-se de ambos e tornou-se independente. Define-se como uma organização de investigação especializada no uso de métodos empíricos para estudar e avaliar as *performances* do jornalismo. Pretende servir dois objectivos: ajudar os jornalistas a produzir as notícias e os consumidores a entender melhor o jornalismo. Importa ainda referir que na sua retaguarda está o Pew Charitable Trusts, um fundo que tem projectos na área do jornalismo, da integração dos hispânicos, da sociedade e da Internet, da opinião pública e das sondagens. Na página desta organização pode ver-se que está previsto um investimento de 247 milhões de dólares (!) em 2007 para fornecer informação, avançar soluções e apoiar a vida cívica **.

Logo aqui há enormes diferenças com Portugal, pois a dificuldade de financiamento e as proporções são incomparáveis. Mas também temos dinheiro: se uma instituição bancária do Estado desencadeia uma campanha publicitária investindo 16 milhões para ligar a sua imagem ao futebol, porque não haverá uma outra – ou a mesma – de considerar que o País também pode melhorar na informação, bem cívico de primeira água?

---

* http://www.journalism.org/about_pej /about_us
** http://www.pewtrusts.com/

Ninguém pode negar existir hoje um conjunto de iniciativas que dão espessura ao jornalismo. Associações como o Centro de Investigação Media e Jornalismo (CIMJ) e a Sociedade Portuguesa de Ciências da Comunicação (SOPCOM) nasceram na última década *. O Clube de Jornalistas faz um programa de televisão na 2: e patrocina outras actividades, entre as quais os prestigiados Prémios Gazeta. O Cenjor tem programas de qualidade na formação de jornalistas e na formação em jornalismo. Sob a iniciativa de diferentes entidades, são atribuídos prémios para incentivar jornalismo de qualidade. Nalguns cursos de jornalismo capacitam-se jovens para aprenderem rapidamente a ser bons jornalistas, uma vez no seio das empresas, ao contrário do que alguns apregoam. Surgiram colecções que, na senda do trabalho de Mário Mesquita na Minerva Coimbra, têm editado em quantidade e em qualidade. Publicam-se revistas de bom nível como a *Media XXI*, *Trajectos*, a *Media e Jornalismo* e a *Jornalismo e Jornalistas*. Defendem-se teses de mestrado e de doutoramento, algumas com excelente qualidade. O Observatório da Comunicação apareceu revitalizado. A existência de provedores, agora na rádio, na imprensa e na televisão, dá mais credibilidade aos órgãos que os instituíram. A ERC mostrou ainda recentemente como é importante o seu papel, em defesa dos direitos dos cidadãos. Realizam-se amiúde conferências e seminários, quase sempre com conferencistas de topo, nacionais e estrangeiros. Uma parte da blogosfera mantém uma pressão salutar e apreciações críticas sobre os media tradicionais.

O que falta, então? Entre as faltas está um projecto para a excelência do jornalismo. Ou seja: uma ideia que agregue; dinheiro que a suporte; algumas pessoas que invistam tempo e energia; um trabalho de cooperação, tão difícil por estarmos habituados – de mais – ao funcionamento em capelinhas. Falta, sobretudo, a investigação pragmática que ajude a melhorar o quotidiano da imprensa e dos *media*; que ajude os

---

* Sou sócio fundador e membro de ambas.

decisores e os jornalistas a escrever mais próximo dos leitores, ouvintes e espectadores; que ajude os directores a compreender as mudanças rápidas que estão a minar o tecido tradicional e a exigir medidas para ontem.

Uma investigação que não pode ser feita apenas pelos jornalistas, ocupados na absorvente tarefa de fazerem as notícias, movimento perpétuo e sem pausas. Nem poderá ser conduzida pelo tempo dos académicos, legitimamente preocupados com as suas carreiras e com investigações de mais longo alcance. O tempo da investigação que é precisa é mais curto, mais ágil, mais funcional, mais dado a ser usado e utilizado nas redacções.

Um projecto de excelência para o jornalismo teria de partir de um esforço de um pequeno número, na sua génese, mas beneficiaria a todos. Talvez instituições de prestígio possam compreender que, sem jornalismo de excelência, dificilmente haverá excelência na política, na saúde, na educação, na vida cívica. Porquê? Porque o jornalismo define hoje o essencial da imagem pública de quase todos os aspectos da vida social. É com a imagem pública que a vida da Nação avança, estagna ou recua, pois as percepções do grande número são alavancas da acção e da inacção. Esta é a realidade de hoje e também será a de amanhã.

A FORMAÇÃO CONTÍNUA DOS JORNALISTAS
22/05/2007

1. Começou ontem, em Boston, a conferência mundial dos provedores. O DN é o único órgão de comunicação social português presente. Nem o *Público* nem a Rádio Televisão de Portugal, através dos provedores da rádio ou da televisão, se fizeram representar na conferência que está a decorrer. Já em 2006 o DN foi o único delegado de Portugal na conferência organizada pela *Folha de S. Paulo*, do Brasil. O mesmo aconteceu em 2004, quando a conferência teve lugar na prestigiada escola de jornalismo do Poynter Institute, em St. Petersbourgh/EUA. Nestes últimos quatro anos só o *Jornal de Notícias*, jornal também propriedade da Global Notícias, se fez representar por Manuel Pinto, em 2005, em Londres.

O DN é não só um jornal que tem escrito a história portuguesa recente [*] como também tem estado atento às tendências do futuro, em particular no jornalismo. Vale a pena dizê-lo e repeti-lo, pois a memória dos homens é curta. O DN é considerado, por vezes, um jornal oficioso, injustamente. Não se pode esquecer esse papel, anos a fio, de alinhamento com a ditadura. Mesmo, em tempos mais recentes, houve tentativas para que novas ditaduras se tornassem reais. Simultaneamente, esquece-se, por exemplo, o tempo em que o DN foi dirigido por Mário Mesquita, época em que as pressões do partido, então no poder, não conseguiram demover a firmeza e frontalidade do então jovem director. E lembro este exemplo só por ser, provavelmente, o mais paradigmático da História recente. Mas o que conta para os «biógrafos» é uma história saída dos preconceitos ideológicos e não do acompanhamento empírico da realidade. Este tratamento é tanto mais evidente quanto, ainda hoje, se considera, com excessiva complacência, o alinhamento económico como factor tantas vezes decisivo na elaboração das notícias. A acusação de subserviência ao poder

---

[*] Esta ideia tem sido defendida por José Medeiros Ferreira.

encontra arautos empenhados ao mais pequeno sinal de coincidência entre uma notícia e as posições de um qualquer assessor de imprensa. Ao invés, outras coincidências ou conflitos de interesses são calados de forma despudorada. Nuns casos como noutros, a voz da imprensa deve fazer-se ouvir, fortemente e sem restrições.

2. A conferência da ONO está a desenrolar-se na casa Walter Lipmann, nome familiar a quem estuda e pratica o jornalismo *. A Nieman Foundation foi criada, na Universidade de Harvard, em 1937 a partir de um fundo de um milhão de dólares doado por um benemérito, Agnes Wahl Nieman. A ideia de Nielman não foi fácil de concretizar. Apesar de tudo, em 1938 iniciou-se um programa de bolsas para jornalistas, com algumas reticências dos responsáveis de Harvard. O seu promotor quis elevar os padrões do jornalismo, dando especial atenção à formação contínua dos jornalistas, a jornalistas já com experiência. Infelizmente, a formação contínua de jornalistas em Portugal é completamente desprezada. Os jornalistas e decisores, na sua maioria, jogam ao faz-de-conta, fingindo que tal problema não existe. Desviam o olhar de domínios como a medicina, a saúde, a educação, os transportes, só para dar alguns exemplos. Neles se instalou há muito uma filosofia de formação para a vida, embora com evidente bolsas de resistência. No jornalismo faz-se crer que a falta de tempo explica o marasmo, a inacção, a falta de acompanhamento destas tendências do mundo moderno e das empresas jornalísticas bem organizadas. Os jornais podem ter mais leitores com melhores notícias se a formação contínua se tornar uma realidade diária para os jornalistas portugueses. Estes precisam de estugar o passo acompanhando as tendências mais actuais das empresas mais dinâmicas, de todos os domínios. A ideia de «aprender» toda a vida é o terreno da sobrevivência profissional e humana de uma das profissões do futuro, o jornalismo.

---

* http://www.nieman.harvard.edu/

3. As crónicas de provedor por mim assinadas chegam ao fim no dia 12 de Junho. Depois de três anos, acabo o mandato que iniciei em 3 de Maio de 2004. O Estatuto do Provedor dos Leitores do Diário de Notícias define que a nomeação do provedor dos leitores vigora por um período de 3 (três) anos, não prorrogáveis. É uma boa solução. O director do DN deu-me conta da intenção de nomear novo provedor para o jornal, o que é uma boa notícia para os leitores e para a imprensa portuguesa. Se a imprensa vive bem sem os provedores, a imprensa e os media que convivem com a crítica interna – e pública – dos provedores merece um especial aplauso e, estudos indicam, maior aceitação e credibilidade.

Dado que tenho bastante correio em tratamento, solicito aos leitores, se possível, que não enviem novo correio depois de 31 de Maio.

Ian Meyes, presidente

Ian Meyes, presidente da ONO e ex-provedor do *The Guardian* (Inglaterra), apontou, na sua alocução (diferida) de boas-vindas, o trabalho de três subcomités que tinham sido activados em São Paulo. Um desses grupos diz respeito a um código de ética para a Organização dos Provedores. Uma outra área que tem estado em discussão desde o ano passado é a de encontrar algumas instituições financiadoras adequadas aos critérios definidos e aos propósitos e finalidades da ONO. A terceira prioridade é de, sem descurar a tradição e dinamismo dos membros dos EUA, berço da ONO, ganhar «um braço mais longo» na internacionalização. Exemplo desta preocupação é dada pelo objectivo de realizar a primeira conferência na África do Sul, em 2010. Defenderei nos próximos dias da conferência a colocação de Portugal como destino possível. Esta passagem seria uma ponte com os países africanos, mesmo que a conferência prevista para a África do Sul tenha que ser adiada para 2011 (em 2008 será a vez da Suécia). Segundo Meys, a experiência dos provedores encontra cada vez mais interesse a nível mundial. Rússia, Arménia,

Jordânia, Finlândia foram países que recentemente acolheram o presidente da ONO.

Ainda a Nieman's Foundation

Actualmente, o programa da Nieman's Foundation internacionalizou-se e metade dos 24 bolseiros anuais vêm de fora dos EUA. O curador da fundação, Bob Giles, que esteve no acolhimento aos conferencistas, afirma que mais de mil jornalistas de um total de 72 países já obtiveram bolsas desta instituição.

Desde 2001 que o jornalismo narrativo merece especial atenção.

No sítio da fundação estão as condições das candidaturas*.

---

* Em 2008, a Fundação Luso-Americana associou-se à Nieman's Foundation para escolher candidatos em Portugal.

CÓDIGO DEONTOLÓGICO
DOS JORNALISTAS PORTUGUESES

APROVADO EM 4 DE MAIO DE 1993

1. O jornalista deve relatar os factos com rigor e exactidão e interpretá-los com honestidades. Os factos devem ser comprovados, ouvindo as partes com interesses atendíveis no caso. A distinção entre notícia e opinião deve ficar bem clara aos olhos do público.
2. O jornalista deve combater a censura e o sensacionalismo e considerar a acusação sem provas e o plágio como graves faltas profissionais.
3. O jornalista deve lutar contra as restrições no acesso às fontes de informação e as tentativas de limitar a liberdade de expressão e o direito de informar. É obrigação do jornalista divulgar as ofensas a estes direitos.
4. O jornalista deve utilizar meios leais para obter informações, imagens ou documentos e proibir-se de abusar da boa-fé de quem quer que seja. A identificação como jornalista é a regra e outros processos só podem justificar-se por razões de incontestável interesse público.
5. O jornalista deve assumir a responsabilidade por todos os seus trabalhos e actos profissionais, assim como promover a pronta rectificação das informações que se revelem inexactas ou falsas. O jornalista deve também recusar actos que violem a sua consciência.

6. O jornalista deve usar como critério fundamental a identificação das fontes. O jornalista não deve revelar, mesmo em juízo, as suas fontes confidenciais de informação, nem desrespeitar os compromissos assumidos, excepto se o tentarem usar para canalizar informações falsas. As opiniões devem ser sempre atribuídas.

7. O jornalista deve salvaguardar a presunção da inocência dos arguidos até a sentença transitar em julgado. O jornalista não deve identificar, directa ou indirectamente, as vítimas de crimes sexuais e os delinquentes menores de idade, assim como deve proibir-se de humilhar as pessoas ou perturbar a sua dor.

8. O jornalista deve rejeitar o tratamento discriminatório das pessoas em função da cor, raça, credos, nacionalidade ou sexo.

9. O jornalista deve respeitar a privacidade dos cidadãos excepto quando estiver em causa o interesse público ou conduta do indivíduo contradiga, manifestamente, valores e princípios que publicamente defende. O jornalista obriga-se, antes de recolher declarações e imagens, a atender às condições de serenidade, liberdade e responsabilidade das pessoas envolvidas.

10. O jornalista deve recusar funções, tarefas e benefícios susceptíveis de comprometer o seu estatuto de independência e a sua integridade profissional. O jornalista não deve valer-se da sua condição profissional para noticiar assuntos em que tenha interesses.

ÍNDICE

VII
FACTOS VERSUS OPINIÃO

VIII
AS FONTES

IX
NOVAS TENDÊNCIAS

X
ATENÇÃO AOS JOVENS

XI
ZONAS DE RISCO